Alles Klar

AK 8 IIIa

Betriebswirtschaftslehre/Rechnungswesen (BwR)

LehrplanPLUS

Realschule Bayern

Autorinnen und Autoren

Sebastian Bader (Schondorf)

Franz Binder (Bobingen)

Thomas Grein (Großostheim)

Dr. Andrea Lederer (Hilpoltstein)

Christine Leydel (Hösbach)

Christian Marchl (Schöllnach)

Stefan Schlotter (Burgau)

Tobias Stangl (Gmund am Tegernsee)

DRUCK+VERLAG ERNST VÖGEL GMBH

Impressum

1. Auflage 2020

Alle Drucke dieser Auflage sind unverändert und können im Unterricht nebeneinander eingesetzt werden.

Herstellung: Druck+Verlag Ernst Vögel GmbH, Stamsried

ISBN: 978-3-89650-485-2

Inhaltsverzeichnis

Einstieg und Wiederholung

I. Andrea Kästner und ihre Auszubildenden stellen sich vor 2
II. Wie du mit deinem BwR-Buch arbeitest 3
III. Wichtige Arbeitsanweisungen in deinem BwR-Buch 4
IV. Grundlagen der Buchführung – Wiederholung 7. Jahrgangsstufe 6
V. Alles Klar! – Aufgaben zur Wiederholung 7

1 Strukturierung der Geschäftsbuchführung

1.1 Kontenrahmen und Kontenplan als Organisationsmittel in der Geschäftsbuchführung 14
1.1.1 Der Kontenrahmen 14
1.1.2 Der Kontenplan 14
1.1.3 Aufbau des Kontenrahmens bzw. Kontenplans 15
1.1.4 Die Kontennummer 16
1.1.5 Anwendung des Kontenplans bei Buchungen 16
1.2 Buchungskreislauf mit Abschluss 18
1.2.1 Eröffnung der Bestandskonten 20
1.2.2 Laufende Buchungen im Grund- und Hauptbuch 21
1.2.3 Abschlussbuchungen 24
1.2.4 Unterschied Schlussbilanzkonto und Schlussbilanz 29
1.3 Das Konto Eigenkapital als „Nahtstelle“ zwischen den Bestands- und den Erfolgskonten 30
1.4 Eigenkapitalvergleich 32
1.5 Buchen mit einem Finanzbuchhaltungsprogramm 34
Alles Klar? (Zusammenfassung) 38
1.6 Anwendungsaufgaben 40
1.7 Kompetenzcheck 63
1.8 Alles Klar! 64
Lösungen Selbstcheck-Aufgaben 71

2 Beschaffung und Absatz

2.1 Vergleich von Angeboten (Einkaufskalkulation) 74
2.1.1 Zusätzliche Faktoren bestimmen den Preis: Liefer- und Zahlungsbedingungen 74
2.1.2 Einkaufskalkulation 76

2.2 Werkstoffverbrauch im Unternehmen AK-Bikes ... 78
2.2.1 Buchung bei der Beschaffung von Werkstoffen (Einkaufsbuchung) unter Berücksichtigung von Sofortrabatten ... 78
2.2.2 Buchhalterische Erfassung der Bezugskosten ... 80
2.2.3 Rücksendung von Werkstoffen ... 84
2.2.4 Rücksendung von Leihverpackung ... 86

2.3 Preispolitik ... 88
2.3.1 Preisdifferenzierung ... 88
2.3.2 Preisstrategien ... 89

2.4 Von der Angebotsanfrage zur Angebotskalkulation (Verkaufskalkulation) ... 90
2.4.1 Vorwärtskalkulation ... 92
2.4.2 Rückwärtskalkulation ... 94
2.4.3 Differenzkalkulation ... 95

2.5 Umsatzerlöse im Unternehmen AK-Bikes ... 96
2.5.1 Buchung beim Absatz von Fertigerzeugnissen (Verkaufsbuchung) unter Berücksichtigung von Sofortrabatten ... 96
2.5.2 Rücksendung von Fertigerzeugnissen ... 98
Alles Klar? (Zusammenfassung) ... 100

2.6 Anwendungsaufgaben ... 102

2.7 Kompetenzcheck ... 118

2.8 Alles Klar! ... 119
Lösungen Selbstcheck-Aufgaben ... 123

3 Anlagen und Finanzierung

3.1 Bedeutung von Sachanlagen ... 126

3.2 Kauf von Sachanlagen ... 128
3.2.1 Anschaffungskosten ... 128
3.2.2 Buchung des Kaufs ... 129
3.2.3 Inventarisierung mit der Anlagenkarte ... 130

3.3 Wertminderung und Abschreibung ... 131
3.3.1 Gründe für Wertminderungen ... 131
3.3.2 Lineares Abschreibungsverfahren ... 132
3.3.3 Buchung der Abschreibung ... 134
3.3.4 Auswirkungen der Abschreibung ... 136

3.4 Finanzierung ... 138
3.4.1 Zusammenhang Investition und Finanzierung ... 138
3.4.2 Kreditaufnahme und Schuldendienst ... 140

3.5 Zinsrechnung im Kreditbereich ... 142
3.5.1 Berechnungen mit der Zinsformel ... 142
3.5.2 Kreditvergleich mithilfe des effektiven Zinssatzes ... 146

3.6 Buchungssätze im Zusammenhang mit Krediten ... 149

3.7 Erkundung eines Kreditinstituts ... 151

Alles Klar? (Zusammenfassung) ... 152
3.8 Anwendungsaufgaben ... 154
3.9 Kompetenzcheck ... 173
3.10 Alles Klar! ... 174
Lösungen Selbstcheck-Aufgaben ... 179

4 Personalbereich und Unternehmereinkommen
4.1 Auswertung einer Entgeltabrechnung ... 182
4.2 Personalzusatzkosten ... 188
4.3 Buchhalterische Erfassung des Personalaufwands ... 190
4.4 Angemessener Unternehmerlohn ... 194
4.5 Privatentnahmen und Privateinlagen ... 198
4.5.1 Privatentnahmen ... 199
4.5.2 Privateinlagen ... 202
4.5.3 Abschluss des Privatkontos ... 205
Alles Klar? (Zusammenfassung) ... 206
4.6 Anwendungsaufgaben ... 208
4.7 Kompetenzcheck ... 224
4.8 Alles Klar! ... 225
Lösungen Selbstcheck-Aufgaben ... 231

Glossar ... 232
Stichwortverzeichnis ... 236
Abkürzungsverzeichnis ... 239
Kontenplan (nach dem IKR) und Abkürzungsverzeichnis zur Verwendung an Bayerischen Realschulen ... 240

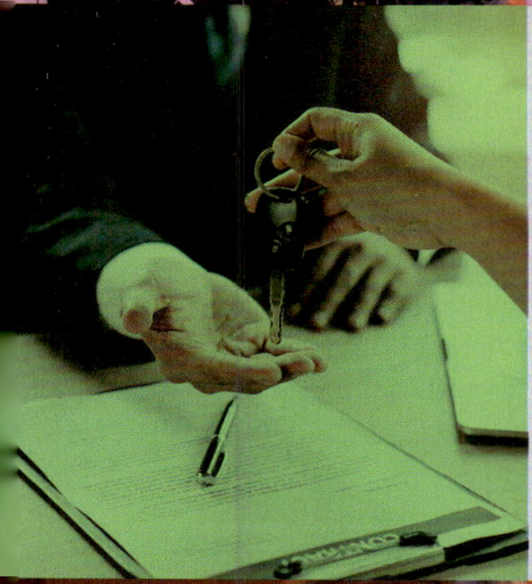

EINSTIEG UND WIEDERHOLUNG

I. ANDREA KÄSTNER UND IHRE AUSZUBILDENDEN STELLEN SICH VOR

Mein Name ist Andrea Kästner, ich bin 41 Jahre alt. Vor neun Jahren habe ich in Ingolstadt das Unternehmen AK-Bikes gegründet, das Mountainbikes herstellt. Die Arbeit als Unternehmerin gefällt mir sehr, denn ich habe mein Hobby zum Beruf gemacht. In meinem Betrieb sind rund 30 Mitarbeiterinnen und Mitarbeiter beschäftigt. Außerdem gibt es in Nürnberg einen Zweigbetrieb, in dem E-Bikes gefertigt werden.

Ich bin Julia Huber und 16 Jahre alt. Mit meiner Bewerbung bei AK-Bikes hatte ich Erfolg: Seit 1. September bin ich Auszubildende zur Industriekauffrau. Ich bin froh, die in der Realschule erworbenen Kompetenzen endlich auch in der Praxis anwenden zu können. Sehr gespannt bin ich darauf, was ich in den verschiedenen Bereichen des Rechnungswesens und der Betriebswirtschaftslehre lernen werde.

Mein Name ist Riccardo Fontana und ich bin 17 Jahre alt. Bei AK-Bikes bin ich im 2. Ausbildungsjahr. Ich habe die Ausbildung zum Industriekaufmann bisher als sehr abwechslungsreich und interessant erlebt. Besondere Freude macht mir die Zusammenarbeit mit den anderen Auszubildenden. Wir unterstützen uns immer gegenseitig und beweisen dadurch unsere Teamfähigkeit.

Ich heiße Max Lindner und bin ebenso wie Riccardo 17 Jahre alt. Bei AK-Bikes befinde ich mich im letzten Jahr meiner Ausbildung zum Industriekaufmann. Bisher hat mir die Arbeit im kaufmännischen Bereich großen Spaß gemacht. In den letzten beiden Jahren habe ich viel dazugelernt. Vor allem sind mir durch die praktische Arbeit viele Zusammenhänge im Bereich der Buchhaltung deutlich klarer geworden.

Weitere Mitarbeiter von AK-Bikes werden auf der Homepage www.ak-bikes.bayern vorgestellt.

II. WIE DU MIT DEINEM BWR-BUCH ARBEITEST

Dein BwR-Buch „AK 8“ hat auch in diesem Schuljahr einen klar strukturierten Aufbau. Auf dieser Seite findest du einen Überblick und eine Beschreibung der verwendeten Symbole.

Auftaktseite

Die Auftaktseite eröffnet einen Lernbereich. Hier werden die Kompetenzen beschrieben, über die du nach der Bearbeitung des Lernbereichs verfügen wirst.

Inhaltsseite

Die Ziffern in der Randspalte einer Inhaltsseite verweisen auf Anwendungsaufgaben, die sich am Ende eines Lernbereichs befinden. Das Lösen dieser Aufgaben hilft dir, deine Kompetenzen zu trainieren.

Symbole

Portfolioaufgaben werden durch das Ordner-Symbol gekennzeichnet. Verwende deinen Ordner aus der 7. Jahrgangsstufe oder lege einen neuen an. Eine Beschreibung der Portfolio-Methode findest du auf unserer Homepage www.ak-bikes.bayern.

Selbstcheck-Aufgaben werden durch das Stift-Symbol gekennzeichnet. Hier kannst du dich selbst überprüfen. Die Lösungen befinden sich immer am Ende des jeweiligen Lernbereichs.

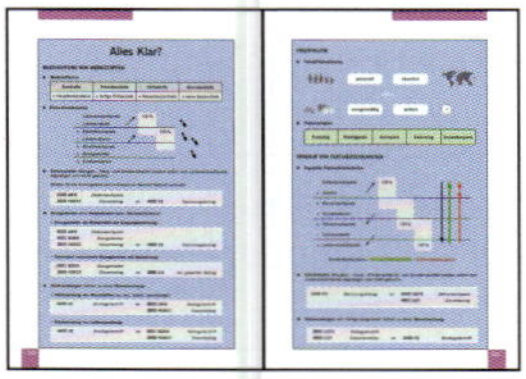

Zusammenfassung

Am Ende jeder inhaltlichen Darstellung wird auf einer Doppelseite das Wichtigste des jeweiligen Lernbereichs kompakt zusammengefasst.

Kompetenzcheck

In jedem Lernbereich findest du einen Fragebogen zur Selbsteinschätzung, mit dem du deine neu erworbenen Kompetenzen bewerten kannst. Der Fragebogen kann zum Ausfüllen unter www.ak-bikes.bayern heruntergeladen werden.

Alles Klar!

Jeder Lernbereich endet mit einer umfassenden Lernsituation, in der du deine erworbenen Fähigkeiten und Fertigkeiten unter Beweis stellen wirst.

III. WICHTIGE ARBEITSANWEISUNGEN IN DEINEM BWR-BUCH

Die folgenden Beschreibungen sollen dir helfen, dass du die Arbeitsanweisungen in deinem BwR-Buch korrekt ausführst.

Arbeitsanweisung	**Beschreibung**
analysiere	Du untersuchst nach vorgegebenen Kriterien Sachverhalte und Problemstellungen.
arbeite heraus	Du entnimmst aus den Materialien (z. B. Belegen, Diagrammen, Schaubildern, Tabellen, Texten) Informationen und gibst sie unter bestimmten Gesichtspunkten wieder.
begründe	Du bestätigst eine Aussage durch Argumente.
benenne	Du gibst Informationen aus Materialien oder eigene Kenntnisse ohne Erklärungen wieder.
berechne	Du gewinnst Informationen oder Ergebnisse durch Rechnen.
beschreibe	Materialien enthalten Informationen. Du gibst diese genau, sachlich und ohne Erklärungen oder Wertungen wieder.
bestimme	Du entnimmst aus Materialien Informationen.
beurteile	Du fragst dich, ob eine Aussage richtig ist, indem du Einzelheiten benennst und zu einer eigenen Meinung kommst.
bewerte	Du gibst eine (kritische) Stellungnahme zu einem bestimmten Problem oder Sachverhalt ab.
bilde den Buchungssatz	Du erstellst die Buchungsanweisung.
charakterisiere	Du benennst und beschreibst typische Merkmale eines Sachverhalts oder Eigenheiten, die dir auffallen.
diskutiere	Du entwickelst zu einer Problemstellung eigene Gedanken, untersuchst Pro und Kontra und vergleichst diese miteinander, bevor du zu einem Sachurteil kommst.
entscheide	Du gibst einer Alternative vor anderen den Vorzug.
erfasse buchhalterisch	Du erstellst Buchungen im Grundbuch („Buchungssatz") und im Hauptbuch („T-Konto").
ergänze	Du vervollständigst teilweise vorgegebene Belege, Grafiken, Sätze, Tabellen etc.
erkläre	Du stellst mit eigenen Worten Ursachen, Abläufe oder Folgen von Sachverhalten verständlich dar.
erläutere	Du beschreibst Sachverhalte im Zusammenhang und machst Beziehungen deutlich.
ermittle	Du zeigst Zusammenhänge auf oder führst Berechnungen durch und formulierst die Ergebnisse.

erstelle	Du fertigst aus den gegebenen Informationen ein Produkt an. Du kannst zum Beispiel eine Tabelle erstellen oder ein Diagramm mit Fachbegriffen beschriften.
formuliere	Du bringst etwas in eine angemessene sprachliche Form.
gestalte	Du fertigst mit verschiedenen Materialien zu einem vorgegebenen Thema ein Produkt an, zum Beispiel ein Lernplakat.
gib an	Du nennst Informationen aus Materialien oder eigene Kenntnisse ohne Erklärungen.
grenze ab	Du trennst unterschiedliche Sachverhalte begründet voneinander.
informiere dich	Du suchst selbstständig oder mit Hilfe Hinweise/Erklärungen zu unbekannten Sachverhalten und stellst diese zusammen.
interpretiere	Du beschreibst und erklärst einen Sachverhalt und ziehst daraus Schlüsse zur Bewertung.
kennzeichne	Du stellst einen Sachverhalt auf der Basis bestimmter Kriterien begründet dar.
nenne	Du gibst Informationen aus Materialien oder eigene Kenntnisse ohne Erklärungen wieder.
nimm Stellung	Du äußerst zu einer Behauptung/Aussage begründend deine eigene Meinung.
ordne ein/zu	Du stellst Materialien oder Aussagen in einen Zusammenhang mit anderen Materialien oder Aussagen.
präsentiere	Du stellst einen Sachverhalt anderen in verständlicher Form und möglichst mit von dir erarbeiteten Aussagen und Materialien vor.
recherchiere	Du suchst selbstständig oder mit Hilfe Informationen zu unbekannten Sachverhalten und stellst diese zusammen.
skizziere	Du stellst einen Sachverhalt kurz und übersichtlich dar mit Hilfe von Abbildungen, Diagrammen, Schemata, Tabellen, Übersichten etc.
stelle dar	Du gibst komplexe Informationen und Sachverhalte knapp und eventuell vereinfacht wieder.
überprüfe	Du untersuchst mithilfe von Materialien, ob Aussagen, Behauptungen oder Darstellungsweisen richtig oder falsch sind.
unterscheide	Du vergleichst Sachverhalte miteinander und stellst Ungleichheiten fest.
vergleiche	Du stellst Gemeinsamkeiten oder Unterschiede gegenüber und formulierst ein eigenes Ergebnis.
vervollständige	Du ergänzt teilweise vorgegebene Belege, Grafiken, Sätze, Tabellen etc.
werte aus	Du prüfst und bearbeitest Materialien nach vorgegebenen Fragestellungen, um Informationen zu gewinnen.
zeige auf	Du gibst komplexe Informationen und Sachverhalte knapp und eventuell vereinfacht wieder.

IV. GRUNDLAGEN DER BUCHFÜHRUNG – WIEDERHOLUNG 7. JAHRGANGSSTUFE

Der Auszubildende Riccardo hat folgendes Infoblatt erstellt, damit er sich die Grundlagen der Buchführung besser merken kann.

Grundwissen Buchhaltung

Von der Inventur zum Buchungssatz

INVENTUR	⟷	INVENTAR
Bestandsaufnahme (Tätigkeit)		Bestandsverzeichnis (Liste)

INVENTAR	wird zur →	BILANZ
ausführlich: Mengen und Einzelwerte	Umfang	zusammengefasst: nur Gesamtwerte
Staffelform	Form	T-Konten-Form
A. Vermögen B. Schulden C. Ermittlung des Reinvermögens	Gliederung	Aktiva – Bilanz – Passiva

Aktiva	Bilanz Passiva
Anlagevermögen	Eigenkapital
Umlaufvermögen	Fremdkapital

Für alle Buchungen gilt:

- Jeder Geschäftsfall führt zu mindestens einer Buchung im Soll und mindestens einer Buchung im Haben.
- Die Summen der Buchungen im Soll und Haben müssen wertmäßig übereinstimmen.

Bestandskonten

Aktive Bestandskonten stehen auf der linken Seite in der Bilanz (= Aktivseite):

S Aktives Bestandskonto	H
Anfangsbestand	Minderungen (–)
Mehrungen (+)	Schlussbestand

Passive Bestandskonten stehen auf der rechten Seite in der Bilanz (= Passivseite):

S Passives Bestandskonto	H
Minderungen (–)	Anfangsbestand
Schlussbestand	Mehrungen (+)

Erfolgskonten

Aufwandskonten haben keinen Anfangsbestand:

S Aufwandskonto	H
Werteverzehr	

Ertragskonten haben keinen Anfangsbestand:

S Ertragskonto	H
	Wertezuwachs

V. ALLES KLAR! – AUFGABEN ZUR WIEDERHOLUNG

Die Inhaberin von AK-Bikes, Andrea Kästner, ist eine vielbeschäftigte Frau. Du darfst sie heute bei ihrer Arbeit begleiten. Nutze diese Möglichkeit, um dein BwR-Grundwissen aus der 7. Jahrgangsstufe zu wiederholen und aufzufrischen.

1. Andrea Kästner führt ihr Unternehmen unter folgendem Namen:

AK-Bikes
Andrea Kästner Mountainbikes e. Kfr.

1.1 Unternehmen können in verschiedene Kategorien eingeteilt werden. Begründe, welche Art von Unternehmung AK-Bikes hinsichtlich der folgenden Aspekte ist:

- Art der Leistungserstellung
- Wirtschaftsbereich (Wirtschaftssektor)
- Branche
- Unternehmensgröße
- Rechtsform

1.2 Im Firmennamen von AK-Bikes ist der Zusatz „e. Kfr.“ enthalten. Gib die ausführliche Schreibweise von „e. Kfr.“an.

1.3 Das Unternehmen AK-Bikes von Andrea Kästner ist eine Einzelunternehmung. Stelle jeweils mindestens zwei Chancen und Risiken von Einzelunternehmen übersichtlich dar.

2. Als erfolgreiche Unternehmerin gibt Andrea Kästner inzwischen Seminare für Existenzgründer bei der Handwerkskammer (HWK). Im Rahmen einer Fortbildung legt sie die folgende Infografik vor:

Die GmbH ist laut Schaubild die zweithäufigste Rechtsform bei Unternehmensneugründungen.

2.1 Gib an, was die Abkürzung GmbH ausgeschrieben bedeutet.

2.2 Ermittle rechnerisch, wie viele Unternehmungen in der Form der GmbH gegründet worden sind, wenn es im Jahr 2017 insgesamt 550 000 Neugründungen gab.

2.3 Stelle übersichtlich dar, wie bei der GmbH die Geschäftsführung, die Gewinnverteilung, die Haftung und das erforderliche Mindestkapital geregelt sind.

3. Wieder zurück im Unternehmen findet eine betriebsinterne Fortbildung statt. Dabei betrachten die Auszubildenden unter Anleitung von Andrea Kästner den Fertigungsprozess im Unternehmen AK-Bikes genauer.

3.1 Nenne die vier Werkstoffarten und finde dazu jeweils zwei Beispiele aus dem Unternehmen AK-Bikes.

3.2 Erkläre an einem Beispiel den Unterschied zwischen Betriebsmitteln und Betriebsstoffen.

4. In der Buchhaltung bearbeitet Andrea Kästner drei Belege.

4.1 Zunächst wird **Beleg 1** ausgewertet.

Mehring Carbon GmbH

Mehring Carbon GmbH, Burgkirchener Str. 1, 84489 Burghausen

Firma
Andrea Kästner Mountainbikes e. Kfr.
Stamsrieder Weg 50
85049 Ingolstadt

Mehring Carbon GmbH
Burgkirchener Str. 1
84489 Burghausen

Telefon: 08677 / 0756230
Telefax: 08677 / 0757020
E-Mail: service@mehring-carbon...
Internet: www.mehring-carbon...

Burghausen, 19. Juni 20..

RECHNUNG Nr. 0413456/20..

Lieferdatum: 15. Juni 20..
Rechnungsdatum: 19. Juni 20..

Artikel	Menge	Einzelpreis	Gesamtpreis
Kohlefaser-Matten / HT-Fasern 300 x 300 x 5 mm	150 m^2	60,00 €	9.000,00 €
			9.000,00 €
	– 10 % Rabatt		900,00 €
	Warenwert, netto		8.100,00 €
	+ 19 % Umsatzsteuer		1.539,00 €
	Rechnungsbetrag		**9.639,00 €**

Vielen Dank für Ihren Auftrag!

Zahlung ohne Abzug innerhalb von 30 Tagen.
Die Ware bleibt bis zur vollständigen Bezahlung unser Eigentum.
Die Lieferung erfolgt frei Haus.

4.1.1 Gib die Art des vorliegenden Belegs an.

4.1.2 Nenne den Termin, bis zu dem die vorliegende Rechnung spätestens bezahlt werden muss.

4.1.3 Gib den Fachbegriff für den Hinweis „Die Ware bleibt bis zur vollständigen Bezahlung unser Eigentum" an.

4.1.4 Der Lieferer gewährt 10 % Rabatt. Argumentiere unter Nennung der drei Rabattarten, was der Grund des Preisnachlasses hier sein könnte.

4.1.5 Erkläre, wie der ausgewiesene Rabatt buchhalterisch zu behandeln ist.

4.1.6 Bilde den Buchungssatz für die Rechnung 0413456/20..

4.2 Als Nächstes wird **Beleg 2** näher betrachtet.

AK-Bikes

AK-Bikes, Stamsrieder Weg 50, 85049 Ingolstadt

Firma
Radland Alois Huber e. K.
Bayerwaldstr. 21
83024 Rosenheim

Andrea Kästner Mountainbikes e. Kfr.
Stamsrieder Weg 50
85049 Ingolstadt

Telefon: 0841 0802020
Telefax: 0841 08020280
Internet: www.ak-bikes.bayern
E-Mail: info@ak-bikes.bayern

Ingolstadt, 20. Juni 20..

Rechnung

Nr.: 13446798

Wir lieferten Ihnen frei Haus am 18. Juni 20..:

Artikel	Artikel-Nr.	Einzelpreis €	Stück	Gesamtpreis €
Mountainbike „K2"	MB-K2	2.400,00	10	???
		Warenwert netto		???
		Umsatzsteuer 19 %		???
		Rechnungsbetrag		???

Wir danken für Ihren Auftrag.

Zahlungsbedingungen: Zahlbar innerhalb von 60 Tagen rein netto.
Die gelieferte Ware bleibt bis zur vollständigen Bezahlung unser Eigentum.

4.2.1 Gib die Art des vorliegenden Belegs an.

4.2.2 In dem Beleg fehlen noch die Beträge in der Spalte Gesamtpreis. Ergänze diese.

4.2.3 Nenne die Dauer der Aufbewahrungsfrist der Rechnung laut Handelsgesetzbuch.

4.2.4 Erkläre die Zahlungsbedingung „rein netto".

4.2.5 Bilde den Buchungssatz für die Rechnung 13446798.

4.3 Schließlich bleibt noch **Beleg 3** für die Bearbeitung.

DONAUBANK INGOLSTADT				
IBAN DE72 7515 0080 4040 8080 20 BIC DBNKDEFF			Auszug/Jahr 87/20.. Blatt-Nr. 1	
			Kontoauszug	Betrag in €
BuTag	**Wert**	**Vorgang**	**Alter Kontostand**	12.340,90 +
16.07.	16.07.	Gutschrift Kredit Nr. 1234/20.. (Laufzeit: 2 Jahre)		24.000,00 +
17.07.	17.07.	Mehring Carbon GmbH Burghausen Rechnung Nr. 0413456 v. 19.06.20..		9.639,00 −
19.07.	19.07.	Radland Huber e. K. Rosenheim Rechnung Nr. 13446798 v. 20.06.20..		28.560,00 +
20.07.	20.07.	Barauszahlung		1.000,00 −
			Neuer Kontostand	??? +
Andrea Kästner Mountainbikes e. Kfr. 85049 Ingolstadt				
Ihre Servicebank Homebanking bequem und günstig			letzte Erstellung Erstellungstag	15.07.20.. 21.07.20.. / 14:13

4.3.1 Begründe, ob es sich bei dem Kontoauszug um einen Eigen- oder um einen Fremdbeleg handelt.

4.3.2 Bilde jeweils den Buchungssatz für die vier Vorgänge auf dem Kontoauszug.

4.3.3 Berechne den neuen Kontostand.

5. Zur Herstellung der Mountainbikes werden Gangschaltungen benötigt. Für den Bezug von 1 500 Stück liegen Andrea Kästner zwei Angebote von gleichwertiger Qualität vor:

	Gangschaltungen Andreas Albrecht GmbH	**Fahrradschaltungen Bernd Becker e. K.**
Listenpreis netto	23,00 € pro Stück	25,00 € pro Stück
Rabatt	ab 500 Stück 10,00 % ab 1 000 Stück 12,50 % ab 2 000 Stück 15,00 %	20,00 %
Lieferkosten	Lieferung frei Haus	Lieferung frei Haus
Weitere Informationen:		
Lieferzeit	1 Tag nach Bestelleingang	5 Tage
Zufriedenheit/Service	Beste Erfahrungen in der Vergangenheit	Neuer Anbieter; keinerlei Erfahrungen
Sitz des Lieferers	Schweinfurt	München

5.1 Erkläre, welche Überlegung die Lieferer grundsätzlich veranlasst, ihren Kunden Rabatt zu gewähren.

5.2 Erläutere, was die Lieferbedingung „frei Haus“ bedeutet.

5.3 Berechne für beide Angebote den Warenwert netto für die Bestellmenge von 1 500 Stück.

5.4 Gib mit Begründung eine Empfehlung für Andrea Kästner, bei welchem Lieferer die Gangschaltungen bestellt werden sollten. Beschränke dich bei deiner Argumentation nicht nur auf den Preis.

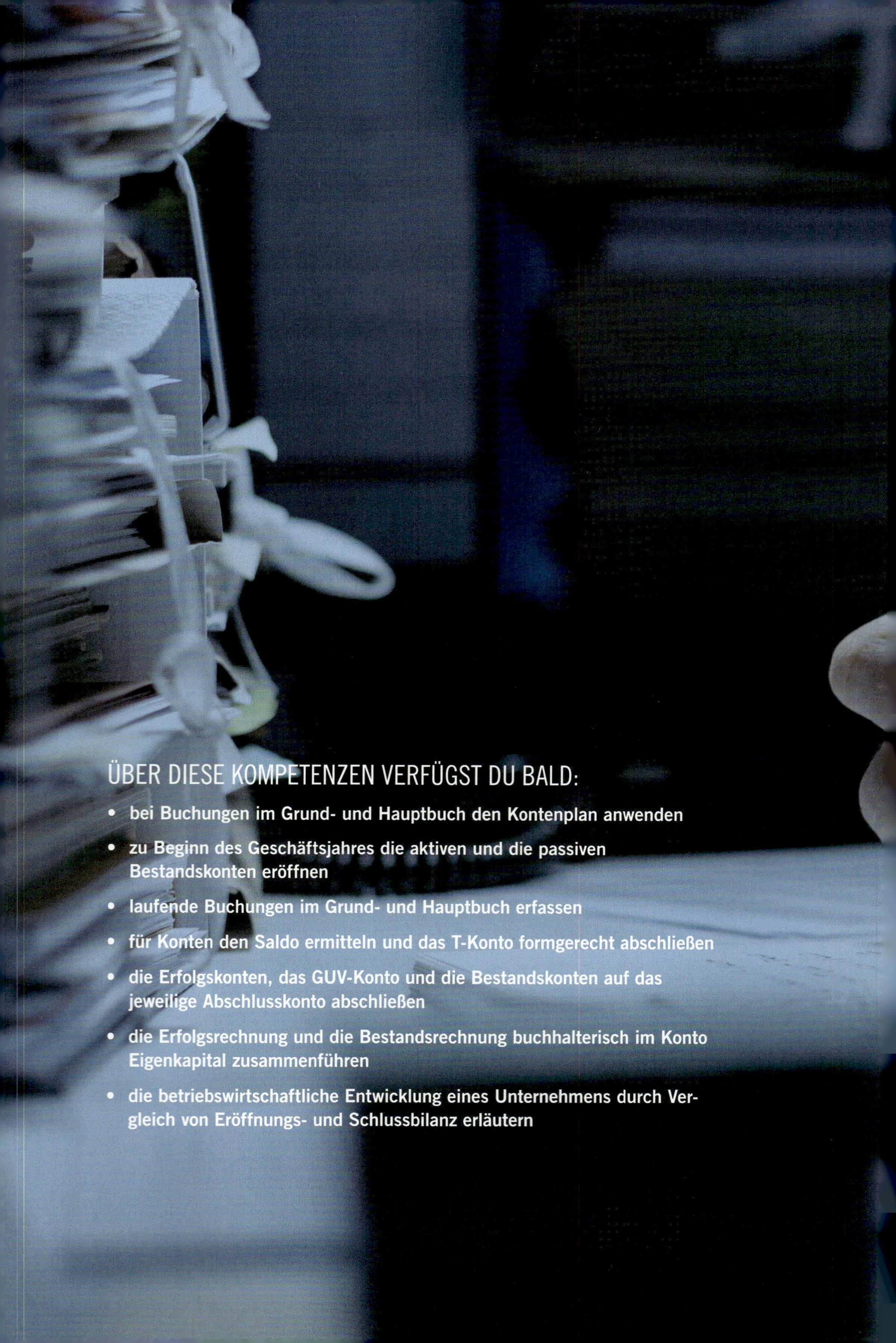

ÜBER DIESE KOMPETENZEN VERFÜGST DU BALD:

- bei Buchungen im Grund- und Hauptbuch den Kontenplan anwenden
- zu Beginn des Geschäftsjahres die aktiven und die passiven Bestandskonten eröffnen
- laufende Buchungen im Grund- und Hauptbuch erfassen
- für Konten den Saldo ermitteln und das T-Konto formgerecht abschließen
- die Erfolgskonten, das GUV-Konto und die Bestandskonten auf das jeweilige Abschlusskonto abschließen
- die Erfolgsrechnung und die Bestandsrechnung buchhalterisch im Konto Eigenkapital zusammenführen
- die betriebswirtschaftliche Entwicklung eines Unternehmens durch Vergleich von Eröffnungs- und Schlussbilanz erläutern

1

Lernbereich 1:

STRUKTURIERUNG DER GESCHÄFTSBUCHFÜHRUNG

1.1 KONTENRAHMEN UND KONTENPLAN ALS ORGANISATIONSMITTEL IN DER GESCHÄFTSBUCHFÜHRUNG

1.1.1 DER KONTENRAHMEN

RICCARDO: Manchmal finde ich für Buchungssätze nur schwer das passende Konto.

MAX: Dafür gibt es in der Buchhaltung ein Hilfsmittel: den Kontenrahmen. Er benennt einheitlich die Konten und ordnet diesen eine eindeutige Kontonummer zu.

SELMA DEMIRCI: Bei AK-Bikes wird der **Industriekontenrahmen**, abgekürzt IKR, verwendet. Er wurde vom Bundesverband der Deutschen Industrie (BDI) herausgegeben.

Max lässt Riccardo ergänzend zum Gespräch folgendes Merkblatt zukommen:

Verwendung des Industriekontenrahmens (IKR)

- gesetzlich nicht vorgeschrieben
- bietet aber zahlreiche **Vorteile**:
  - Vereinheitlichung der Buchungen schafft Ordnung und erleichtert, den Überblick zu behalten
  - Erfüllung der Grundsätze ordnungsmäßiger Buchführung (GoB) gemäß § 239 HGB:

> (1) Bei der Führung der Handelsbücher [...] hat sich der Kaufmann einer lebenden Sprache zu bedienen. Werden Abkürzungen, Ziffern, Buchstaben oder Symbole verwendet, muss im Einzelfall deren Bedeutung eindeutig festliegen.

  - Einsatz von Finanzbuchhaltungsprogrammen: EDV-gerechte Vergabe von Kontennummern
  - aufgrund der Vereinheitlichung sind Vergleiche möglich, z. B. mit früheren Jahren (Zeitvergleich) oder mit anderen Unternehmen (= Branchen-/Betriebsvergleich)

1/1

1.1.2 DER KONTENPLAN

RICCARDO: Der Kontenrahmen enthält ja eine Unmenge an Konten.

SELMA DEMIRCI: Selbstverständlich braucht AK-Bikes nicht alle Konten des IKR. Jedes Unternehmen wählt aus diesem nur die benötigten Konten aus und erstellt sich einen eigenen **Kontenplan**.

KONTENRAHMEN
Zusammenstellung aller Konten, die in einem Unternehmen vorkommen können.

1/2 → **KONTENPLAN***
Ausgewählte Konten, die ein Unternehmen tatsächlich benötigt.

* Für die Realschule wurde – basierend auf dem IKR – ein besonderer Schulkontenplan geschaffen. Dieser stellt die Grundlage für die Buchführungsarbeiten in der Realschule dar (siehe Seite 240).

1.1.3 AUFBAU DES KONTENRAHMENS BZW. KONTENPLANS

Der Kontenrahmen ist nach dem **Zehnersystem** („dekadisches System“) aufgebaut, wobei jede Kontennummer vier Stellen hat:

	1. Stelle	2. Stelle	3. Stelle	4. Stelle	
Beispiel:	**2**	**8**	**0**	**0**	BK
	Ziffern 0 bis 9	Ziffern 0 bis 9	Ziffern 0 bis 9	Ziffern 0 bis 9	
	10 Kontenklassen	**10 Kontengruppen**	**10 Kontenarten**	**10 Konten**	

Die Kontenklassen 0 bis 8 sind für die Geschäftsbuchführung (= Rechnungskreis I), die Kontenklasse 9 für die Betriebsbuchführung oder Kosten- und Leistungsrechnung (= Rechnungskreis II) vorgesehen. Man spricht deshalb auch vom **Zweikreissystem des Industriekontenrahmens.**

Rechnungskreis I
Geschäftsbuchführung
Kontenklassen 0 bis 8

Zweikreissystem des IKR

Rechnungskreis II
Kosten- und Leistungsrechnung
Kontenklasse 9

Um den weiteren Aufbau des IKR zu erklären, hat Selma Demirci für Riccardo die folgende Übersicht erstellt. Die Tabelle zeigt die klare Trennung in Bestands-, Erfolgs- und Abschlusskonten. Es wird deutlich, dass sich der Industriekontenrahmen an den Gliederungen von Bilanz sowie Gewinn- und Verlustrechnung orientiert.

	Klasse	Name/Inhalt der Kontenklasse	
Geschäftsbuchführung	0	Sachanlagen	**Bestandskonten** (befinden sich in der Bilanz)
	1	Finanzanlagen	
	2	Umlaufvermögen	
	3	Eigenkapital	
	4	Verbindlichkeiten	
	5	Erträge	**Erfolgskonten** (befinden sich in der Gewinn- und Verlustrechnung)
	6	Betriebliche Aufwendungen	
	7	Weitere Aufwendungen	
	8	Ergebnisrechnung	Eröffnungs-/Abschlusskonten
KLR	9	Kosten- und Leistungsrechnung	

Zudem sind die Konten der Kontenklassen 0 bis 7 im Kontenrahmen bzw. Kontenplan auf den Jahresabschluss ausgerichtet. Die Bilanz und die Gewinn- und Verlustrechnung können so einfacher erstellt werden, da die Hauptkonten einer Kontenklasse immer das gleiche Ab- 1/3
schlusskonto haben. Diese Anordnung wird als **Abschlussgliederungsprinzip** bezeichnet.

1.1.4 DIE KONTENNUMMER

RICCARDO: Bei meinen Buchungen muss ich bestimmt künftig auch die Kontennummern berücksichtigen.

SELMA DEMIRCI: Ja, denn jedes Konto trägt vor dem Kontennamen bzw. der Kontenabkürzung eine vierstellige Kontennummer.

MAX: Bei der Aussprache dieser Nummer wird jede Ziffer einzeln genannt. Die Kontennummer 2800 für das Konto Bank wird z. B. Zwei-Acht-Null-Null ausgesprochen.

Selma Demirci veranschaulicht an einem Beispiel den **Aufbau der Kontennummer**:

1/4

1/5

6 0 1 0 Aufwendungen für Fremdbauteile bzw. 6010 AWF											
Kontenklasse	0	1	2	3	4	5	6	Betriebliche Aufwendungen	7	8	9
Kontengruppe							60	Aufwendungen für Roh-, Hilfs- und Betriebsstoffe, Fremdbauteile (Werkstoffe)			
Kontenart							601	Aufwendungen im Zusammenhang mit Fremdbauteilen			
Konto							6010	Aufwendungen für Fremdbauteile			
Sprich „Sechs-Null-Eins-Null Aufwendungen für Fremdbauteile"											

1.1.5 ANWENDUNG DES KONTENPLANS BEI BUCHUNGEN

Selma Demirci legt Max und Riccardo folgende Eingangsrechnung (Auszug) vor:

KUNTERBUNT GmbH

KUNTERBUNT GmbH, Oberländerstraße 56, 84028 Landshut

Firma
Andrea Kästner Mountainbikes e. Kfr.
Stamsrieder Weg 50
85049 Ingolstadt

KUNTERBUNT GmbH
Oberländerstraße 56
84028 Landshut

Telefon: 0871 / 0502120
Telefax: 0871 / 0503210
E-Mail: service@kunterbunt...
Internet: www.kunterbunt...

Landshut, 16. September 20..

RECHNUNG

Bestellung 12.09.20..
Kunden-Nr.: 00609

Lieferdatum: 16.09.20..
Rechn.-Nr.: 090240/20..

Artikel	Menge	Einzelpreis	Gesamtpreis
Farblack glänzend sw BI087si	350 Liter	12,00 €	4.200,00 €
	Warenwert, netto		4.200,00 €
	+ 19 % Umsatzsteuer		798,00 €
	Rechnungsbetrag		**4.998,00 €**

Vielen Dank für Ihren Einkauf!

SELMA DEMIRCI: Du kannst sicher den Geschäftsfall zu der vorliegenden Rechnung formulieren.

RICCARDO: Wir haben Farblack für die Mountainbikefertigung zum Warenwert von 4.200,00 € netto auf Ziel gekauft.

SELMA DEMIRCI: Richtig! Du hast nichts verlernt. Die Eingangsrechnung unseres Lieferers Kunterbunt GmbH muss jetzt noch gebucht werden. Du kannst dabei den Kontenplan als Hilfsmittel verwenden.

MAX: Denke daran, dass bei Buchungssätzen ab sofort immer die Kontennummern, die Kontennamen bzw. die Kontenabkürzungen und die Beträge anzugeben sind.

RICCARDO: Den Buchungssatz müsste ich hinbekommen. Ich habe ja den Kontenplan.

MAX: Damit du auf der Suche nach einem Konto nicht den gesamten Kontenplan von vorne bis hinten durchgehen musst, empfehle ich dir, immer zuerst die Kontenklasse zu überlegen.

RICCARDO: Das ist ein guter Tipp. Das benötigte Konto AWH gehört zu den betrieblichen Aufwendungen. Also suche ich in der Kontenklasse 6 nach der Kontennummer.

SELMA DEMIRCI: Ich sehe Riccardo, du hast die Arbeit mit dem Kontenplan verstanden.

Riccardo nimmt mit Hilfe des Kontenplans die Buchung zunächst im **Grundbuch** vor:

Buchungssatz:

6020 AWH	4.200,00 €			
2600 VORST	798,00 €	an	4400 VE	4.998,00 €

Nun bucht Riccardo den Geschäftsfall im **Hauptbuch**. Er weiß noch, dass er bei der Buchung im T-Konto das Gegenkonto angeben muss. Aus Platzgründen ist es ausreichend, wenn entweder die Kontennummer oder die Kontenbezeichnung (Kontenabkürzung) angegeben wird.

Buchung in T-Konten: 1/6

S	**6020 AWH**		H
1. VE	4.200,00 €		

| S | **4400 VE** | | H | 1/7
|---|---|---|---|
| | | 1. AWH, VORST | 4.998,00 € |

S	**2600 VORST**		H
1. VE	798,00 €		

SELMA DEMIRCI: Der Buchungssatz muss fachlich korrekt ausgesprochen werden.

RICCARDO: Kein Problem! Max hat mir ja vor Kurzem die richtige Aussprache der Kontennummer beigebracht. Der Buchungssatz lautet demnach:
Sechs-Null-Zwei-Null Aufwendungen für Hilfsstoffe 4.200,00 €
und Zwei-Sechs-Null-Null Vorsteuer 798,00 €
an Vier-Vier-Null-Null Verbindlichkeiten 4.998,00 €

1.2 BUCHUNGSKREISLAUF MIT ABSCHLUSS

Die jährliche mehrtägige Mountainbiketour in den Alpen ist für Andrea Kästner und ihren Ehemann Tobias das Höchste der Gefühle. Damit die Tour auch ein voller Erfolg wird, muss bei der Planung der einzelnen Etappen (Teilstrecken) schrittweise vorgegangen werden.

Den **Buchungskreislauf** kannst du dir ähnlich wie die Mountainbiketouren von Andrea Kästner vorstellen: Auch in der Geschäftsbuchführung müssen einzelne Etappen zu Beginn, im Laufe des Geschäftsjahres und am Ende bewältigt werden. Diese verschiedenen Arbeitsschritte sind in einer festgelegten Reihenfolge systematisch und strukturiert auszuführen und sie wiederholen sich Jahr für Jahr, wie die Alpentouren von Andrea Kästner.

Es ergibt sich somit ein Kreislauf in der Buchführung, der mit der Eröffnung der aktiven und passiven Bestandskonten beginnt und mit dem Abschluss dieser Konten endet. Diese Arbeitsschritte bespricht die zuständige Mitarbeiterin des Unternehmens AK-Bikes, Frau Selma Demirci, mit den beiden Auszubildenden Max und Riccardo.

1/8

UNSER ETAPPENPLAN

START	01.01.	ETAPPE 1	Eröffnung Bestandskonten
	WÄHREND DES JAHRES	ETAPPE 2	laufende Buchungen
	31.12.	ETAPPE 3	Abschluss Erfolgskonten
		ETAPPE 4	Abschluss GUV-Konto
ZIEL		ETAPPE 5	Abschluss Bestandskonten

1.2.1 ERÖFFNUNG DER BESTANDSKONTEN

SELMA DEMIRCI: Jeder Geschäftsfall wirkt sich auf mindestens zwei Posten der Bilanz aus.

RICCARDO: Ja, aber es wäre verrückt, wenn nach jedem Geschäftsfall eine neue Bilanz erstellt würde.

ETAPPE 1

MAX: Dies ist auch nicht notwendig. Wir wissen bereits, dass die Wertveränderungen auf den entsprechenden Konten erfasst werden.

SELMA DEMIRCI: Das ist richtig. Deshalb muss die Bilanz am Jahresanfang zunächst in Konten aufgelöst werden. Jeder Bilanzposten erhält sein entsprechendes Konto.

Selma Demirci lässt von Max und Riccardo die Eröffnung der aktiven und passiven Bestandskonten für die folgende (vereinfachte) Eröffnungsbilanz von AK-Bikes vornehmen.

Aktiva — **Eröffnungsbilanz in €** — **Passiva**

Aktiva		Passiva	
Anlagevermögen		**Eigenkapital**	400.000,00
Maschinen und Anlagen	450.000,00	**Fremdkapital**	
Umlaufvermögen		Langfristige Schulden	
Forderungen an Kunden	75.000,00	Langfristige Bankverbindl.	180.000,00
Bankguthaben	130.000,00	Kurzfristige Schulden	
Kassenbestand	25.000,00	Kurzfristige Bankverbindl.	66.000,00
		Verbindlichkeiten bei Lieferern	34.000,00
	680.000,00		680.000,00

MAX: Kannst du dich noch an die Regel zur Eröffnung der aktiven und passiven Bestandskonten erinnern?

RICCARDO: Selbstverständlich! Die Anfangsbestände stehen immer auf der Seite in den Bestandskonten, auf der sie auch in der Bilanz stehen.

Eröffnung der Bestandskonten

S	**Aktives Bestandskonto**	H	S	**Passives Bestandskonto**	H
AB	... €			**AB**	... €

S	**0700 MA**	H	S	**3000 EK**	H
AB	450.000,00 €			AB	400.000,00 €

S	**2400 FO**	H	S	**4250 LBKV**	H
AB	75.000,00 €			AB	180.000,00 €

1/9
1/10
1/11

S	**2800 BK**	H	S	**4200 KBKV**	H
AB	130.000,00 €			AB	66.000,00 €

S	**2880 KA**	H	S	**4400 VE**	H
AB	25.000,00 €			AB	34.000,00 €

1.2.2 LAUFENDE BUCHUNGEN IM GRUND- UND HAUPTBUCH

SELMA DEMIRCI: Jetzt kommen wir bereits zum nächsten Arbeitsschritt. Wir können die Geschäftsfälle, die sich während des Geschäftsjahres ereignen, im Grund- und im Hauptbuch erfassen. Ihr habt ja die buchhalterische Erfassung von Belegen bereits in der Buchführung kennengelernt.

ETAPPE 2

MAX: Ich habe schon Buchungen auf Bestands- und auf Erfolgskonten vorgenommen.

RICCARDO: Das Wichtigste war für mich, dass ich die Geschäftsfälle, die den einzelnen Belegen zugrunde liegen, verstanden habe.

SELMA DEMIRCI: Ihr beide könnt euch sicherlich noch daran erinnern, welche vier Überlegungen vor jeder Buchung anzustellen sind.

RICCARDO: Folgende Fragen müssen gestellt werden:

1. Welche Konten sind betroffen?
2. Von welcher Art ist das Konto? (aktives/passives Bestandskonto, Aufwands-/Ertragskonto)
3. Werden die Konten mehr oder weniger?
4. Auf welcher Kontenseite wird gebucht?

MAX: Super! Das hast du dir ja perfekt gemerkt.

Im Unternehmen AK-Bikes müssen nach der Eröffnung der Bestandskonten die Geschäftsfälle, die sich während des Geschäftsjahres ereignen, im **Grundbuch** und im **Hauptbuch** erfasst werden.

- Im Grundbuch werden die Buchungen in zeitlicher Reihenfolge erfasst (Buchungssätze).
- Das Hauptbuch übernimmt die sachliche Ordnung der Buchungen (T-Konten).

Die Buchungen der Geschäftsfälle aufgrund von Belegen werden als **laufende Buchungen** bezeichnet.

Die Auszubildenden Max und Riccardo erhalten von Selma Demirci den Auftrag, zwei Belege buchhalterisch zu erfassen. Sie sollen den entsprechenden Buchungssatz für das Grundbuch bilden und die Eintragung im Hauptbuch (T-Konten) vornehmen.

Beleg 1 (Auszug):

AWD GmbH

AWD GmbH, August-Hirsch-Straße 3, 47119 Duisburg

AWD GmbH
August-Hirsch-Straße 3
47119 Duisburg

Telefon: 0203 / 0239001
Telefax: 0203 / 0239307
E-Mail: service@awd...
Internet: www.awd...

Firma
Andrea Kästner Mountainbikes e. Kfr.
Stamsrieder Weg 50
85049 Ingolstadt

RECHNUNG Nr. 001057 vom 20.03.20..

Bestellung: 19.03.20..
Kundennummer: 02075
Lieferdatum: 20.03.20..

Artikel	Menge	Einzelpreis	Gesamtpreis
Aluminium-rohre AM 30*2 AlMgSi0,5	2.000 m	8,00 €	16.000,00 €
			16.000,00 €
	-10 % Mengenrabatt		1.600,00 €
	Warenwert, netto		14.400,00 €
	+19 % Umsatzsteuer		2.736,00 €
	Rechnungsbetrag		**17.136,00 €**

Beleg 2 (Auszug):

AK-Bikes

AK-Bikes, Stamsrieder Weg 50, 85049 Ingolstadt

Andrea Kästner Mountainbikes e. Kfr.
Stamsrieder Weg 50
85049 Ingolstadt

Telefon: 0841 0802020
Telefax: 0841 08020280
Internet: www.ak-bikes.bayern
E-Mail: info@ak-bikes.bayern

Firma
Feine Bergräder GmbH
Bergweg 4
83098 Brannenburg

Ingolstadt, 28. März 20..

Rechnung

Nr.: 12450318

Wir lieferten Ihnen frei Haus am 28. März 20..:

Artikel	Artikel-Nr.	Einzelpreis €	Stück	Gesamtpreis €
Mountainbike „Xtra“	MB-XA	2.500,00	20	50.000,00
		Warenwert netto		50.000,00
		Umsatzsteuer 19 %		9.500,00
		Rechnungsbetrag		**59.500,00**

Wir danken für Ihren Auftrag.

Riccardo formuliert zunächst den **Geschäftsfall** zu Beleg 1:
Einkauf von Aluminiumrohren auf Ziel, netto 16.000,00 €, abzüglich 10 % Rabatt

Danach bildet Riccardo für den Beleg 1 den notwendigen **Buchungssatz**:

6000 AWR	14.400,00 €			
2600 VORST	2.736,00 €	an	4400 VE	17.136,00 €

Max formuliert den **Geschäftsfall** zu Beleg 2:
Verkauf von Mountainbikes auf Ziel, netto 50.000,00 €

Anschließend bildet Max für den Beleg 2 den **Buchungssatz**:

2400 FO	59.500,00 €	an	5000 UEFE	50.000,00 €
			4800 UST	9.500,00 €

Schließlich nehmen Max und Riccardo noch die **Buchungen in den T-Konten** vor. Riccardo beachtet, dass bei der Eintragung der Buchungssätze in die Konten jeweils das Gegenkonto angegeben wird, damit die Buchungen jederzeit nachgeprüft werden können und nachvollziehbar sind.

S	0700 MA		H
AB	450.000,00 €		

S	3000 EK		H
		AB	400.000,00 €

S	**2400 FO**		H
AB	75.000,00 €		
2. UEFE, UST	**59.500,00 €**		

S	4250 LBKV		H
		AB	180.000,00 €

S	2800 BK		H
AB	130.000,00 €		

S	4200 KBKV		H
		AB	66.000,00 €

S	2880 KA		H
AB	25.000,00 €		

S	**4400 VE**		H
		AB	34.000,00 €
		1. AWR, VORST	**17.136,00 €**

1/12
1/13
1/14
1/15

S	**2600 VORST**		H
1. VE	**2.736,00 €**		

S	**4800 UST**		H
		2. FO	**9.500,00 €**

S	**6000 AWR**		H
1. VE	**14.400,00 €**		

S	**5000 UEFE**		H
		2. FO	**50.000,00 €**

1.2.3 ABSCHLUSSBUCHUNGEN

SELMA DEMIRCI: Am Ende des Geschäftsjahres müssen zunächst die Erfolgskonten und anschließend die Bestandskonten abgeschlossen werden. In diesem Zusammenhang muss auch der Abschluss der T-Konten im Hauptbuch erfolgen.

RICCARDO: Oh je, der Abschluss von T-Konten ist für mich immer noch rätselhaft.

MAX: Das ist doch im Prinzip ganz einfach! Du musst dich lediglich an eine ganz bestimmte Vorgehensweise halten. Eigentlich sind nur drei Schritte zum Abschluss eines T-Kontos notwendig.

SELMA DEMIRCI: Prima, dass du das beherrschst. Bitte Max, zeige Riccardo den korrekten Abschluss eines T-Kontos.

Zunächst erstellt Max auf einem Notizblatt ein T-Konto mit einigen Eintragungen:

S	**2880**	**KA**	H
AB	15.300,00 €	1. AWH, VORST	476,00 €
2. BK	1.400,00 €		
3. UEFE, UST	2.380,00 €		

Dann erläutert Max die Vorgehensweise:
Es sind folgende **drei Einzelschritte beim Abschluss eines T-Kontos** zweckmäßig:

1. **Addition der wertmäßig größeren Kontenseite** (im Beispielkonto ist dies die Sollseite). Dabei solltest du Folgendes beachten:

   A Lasse auf der wertmäßig kleineren Seite (in meinem Beispiel auf der Habenseite) eine Zeile für den Saldo frei (= **Platzhalterzeile**).

   B Ziehe auf beiden Seiten die **Additionsstriche** in gleicher Höhe und trage auf der wertmäßig größeren Seite die Summe ein!

2. **Übertrag der Summe auf die wertmäßig kleinere Seite** (im Beispielkonto auf die Habenseite 19.080,00 €).

3. **Berechnung des Saldos auf der wertmäßig kleineren Seite** – dies ist der fehlende Betrag (= Saldo), der das Konto zum Ausgleich bzw. ins Gleichgewicht bringt (im Beispielkonto: 19.080,00 € – 476,00 € = 18.604,00 €) – und **Angabe des Abschlusskontos** (dieses ist abhängig von der jeweiligen Kontenart).

   C Entwerte den Leerraum im Konto durch einen Schrägstrich. Dieser wird immer von links unten nach rechts oben gezogen und als **„Buchhalternase“** bezeichnet.

   D Ziehe unter den Summen auf beiden Kontenseiten Doppelstriche. Dies sind die
1/16 **Abschlussstriche** für das jeweilige Konto. Das war´s!

S	**2880**	**KA**	H
AB	15.300,00 €	1. AWH, VORST	476,00 €
2. BK	① 1.400,00 €	„Abschlusskonto“ ③	18.604,00 € Ⓐ Platzhalterzeile
3. UEFE, UST	2.380,00 €		Ⓒ Buchhalternase
	19.080,00 €	② →	19.080,00 €

Ⓑ Additionsstriche
Ⓓ Abschlussstriche

Abschluss der Erfolgskonten

MAX: Mein Berufsschullehrer hat folgende Aussage von sich gegeben: „Wer immer ja sagt, macht Umsatz. Wer auch mal nein sagt, macht Gewinn.“ Mir ist noch nicht ganz klar, was er damit gemeint hat.

RICCARDO: Ich weiß, was er damit aussagen wollte. Der Umsatz darf nicht einfach mit dem Gewinn verwechselt werden. Denn nicht jeder Auftrag lohnt sich. Das ist zum Beispiel dann der Fall, wenn die Aufwendungen für einen Auftrag größer waren als der Ertrag, der durch diesen Auftrag erzielt wird.

ETAPPE 3

MAX: Selbstverständlich muss unser Unternehmen einen Gewinn erzielen.

SELMA DEMIRCI: Klar, deshalb wird der Erfolg (Gewinn oder Verlust) von AK-Bikes am Ende des Geschäftsjahres durch Gegenüberstellung der Aufwendungen und Erträge ermittelt.

Eigentlich müssten alle Erfolgskonten direkt über das Eigenkapitalkonto abgeschlossen werden. Aber aus Gründen der Übersichtlichkeit und Klarheit werden diese über ein Erfolgssammelkonto, das **Gewinn- und Verlustkonto** (GUV), abgeschlossen. Es ist das Abschlusskonto der Erfolgskonten und stellt die Aufwendungen und Erträge einander gegenüber.

Bei der Erfassung der laufenden Belege wurden von Max und Riccardo zwei Erfolgskonten benötigt. Diese werden von Max abgeschlossen. Er bildet nach der Ermittlung der Salden zunächst die Buchungssätze zum Abschluss der Erfolgskonten und schließt danach die beiden T-Konten ab.

Buchungssätze:

8020 GUV	14.400,00 €	an	6000 AWR	14.400,00 €
5000 UEFE	50.000,00 €	an	8020 GUV	50.000,00 €

Buchung in T-Konten:

S	6000 AWR		H
1. VE	14.400,00 €	GUV	14.400,00 €
	14.400,00 €		14.400,00 €

S	5000 UEFE		H
GUV	50.000,00 €	2. FO	50.000,00 €
	50.000,00 €		50.000,00 €

S	8020 GUV		H
AWR	14.400,00 €	UEFE	50.000,00 €

Riccardo erkennt sofort, dass die Buchungssätze zum Abschluss der Erfolgskonten immer 1/17
lauten: 1/18

8020 GUV	an	**Aufwandskonto**
Ertragskonto	an	**8020 GUV**

Abschluss des Gewinn- und Verlustkontos auf das Konto Eigenkapital

SELMA DEMIRCI: Ihr wisst nun, dass auf dem Gewinn- und Verlustkonto eine Gegenüberstellung der Aufwendungen und Erträge erfolgt.

RICCARDO: Dadurch zeigt uns der Saldo auf dem GUV-Konto den Unternehmenserfolg des abgelaufenen Geschäftsjahres.

ETAPPE 4

MAX: Je nachdem, ob die Erträge oder Aufwendungen überwiegen, hat unser Unternehmen entweder einen Gewinn oder Verlust erwirtschaftet.

SELMA DEMIRCI: Der ermittelte Gewinn oder Verlust muss jetzt noch auf das Eigenkapitalkonto übertragen werden. Denn der Gewinn (bzw. Verlust) steht Andrea Kästner zu und vermehrt (bzw. vermindert) ihr Eigenkapital.

Riccardo nimmt nochmals das zuvor erstellte GUV-Konto zur Hand:

S	**8020 GUV**		H
AWR	14.400,00 €	UEFE	50.000,00 €

Nach Ermittlung des Saldos auf dem GUV-Konto bildet er den Buchungssatz und bucht anschließend in den beiden T-Konten.

Buchungssatz (bei Gewinn):

8020 GUV	**35.600,00 €**	an	**3000 EK**	**35.600,00 €**

Buchung in T-Konten:

S	**8020 GUV**		H
AWR	14.400,00 €	UEFE	50.000,00 €
EK (Gewinn)	35.600,00 €		
	50.000,00 €		50.000,00 €

S	**3000 EK**		H
		AB	400.000,00 €
		GUV	35.600,00 €

Eigenkapitalmehrung

MAX: Ich möchte zu bedenken geben, dass in einem Unternehmen auch mal ein Verlust auftreten kann. Wenn die Umsatzerlöse zum Beispiel nur 12.000,00 € betragen, hätte das Unternehmen AK-Bikes einen Verlust in Höhe von 2.400,00 € erwirtschaftet. In diesem Fall müsste wie folgt gebucht werden:

Buchungssatz (bei Verlust):

3000 EK	**2.400,00 €**	an	**8020 GUV**	**2.400,00 €**

Buchung in T-Konten:

S	8020 GUV		H
AWR	14.400,00 €	UEFE	12.000,00 €
		EK (Verlust)	2.400,00 €
	14.400,00 €		14.400,00 €

S	3000 EK		H
GUV	2.400,00 €	AB	400.000,00 €

Eigenkapitalminderung

1/19

1/20

Ausbilderin Frau Demirci fasst nochmals zusammen:

SELMA DEMIRCI: Das Gewinn- und Verlustkonto weist nach dem Abschluss der Erfolgskonten auf der Sollseite die gesamten Aufwendungen, auf der Habenseite die Erträge von AK-Bikes aus. Aus der Gegenüberstellung ergibt sich als Saldo der Jahreserfolg des Unternehmens. Der Saldo auf dem GUV-Konto zeigt den Gewinn oder Verlust des Unternehmens, je nachdem, ob die Erträge oder die Aufwendungen überwiegen.

entweder:

S	8020 GUV H
Aufwendungen	Erträge
GEWINN	

⇨ **Saldo im Soll**

Aufwendungen < Erträge
= Gewinn (Jahresüberschuss)

oder:

S	8020 GUV H
Aufwendungen	Erträge
	VERLUST

⇨ **Saldo im Haben**

Aufwendungen > Erträge
= Verlust (Jahresfehlbetrag)

Durch die Gegenüberstellung der Erfolgskonten kann Andrea Kästner damit auch die Quellen des Erfolges ihres Unternehmens feststellen.

Abschluss der Bestandskonten

RICCARDO: Unser Unternehmen hat das Geschäftsjahr erfreulicherweise mit einem Gewinn in Höhe von 35.600,00 € abgeschlossen.

ETAPPE 5

MAX: Jetzt müssen wir nur noch die aktiven und passiven Bestandskonten abschließen.

SELMA DEMIRCI: Weißt du auch über welches Konto?

MAX: Der Abschluss erfolgt über das Schlussbilanzkonto (SBK). Darin werden die Schlussbestände der Bestandskonten erfasst.

Dafür bildet Max zunächst die Buchungssätze und bucht danach in den T-Konten:

Abschluss der aktiven Bestandskonten				
8010 SBK	450.000,00 €	an	0700 MA	450.000,00 €
8010 SBK	134.500,00 €	an	2400 FO	134.500,00 €
8010 SBK	2.736,00 €	an	2600 VORST	2.736,00 €
8010 SBK	130.000,00 €	an	2800 BK	130.000,00 €
8010 SBK	25.000,00 €	an	2880 KA	25.000,00 €

Abschluss der passiven Bestandskonten				
3000 EK	435.600,00 €	an	8010 SBK	435.600,00 €
4250 LBKV	180.000,00 €	an	8010 SBK	180.000,00 €
4200 KBKV	66.000,00 €	an	8010 SBK	66.000,00 €
4400 VE	51.136,00 €	an	8010 SBK	51.136,00 €
4800 UST	9.500,00 €	an	8010 SBK	9.500,00 €

Riccardo fällt auf, dass die Buchungssätze immer wie folgt lauten:

8010 SBK	an	**Aktives Bestandskonto**

Passives Bestandskonto	an	**8010 SBK**

Buchung in T-Konten:

S	**0700 MA**		H
AB	450.000,00 €	**SBK**	**450.000,00 €**

S	**3000 EK**		H
SBK	**435.600,00 €**	AB	400.000,00 €
		GUV	35.600,00 €
	435.600,00 €		435.600,00 €

S	**2400 FO**		H
AB	75.000,00 €	**SBK**	**134.500,00 €**
2. UEFE, UST	59.500,00 €		
	134.500,00 €		134.500,00 €

S	**4250 LBKV**		H
SBK	**180.000,00 €**	AB	180.000,00 €

S	**2600 VORST**		H
AB	2.736,00 €	**SBK**	**2.736,00 €**

S	**4200 KBKV**		H
SBK	**66.000,00 €**	AB	66.000,00 €

S	**2800 BK**		H
AB	130.000,00 €	**SBK**	**130.000,00 €**

S	**4400 VE**		H
SBK	**51.136,00 €**	AB	34.000,00 €
		1. AWR, VORST	17.136,00 €
	51.136,00 €		51.136,00 €

S	**2880 KA**		H
AB	25.000,00 €	**SBK**	**25.000,00 €**

S	**4800 UST**		H
SBK	**9.500,00 €**	AB	9.500,00 €

S	8010 SBK		H
MA	450.000,00 €	**EK**	435.600,00 €
FO	134.500,00 €	**LBKV**	180.000,00 €
VORST	2.736,00 €	**KBKV**	66.000,00 €
BK	130.000,00 €	**VE**	51.136,00 €
KA	25.000,00 €	**UST**	9.500,00 €
	742.236,00 €		742.236,00 €

Zufrieden stellen Max und Riccardo fest, dass in ihrem Schlussbilanzkonto (SBK) die Summe der Sollseite genauso hoch ist wie die Summe auf der Habenseite. 1/21

1.2.4 UNTERSCHIED SCHLUSSBILANZKONTO UND SCHLUSSBILANZ

SELMA DEMIRCI: Das Schlussbilanzkonto darf nicht mit der Schlussbilanz verwechselt werden

RICCARDO: Den Unterschied habe ich immer noch nicht so richtig verstanden. Es sind doch nur einige Begriffe anders. Im Schlussbilanzkonto werden die Kontobezeichnungen verwendet und die Kontenseiten anders bezeichnet als in der Schlussbilanz.

MAX: Der Unterschied ist von grundsätzlicher Natur. Das Schlussbilanzkonto dient dem buchhalterischen Abschluss der aktiven und passiven Bestandskonten. Dagegen ist die Schlussbilanz eine Kurzfassung des Inventars in Kontenform und steht damit außerhalb des Kontensystems.

SELMA DEMIRCI: Wichtig ist, dass die Werte der Schlussbilanz und des Schlussbilanzkontos stets übereinstimmen. Dann ist die Buchführung korrekt durchgeführt worden.

RICCARDO: Passt! Die Werte stimmen bei uns überein und auch die Anordnungen der Bilanzposten und der Konten ist gleich.

Aktiva	Schlussbilanz zum 31.12.20.. in €		Passiva
Anlagevermögen		**Eigenkapital**	435.600,00
Maschinen und Anlagen	450.000,00	**Fremdkapital**	
Umlaufvermögen		Langfristige Schulden	
Forderungen an Kunden	134.500,00	Langfristige Bankverbindl.	180.000,00
Vorsteuer	2.736,00	Kurzfristige Schulden	
Bankguthaben	130.000,00	Kurzfristige Bankverbindl.	66.000,00
Kassenbestand	25.000,00	Verbindlichkeiten bei Lieferern	51.136,00
		Umsatzsteuer	9.500,00
	742.236,00		742.236,00

Ingolstadt, 31.12.20.. *Andrea Kästner*

Selma Demirci informiert die beiden Auszubildenden schließlich noch, dass die Schlussbilanz zugleich die Eröffnungsbilanz des folgenden Geschäftsjahres ist. Beide sind inhaltlich gleich. Dies entspricht dem **Grundsatz der Bilanzidentität**. 1/22

1.3 DAS KONTO EIGENKAPITAL ALS „NAHTSTELLE“ ZWISCHEN DEN BESTANDS- UND DEN ERFOLGSKONTEN

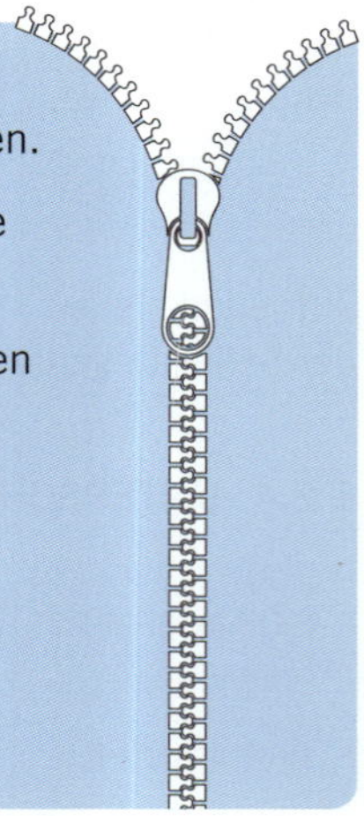

SELMA DEMIRCI: Ein Konto müssen wir etwas genauer betrachten. Ihr wisst, dass wir in der Buchführung zwei Kontenarten unterscheiden.

RICCARDO: Es gibt einerseits die Bestandskonten und andererseits die Erfolgskonten.

SELMA DEMIRCI: Diese bilden je einen eigenen Kontenkreis. Die beiden Kontenkreise sind allerdings durch ein Konto miteinander verbunden.

MAX: Das Bindeglied ist das Eigenkapitalkonto. Es ist die „Nahtstelle“ zwischen den beiden Kontenkreisen.

RICCARDO: Der Abschluss der Erfolgskonten erfolgt zunächst auf das Gewinn- und Verlustkonto. Der Saldo, d. h. der Gewinn oder Verlust, wird auf das Eigenkapitalkonto übertragen.

Die Kontenkreise der Buchhaltung

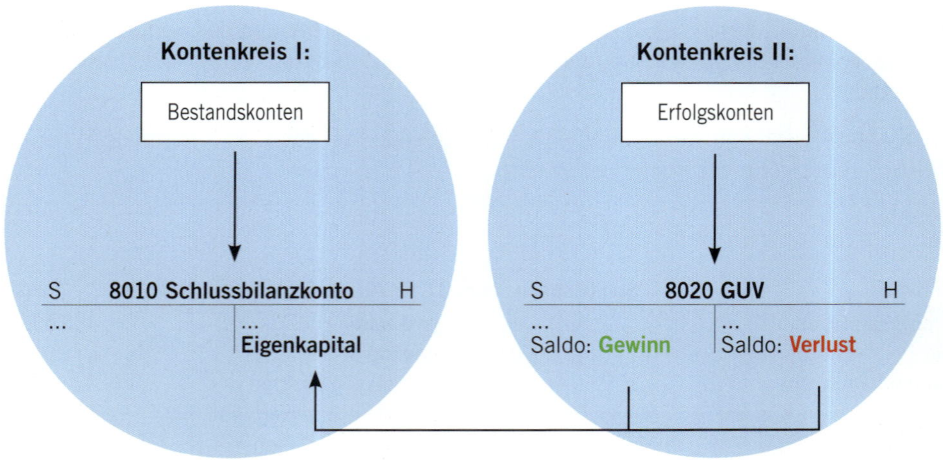

Selma Demirci erläutert den beiden Auszubildenden, dass das Eigenkapital eigentlich durch die Unternehmenstätigkeit (Fertigung und Absatz von Erzeugnissen) laufend verändert wird. Es entstehen dabei Geschäftsfälle, die das Eigenkapital mindern (Aufwendungen) oder erhöhen (Erträge). Allerdings hätte eine unmittelbare Erfassung bzw. Buchung auf dem Eigenkapitalkonto Nachteile. Das Konto würde z. B. durch die zahlreichen Geschäftsfälle unübersichtlich und aus den Buchungen würde nicht hervorgehen, wodurch das Eigenkapital verändert worden wäre.

Die Erfolgsvorgänge werden deshalb zunächst auf Erfolgskonten, den Aufwands- und Ertragskonten, erfasst. Am Geschäftsjahresende werden diese Erfolgskonten auf das Gewinn- und Verlustkonto abgeschlossen und der Gewinn oder Verlust schließlich auf das Eigenkapitalkonto übertragen. Durch die gesonderte Erfassung der Aufwendungen und Erträge während des Geschäftsjahres werden die Ursachen und die Höhe der Eigenkapitalveränderung verdeutlicht. 1/23 1/24

Schließlich veranschaulicht Max den Sachverhalt für Riccardo mit Hilfe einer selbsterstellten Grafik nochmals ausführlich:

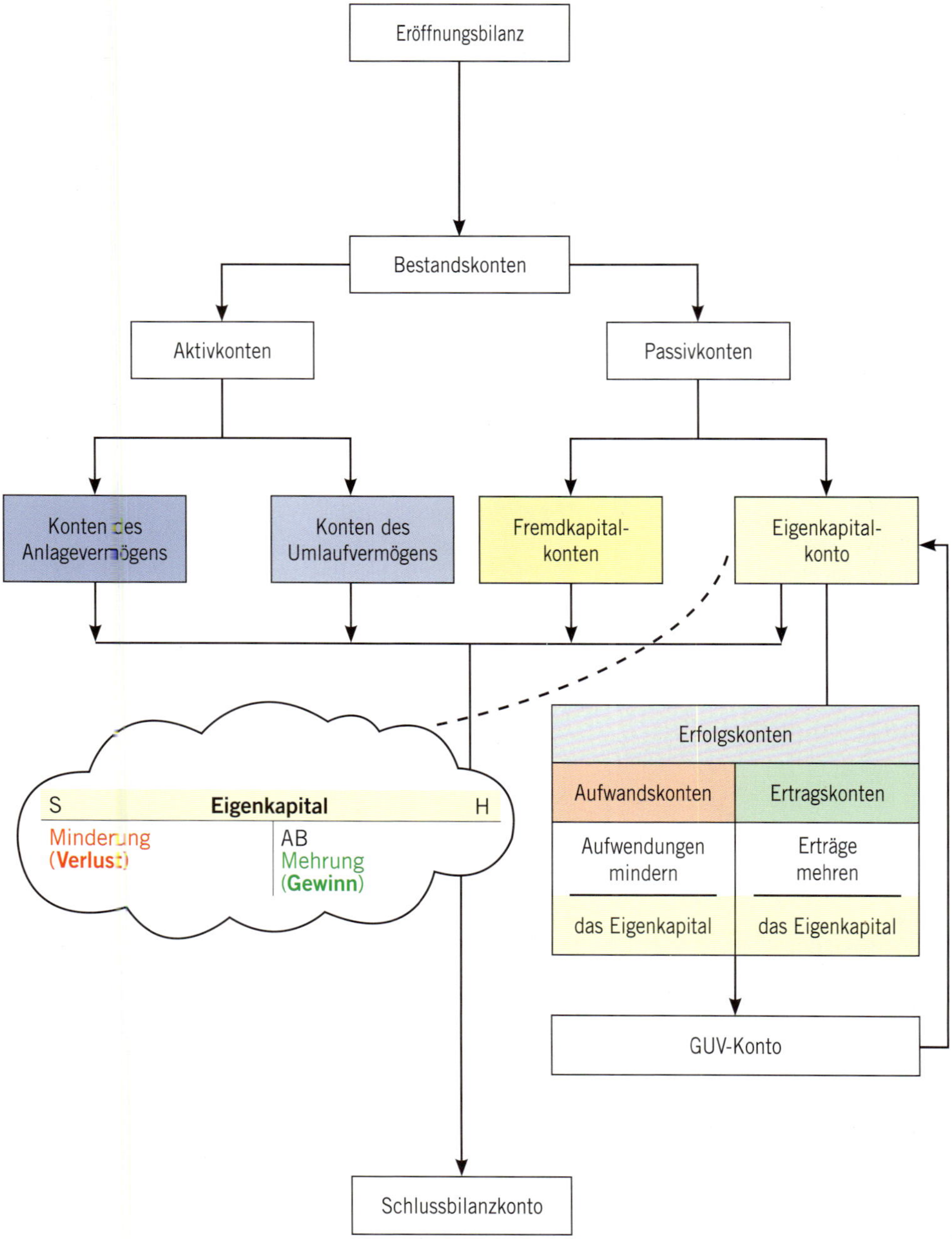

1.4 EIGENKAPITALVERGLEICH

SELMA DEMIRCI: Die Buchführung kann den Jahreserfolg auf zweifache Weise nachweisen.

MAX: Der Erfolg bzw. der Gewinn oder Verlust von AK-Bikes kann durch die Gegenüberstellung der Aufwendungen und Erträge im GUV-Konto ermittelt werden.

SELMA DEMIRCI: Das ist richtig. Aber auch durch den Vergleich der Eröffnungsbilanz mit der Schlussbilanz kann die betriebswirtschaftliche Entwicklung unseres Unternehmens festgestellt werden.

RICCARDO: Ist doch logisch. Der Erfolg lässt sich feststellen, indem das Eigenkapital am Ende des Geschäftsjahres (Schlussbilanz) mit dem Eigenkapital am Anfang des Geschäftsjahres (Eröffnungsbilanz) verglichen wird.

SELMA DEMIRCI: Die Veränderung des Eigenkapitalbestandes, der sich erhöht oder vermindert haben kann, zeigt, mit welchem Erfolg AK-Bikes gearbeitet hat.

Eröffnungsbilanz

Aktiva — **Bilanz zum 01.01.20.. in €** — Passiva

Anlagevermögen		**Eigenkapital**	**400.000,00**
Maschinen und Anlagen	450.000,00	**Fremdkapital**	
Umlaufvermögen		Langfristige Schulden	
Forderungen an Kunden	75.000,00	Langfristige Bankverbindl.	180.000,00
Bankguthaben	130.000,00	Kurzfristige Schulden	
Kassenbestand	25.000,00	Kurzfristige Bankverbindl.	66.000,00
		Verbindlichkeiten bei Lieferern	34.000,00
	680.000,00		680.000,00

Ingolstadt, 01.01.20.. *Andrea Kästner*

Schlussbilanz

Aktiva — **Bilanz zum 31.12.20.. in €** — Passiva

Anlagevermögen		**Eigenkapital**	**435.600,00**
Maschinen und Anlagen	450.000,00	**Fremdkapital**	
Umlaufvermögen		Langfristige Schulden	
Forderungen an Kunden	134.500,00	Langfristige Bankverbindl.	180.000,00
Vorsteuer	2.736,00	Kurzfristige Schulden	
Bankguthaben	130.000,00	Kurzfristige Bankverbindl.	66.000,00
Kassenbestand	25.000,00	Verbindlichkeiten bei Lieferern	51.136,00
		Umsatzsteuer	9.500,00
	742.236,00		742.236,00

Ingolstadt, 31.12.20.. *Andrea Kästner*

Riccardo erläutert, dass der Vergleich entweder eine **Mehrung (= Gewinn)** oder eine **Minderung (= Verlust)** des Eigenkapitals ergeben kann.

Der Erfolg des Unternehmens AK-Bikes lässt sich wie folgt ermitteln:

	Eigenkapital am 31.12.20.. (Jahresende)	435.600,00 €
–	Eigenkapital am 01.01.20.. (Jahresanfang)	400.000,00 €
=	**Mehrung (Jahresüberschuss, Reingewinn)**	**35.600,00 €**

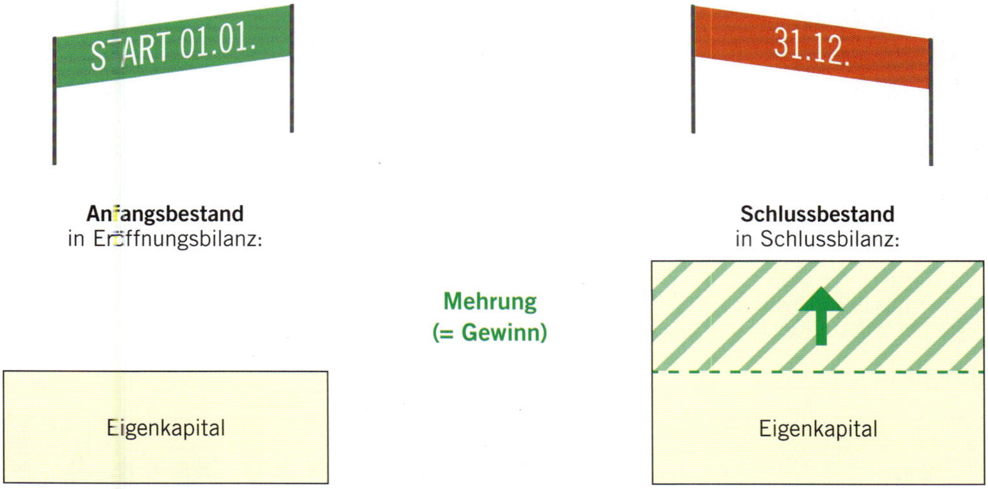

Es hätte auch anders ausgehen können. Wenn der Schlussbestand des Eigenkapitals z. B. nur 390.000,00 € betragen hätte, wäre folgende Situation im Unternehmen AK-Bikes eingetreten.

	Eigenkapital am 31.12.20.. (Jahresende)	390.000,00 €
–	Eigenkapital am 01.01.20.. (Jahresanfang)	400.000,00 €
=	**Minderung (Jahresfehlbetrag, Reinverlust)**	**10.000,00 €**

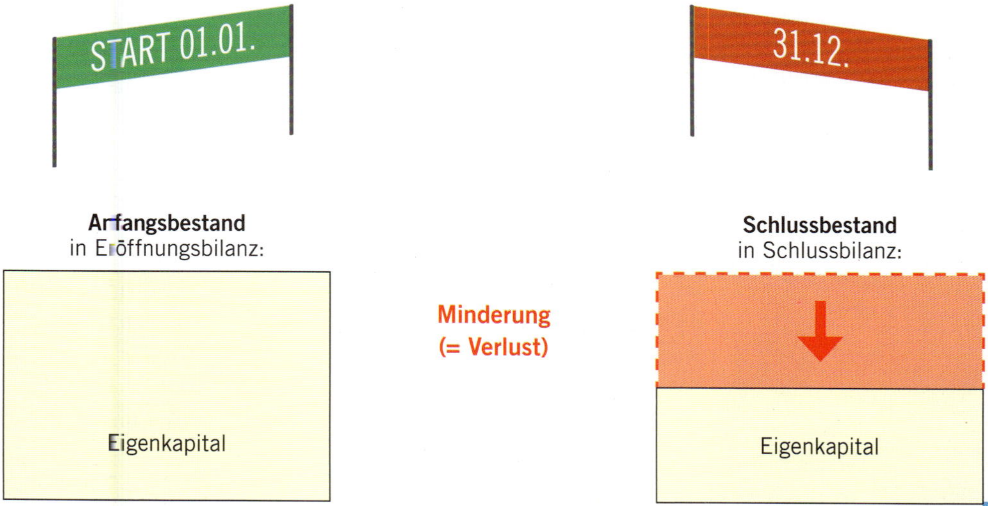

1/25
1/26
1/27
1/28

1.5 BUCHEN MIT EINEM FINANZBUCHHALTUNGSPROGRAMM

RICCARDO: Wenn tagtäglich zahlreiche Geschäftsfälle anfallen, ist der Arbeitsaufwand für die buchhalterische Erfassung und für die Auswertung sehr groß.

SELMA DEMIRCI: Da hast du Recht. Deshalb setzen wir im Unternehmen ein Finanzbuchhaltungsprogramm ein. Es ermöglicht uns, eine Vielzahl von Buchungsdaten in kürzester Zeit zu erfassen, automatisch zu verarbeiten und zu speichern.

RICCARDO: Ich bin schon gespannt, wie das funktioniert.

SELMA DEMIRCI: Im Unternehmen AK-Bikes verwenden wir in der Buchhaltung das Finanzbuchhaltungsprogramm WINLine*.

MAX: Ich habe damit schon gearbeitet. Gerne zeige ich Riccardo die Bedienung.

SELMA DEMIRCI: Super! Dann bildet doch in einem ersten Schritt die Buchungssätze für die beiden Belege und formuliert den Geschäftsfall.

* Über das Staatsinstitut für Schulqualität und Bildungsforschung (ISB) können Schulen das Programm WINLine kostenfrei beziehen.

Beleg 1 (Auszug):

AWD GmbH

AWD GmbH, August-Hirsch-Straße 3, 47119 Duisburg

Firma
Andrea Kästner Mountainbikes e. Kfr.
Stamsrieder Weg 50
85049 Ingolstadt

AWD GmbH
August-Hirsch-Straße 3
47119 Duisburg

Telefon: 0203 / 0239001
Telefax: 0203 / 0239307
E-Mail: service@awd...
Internet: www.awd...

RECHNUNG Nr. 001559 vom 15.12.20..

Duisburg, 15. Dezember 20..

Bestellung: 10.12.20..
Kundennummer: 02075
Lieferdatum: 15.12.20..

Artikel	Menge	Einzelpreis	Gesamtpreis
Aluminiumrohre AM 30*2 AlMgSi0,5	400 m	8,15 €	3.260,00 €
			3.260,00 €
	– 10 % Mengenrabatt		326,00 €
	Warenwert, netto		2.934,00 €
	+ 19 % Umsatzsteuer		557,46 €
	Rechnungsbetrag		**3.491,46 €**

Vielen Dank für Ihren Auftrag!

Geschäftsfall zu Beleg 1:
Eingangsrechnung für Aluminiumrohre, netto 3.260,00 €, abzüglich 10 % Rabatt

Buchungssatz zu Beleg 1:

6000 AWR	2.934,00 €			
2600 VORST	557,46 €	an	4400 VE	3.491,46 €

Beleg 2 (Auszug):

AK-Bikes

AK-Bikes, Stamsrieder Weg 50, 85049 Ingolstadt

Andrea Kästner Mountainbikes e. Kfr.
Stamsrieder Weg 50
85049 Ingolstadt

Telefon: 0841 0802020
Telefax: 0841 08020280
Internet: www.ak-bikes.bayern
E-Mail: info@ak-bikes.bayern

Firma
MTB-Stadl e. K. – Fahrradgroßhandel
Stadtplatz 1
88161 Lindenberg im Allgäu

Ingolstadt, 18. Dezember 20..

Rechnung

Nr.: 13350999

Wir lieferten Ihnen frei Haus am 16. Dezember 20..:

Artikel	Artikel-Nr.	Einzelpreis €	Stück	Gesamtpreis €
Mountainbike „Mount Everest“	MB-ME	2.400,00	4	9.600,00
		Warenwert netto		9.600,00
		Umsatzsteuer 19 %		1.824,00
		Rechnungsbetrag		**11.424,00**

Geschäftsfall zu Beleg 2:
Ausgangsrechnung für Mountainbikes, brutto 11.424,00 €

Buchungssatz zu Beleg 2:

2400 FO	11.424,00 €	an	5000 UEFE	9.600,00 €
			4800 UST	1.824,00 €

Geschäftsfall 3:
Verkauf eines Mountainbikes im Wert von 5.000,00 € netto gegen Barzahlung in Höhe von 2.000,00 €, das Zahlungsziel für den Restbetrag beträgt 14 Tage.

Buchungssatz 3:

2880 KA	2.000,00 €			
2400 FO	3.950,00 €	an	5000 UEFE	5.000,00 €
			4800 UST	950,00 €

Vor Eingabe in das Finanzbuchhaltungsprogramm müssen die Buchungssätze in eine „eingabegerechte Form" gebracht werden. Die Belege bzw. Geschäftsfälle werden deshalb sofort mit Hilfe der **Vorkontierungsliste** erfasst. Deren Spalten entsprechen den Eingabefeldern des Finanzbuchhaltungsprogramms.

Riccardo erhält von Max als Hilfe zur Erstellung der Vorkontierungsliste die folgende Übersicht, in der wichtige Begriffe bzw. Abkürzungen erklärt werden:

Aufbau der Vorkontierungsliste	
Abkürzung	**Bedeutung**
Nr.	Buchungsnummer (fortlaufende Nummer)
BA	**Buchungsart** EB = Eröffnungsbuchung, um den Anfangsbestand in ein Bestandskonto zu übernehmen **B = Laufende Buchung** **Achtung:** Bei Konten mit Umsatzsteuer ist die **Umsatzsteuerautomatik** in Kraft, d. h. die Buchung und Berechnung der Umsatzsteuer erfolgt automatisch. **Die Umsatzsteuerkonten werden deshalb in der Vorkontierungsliste nicht gesondert ausgewiesen.** AB = Abschlussbuchung
Datum	Eingabedatum (wird von der Software automatisch vergeben)
Soll	**Eingabe der Kontennummer des Kontos, das im Soll gebucht wird**
Haben	**Eingabe der Kontennummer des Kontos, das im Haben gebucht wird**
BNr.	Belegnummer des Buchungsbeleges (ER = Eingangs-, AR = Ausgangsrechnung)
Text	Buchungstext (Kurzbeschreibung des Geschäftsfalles)
B/N	**B = Bruttobetrag** **N = Nettobetrag**
Betrag	**Eingabe des gebuchten Betrages**
UCo	= **Umsatzsteuer-Code**, durch den das Programm die Buchung und Berechnung der Umsatzsteuer automatisch aktiviert (**Umsatzsteuerautomatik**): U19 (UST 19 %), U7 (UST 7 %) bzw. V19 (VORST 19 %), V7 (VORST 7 %)

Riccardo trägt auf der Grundlage der Buchungssätze die drei Geschäftsfälle in die Vorkontierungsliste ein:

Nr.	BA	Datum	Soll	Haben	BNr.	Text	Betrag		UCo
							B/N	€	
1	**B**	19.12.	**6000**	**4400**	ER1	Zielkauf R	**N**	**2.934,00**	**V19**
2	**B**	19.12.	**2400**	**5000**	AR1	Zielverkauf FE	**B**	**11.424,00**	**U19**
3	**B**	19.12.		**5000**	AR2	Bar-/Zielverk. FE	**N**	**5.000,00**	**U19**
			2880				**N**	**2.000,00**	
			2400				**N**	**3.950,00**	

Max hat für Riccardo noch einen weiteren Vorteil eines Finanzbuchhaltungsprogramms parat. So prüft die Software bei zusammengesetzten Buchungssätzen automatisch, ob die Beträge auf der Soll- und Habenseite ausgeglichen sind. Ein offener Restbetrag wird gegebenenfalls im Betragsfeld ausgewiesen.

Riccardo übernimmt nun die Eintragungen der Vorkontierungsliste in das Finanzbuchhaltungsprogramm. Im Programm ruft er dazu im Menüpunkt „Buchen“ das Untermenü „Periode“ auf und gibt den Buchungsmonat ein. Dadurch wird die Buchungsart „B“ (= Standard-Sachbuchung) aktiviert. Anschließend führt er die Buchungen im Finanzbuchhaltungsprogramm durch.

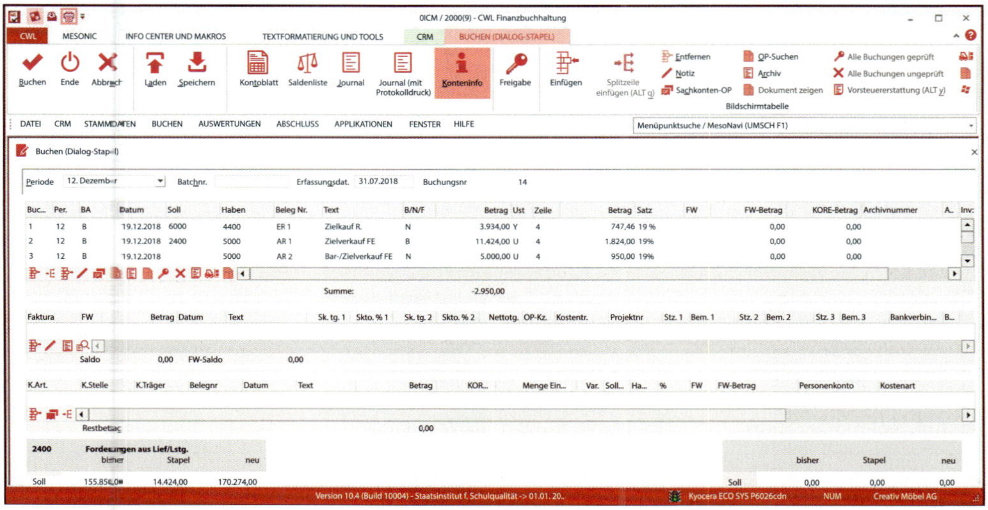

Nach der Eingabe in die Buchungsmaske kann Riccardo sofort unter dem Menüpunkt „Auswertungen“ unterschiedliche Übersichten erstellen und ausdrucken. So können das Buchungsjournal (= Grundbuch), das jeweilige Kontoblatt, die Saldenliste, die Bilanz (bzw. Arbeitsbilanz) und die Gewinn- und Verlustrechnung mit einem „Mausklick“ erstellt werden. 1/29 1/30 1/31

Alles Klar?

KONTENRAHMEN UND KONTENPLAN

KONTENRAHMEN

Zusammenstellung aller Konten, die in einem Unternehmen vorkommen können.

KONTENPLAN

Ausgewählte Konten, die ein Unternehmen tatsächlich benötigt.

KONTENNUMMER

Jedes Konto hat eine **vierstellige** Kontennummer, diese ist nach dem dekadischen System aufgebaut:

AUFBAU DER KONTENNUMMER		
Am Beispiel der Kontennummer 6030 erkennt man:		
Kontenklasse	6	Betriebliche Aufwendungen
Kontengruppe	60	Aufwendungen für Werkstoffe
Kontenart	603	Aufwendungen im Zusammenhang mit Betriebsstoffen
Konto	6030	Aufwendungen für Betriebsstoffe
Sprich: „Sechs-Null-Drei-Null Aufwendungen für Betriebsstoffe“		

Bei Buchungssätzen müssen die jeweiligen Kontennummern, die Kontennamen bzw. die Kontenabkürzung und die Beträge angegeben werden.

BUCHUNGSKREISLAUF

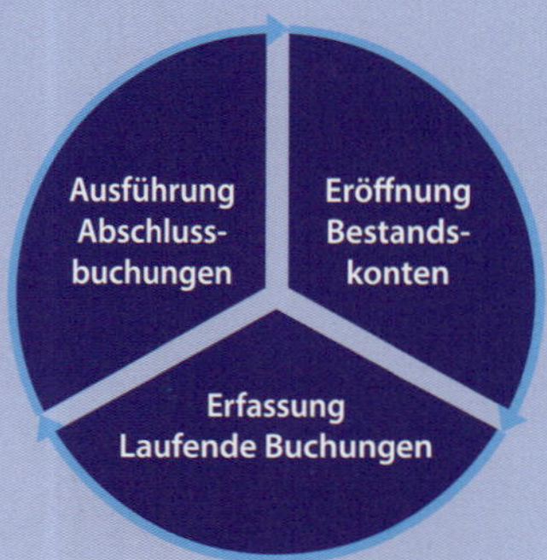

Dieser Ablauf wiederholt sich Jahr für Jahr.

Schlussbilanz des Vorjahres (31.12.) = Eröffnungsbilanz des Folgejahres (01.01.)

REIHENFOLGE DER BUCHUNGSTECHNISCHEN ARBEITEN

- **Eröffnung der Bestandskonten**

Aktive Bestandskonten	**Passive Bestandskonten**
Der Anfangsbestand wird **ins Soll** übernommen.	Der Anfangsbestand wird **ins Haben** übernommen.

- **Buchung der Geschäftsfälle auf Bestands- und Erfolgskonten**

Beantworte beim Buchen vier Fragen:

1. Welche Konten sind betroffen?
2. Von welcher Art ist das Konto? (aktives/passives Bestandskonto, Aufwands-/Ertragskonto)
3. Werden die Konten mehr oder weniger?
4. Auf welcher Kontenseite wird gebucht?

- **Abschluss der Erfolgskonten über das Konto GUV**

Abschlussbuchungssätze:

8020 GUV	*Saldo*	an	**Aufwandskonto**	*Saldo*
Ertragskonto	*Saldo*	an	**8020 GUV**	*Saldo*

- **Abschluss des GUV-Kontos auf das Eigenkapitalkonto**

Abschlussbuchungssatz bei **Gewinn**: Eigenkapital wird erhöht

8020 GUV	***Gewinn***	an	**3000 EK**	***Gewinn***

Abschlussbuchungssatz bei **Verlust**: Eigenkapital wird gemindert

3000 EK	***Verlust***	an	**8020 GUV**	***Verlust***

- **Abschluss der Bestandskonten über das Schlussbilanzkonto**

Abschlussbuchungssätze:

8010 SBK	*Saldo*	an	**Aktives Bestandskonto**	*Saldo*
Passives Bestandskonto	*Saldo*	an	**8010 SBK**	*Saldo*

1.6 ANWENDUNGSAUFGABEN

1/1 Frau Dorina Orban und Herr Martin Liebmann, zwei angehende Existenzgründer, unterhalten sich bei einem Seminar über die Organisation der Buchführung.

Frau Orban: „Ich werde in meinem Unternehmen den Industriekontenrahmen als Grundlage für die Buchführung verwenden. Dadurch erhalte ich eine übersichtliche Gliederung der Konten."

Herr Liebmann: „Die Verwendung eines Kontenrahmens ist lediglich eine Empfehlung. Eine gesetzliche Verpflichtung besteht nicht. Ich werde die Buchführung in meinem Unternehmen nach einem von mir entworfenen Plan gestalten."

Diskutiere diese beiden Aussagen mündlich mit deinem Banknachbarn. Stelle drei Argumente kurz schriftlich dar, die für die Verwendung eines Kontenrahmens im Unternehmen sprechen.

1/2 Arbeite zusammen mit deinem Banknachbarn.

1. Korrigiert die folgende Aussage so, dass sie richtig ist:
   „Der Industriekontenrahmen ist die Grundlage für alle Kontenpläne aller Unternehmen."
2. Erklärt mit eigenen Worten den Unterschied zwischen Kontenrahmen und Kontenplan.

1/3
1. Stelle die Kontenklassen (Nummer, Name) dar, welche die Bestandskonten enthalten. Unterscheide dabei zwischen aktiven und passiven Bestandskonten.
2. Stelle die Kontenklassen dar, in der sich die Erfolgskonten befinden. Unterscheide zwischen Erträgen und Aufwendungen.

1/4 Finde heraus, welcher Kontenname jeweils zu der Kontennummer entlang der Fahrstrecke gehört. Setze die angegebenen Buchstaben aus den Kontennamen der Reihe nach zusammen. Du erhältst als Lösungswort ein Unternehmensziel, das für AK-Bikes wichtig ist.

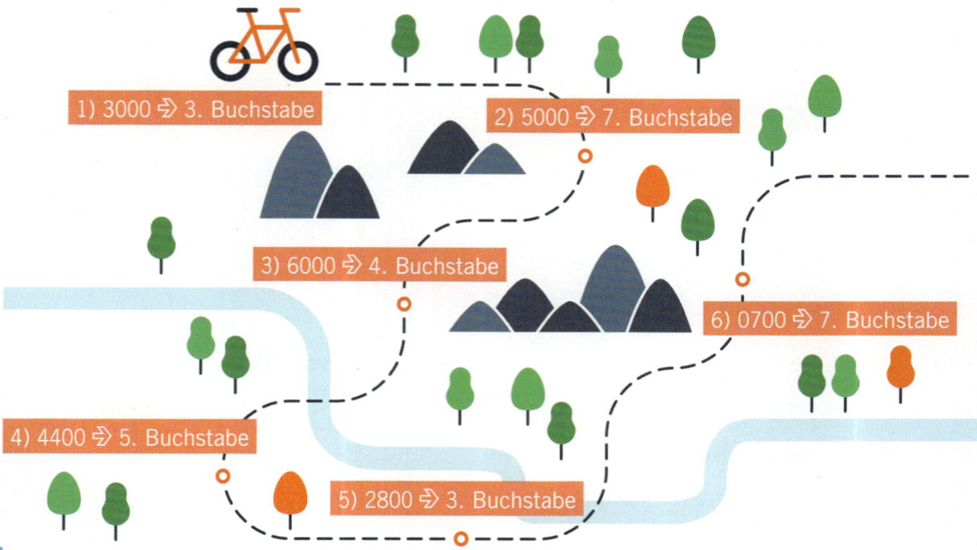

Du bist Experte für Kontennummern. Unterstütze Riccardo bei den folgenden Aufgaben: 1/5

1. Analysiere die Kontennummer 6020. Orientiere dich an dem Beispiel von Seite 16.
2. Ordne in einer Tabelle die folgenden Konten zuerst der richtigen Kontenklasse zu und gib dann die entsprechende Kontennummer und die Kontenabkürzung an.

   Bank, Verbindlichkeiten aus Lieferungen und Leistungen, Aufwendungen für Rohstoffe, Kasse, Fuhrpark, Schlussbilanzkonto, Eigenkapital, Umsatzerlöse für eigene Erzeugnisse

Konto	**Kontenklasse**	**Kontennummer**	**Kontenabkürzung**
Bank	???	???	???
...	...	...	...

3. Ermittle für die folgenden Kontennummern den Kontennamen und die Kontenabkürzung.

   6030 | 0500 | 2400 | 3000 | 8020 | 0870 | 4200 | 6010

Unterstütze Riccardo bei der Bearbeitung der folgenden Geschäftsfälle. Es sind jeweils die Buchungssätze mit Kontennummer, Kontenname (Abkürzung) und Betrag zu bilden: 1/6

1. Verkauf von zwei Mountainbikes auf Ziel, netto 5.000,00 €
2. Eingangsrechnung: Kauf von Farblacken, brutto 2.975,00 €
3. Barzahlung im Computergeschäft für ein Tablet, netto 1.100,00 €
4. Barkauf eines Büroschranks, Listenpreis netto 1.200,00 €, abzüglich 15 % Rabatt
5. Eingangsrechnung: Kauf von Aluminiumrohren, netto 1.500,00 €
6. Banküberweisung zum Rechnungsausgleich für den Fall 2
7. Kauf von Hydrauliköl, brutto 178,50 €, Zahlung mit Girocard
8. Bareinzahlung auf das Geschäftsbankkonto von AK-Bikes, 736,00 €

Das Konto Bank enthält laut Hausmitteilung vier Eintragungen. Formuliere jeweils den Geschäftsfall und bilde den Buchungssatz zu den jeweiligen Buchungen im Konto Bank. 1/7

Andrea Kästner Mountainbikes e. Kfr.

Hausmitteilung

An: Geschäftsbuchführung
Von: Abt. Rechnungswesen

Auszug aus dem Hauptbuch – Konto 2800 Bank; bitte formuliere zu den jeweiligen Buchungen den entsprechenden Geschäftsfall und bilde den Buchungssatz!

Soll	**2800 BK**		**Haben**
AB	**43.760,00 €**	**2. VE**	**7.378,00 €**
1. KBKV	**15.000,00 €**	**3. AWH, VORST**	**83,30 €**
4. FO	**7.140,00 €**		

Mit freundlichen Grüßen
Selma Demirci

1/8 Bearbeite die folgenden Aufgaben.

1. Erkläre zunächst die Begriffe Inventur, Inventar und Bilanz und notiere anschließend die Kurzerklärungen.
2. Charakterisiere jeweils das Anlage- und das Umlaufvermögen.
3. Ein Konto passt nicht. Finde das „schwarze Schaf" heraus und begründe deine Auswahl.

   a) GR – BK – MA – BVG

   b) BGA – FP – VE – KA

   c) LBKV – FO – KBKV – VE

   d) KA – BGA – FO – BK
4. Die Bilanzgleichung lautet: Aktiva = Passiva
   Erstelle zwei weitere Darstellungsmöglichkeiten für die Bilanzgleichung.
5. Recherchiere in § 257 HGB die Aufbewahrungsfrist für die Bilanz.
6. Stelle Kriterien für die Ordnung der Bilanzposten dar.

1/9 Erstelle zunächst eine vereinfachte Eröffnungsbilanz und löse sie anschließend in Konten auf. Benutze als Hilfsmittel einen T-Kontenblock bzw. das Arbeitsbuch.

Folgende Anfangsbestände liegen dir vor:

EK	?????? €
MA	134.000,00 €
KA	8.400,00 €
BGA	62.400,00 €

BK	27.200,00 €
LBKV	73.000,00 €
FO	18.000,00 €
VE	29.000,00 €

1/10 Gib bei den folgenden Aussagen jeweils an, ob sie richtig oder falsch sind und berichtige die falschen Behauptungen. Vergleiche die Lösung mit deinem Banknachbarn.

A	Die Aktivseite der Bilanz gibt Auskunft über die Verwendung des Kapitals.
B	Das Anlagevermögen wird nach der Fälligkeit geordnet.
C	Die Anfangsbestände werden aus der Eröffnungsbilanz entnommen.
D	Der Anfangsbestand wird bei passiven Bestandskonten auf die Sollseite übernommen.
E	Der Anfangsbestand wird bei aktiven Bestandskonten auf die Sollseite übernommen.
F	Das Umlaufvermögen ist stärkeren Veränderungen unterworfen als das Anlagevermögen.
G	Die Bilanzgleichung lautet: Anlagevermögen + Umlaufvermögen = Eigenkapital

Löse die vorliegende Eröffnungsbilanz (siehe Hausmitteilung) in Konten auf und trage die Anfangsbestände ein. Benutze als Hilfsmittel einen T-Kontenblock bzw. das Arbeitsbuch. 1/11

Andrea Kästner Mountainbikes e. Kfr.

Hausmitteilung

An: Geschäftsbuchführung

Von: Geschäftsführung

Daten zur Eröffnung der Bestandskonten

Eröffnungsbilanz:

Aktiva	Bilanz zum 01.01.20.. in €		Passiva
Anlagevermögen		**Eigenkapital**	[illegible]
Grundstücke	360.000,00	**Fremdkapital**	
Betriebs- u. Verwaltungsgebäude	740.000,00	Langfristige Schulden	
Maschinen und Anlagen	828.000,00	Langfristige Bankverbindl.	1.123.000,00
Fuhrpark	42.000,00	Kurzfristige Schulden	
Umlaufvermögen		Kurzfristige Bankverbindl.	82.000,00
Vorräte	160.000,00	Verbindlichkeiten bei Lieferern	165.000,00
Forderungen an Kunden	240.000,00		
Bankguthaben	172.000,00		
Kassenbestand	8.000,00		
	2.550.000,00		2.550.000,00

Mit freundlichen Grüßen

Andrea Kästner

Im Unternehmen AK-Bikes fallen einige Arbeiten in der Buchhaltung an: 1/12

1. Eröffne die Bestandskonten auf Grund der Eröffnungsbilanz.

Aktiva	Bilanz zum 01.01.20.. in €		Passiva
Anlagevermögen		**Eigenkapital**	**400.000,00**
Maschinen und Anlagen	440.000,00	**Fremdkapital**	
Fuhrpark	80.000,00	Langfristige Schulden	
Umlaufvermögen		Langfristige Bankverbindl.	180.000,00
Forderungen an Kunden	55.000,00	Kurzfristige Schulden	
Bankguthaben	80.000,00	Kurzfristige Bankverbindl.	66.000,00
Kassenbestand	25.000,00	Verbindlichkeiten bei Lieferern	34.000,00
	680.000,00		680.000,00

Du benötigst noch weitere Konten:

Vorsteuer (2600 VORST); Umsatzsteuer (4800 UST); Umsatzerlöse für eigene Erzeugnisse (5000 UEFE); Aufwendungen für Rohstoffe (6000 AWR); Aufwendungen für Hilfsstoffe (6020 AWH)

2. Formuliere für die folgenden fünf Belege (Seiten 44–46) die Geschäftsfälle und bilde die notwendigen Buchungssätze.
3. Erfasse die Buchungen in den Konten.

Beleg 1:

AK-Bikes

AK-Bikes, Stamsrieder Weg 50, 85049 Ingolstadt

Andrea Kästner Mountainbikes e. Kfr.
Stamsrieder Weg 50
85049 Ingolstadt

Telefon: 0841 0802020
Telefax: 0841 08020280
Internet: www.ak-bikes.bayern
E-Mail: info@ak-bikes.bayern

Firma
Allgäuer Radlschuppen e. K.
Stadtplatz 10
88162 Lindenberg i. Allgäu

Ingolstadt, 02. März 20..

Rechnung

Nr.: 12450514

Wir lieferten Ihnen frei Haus am 02. März 20..:

Artikel	Artikel-Nr.	Einzelpreis €	Stück	Gesamtpreis €
Mountainbike „Globetrotter“	MB-G	1.500,00	5	7.500,00
		Warenwert netto		7.500,00
		Umsatzsteuer 19 %		1.425,00
		Rechnungsbetrag		**8.925,00**

Wir danken für Ihren Auftrag.

Beleg 2:

DONAUBANK INGOLSTADT

IBAN DE72 7515 0080 4040 8080 20 — Auszug/Jahr 25/20..
BIC DBNKDEFF — Blatt-Nr. 1

Kontoauszug — Betrag in €

BuTag	Wert	Vorgang		
			Alter Kontostand	7.635,70 +
23.04.	23.04.	Gutschrift SEPA Radzentrum GmbH Neuburg an der Donau Rechnung 08231/20.. v. 28.03.20..		14.875,00 +
			Neuer Kontostand	22.510,70 +

Andrea Kästner Mountainbikes e. Kfr. 85049 Ingolstadt

Ihre Servicebank — letzte Erstellung 21.04.20..
Homebanking bequem und günstig — Erstellungstag 27.04.20.. / 09:15

Beleg 3:

AWD GmbH

AWD GmbH, August-Hirsch-Straße 3, 47119 Duisburg

Firma
Andrea Kästner Mountainbikes e. Kfr.
Stamsrieder Weg 50
85049 Ingolstadt

AWD GmbH
August-Hirsch-Straße 3
47119 Duisburg

Telefon: 0203 / 0239001
Telefax: 0203 / 0239307
E-Mail: service@awd...
Internet: www.awd...

RECHNUNG Nr. 001802 vom 03.05.20..

Bestellung: 20.04.20..
Kundennummer: 02075
Lieferdatum: 03.05.20..

Artikel	Menge	Einzelpreis	Gesamtpreis
Aluminiumrohre AM 30*2 AlMgSi0,5	500 m	8,00 €	4.000,00 €
			4.000,00 €
	-10 % Mengenrabatt		400,00 €
	Warenwert, netto		3.600,00 €
	+ 19 % Umsatzsteuer		684,00 €
	Rechnungsbetrag		**4.284,00 €**

Vielen Dank für Ihren Auftrag!

Beleg 4:

DONAUBANK INGOLSTADT

IBAN DE72 7515 0080 4040 8080 20
BIC DBNKDEFF

Auszug / Jahr 49 / 20..
Blatt-Nr. 1

Kontoauszug — Betrag in €

BuTag	Wert	Vorgang	Betrag
		Alter Kontostand	14.357,40 +
02.08.	02.08.	Überweisung Fa. Wolf Federgabeln GmbH, Regensburg Rechnung 0400123/20.. v. 03.07.20..	2.975,00 -
		Neuer Kontostand	11.382,40 +

Andrea Kästner Mountainbikes e. Kfr. 85049 Ingolstadt

Ihre Servicebank
Homebanking bequem und günstig

letzte Erstellung 30.07.20..
Erstellungstag 03.08.20.. / 10:00

Beleg 5:

Quittung

Netto	€	200	Cent	00
+ 19 % USt.	€	38	Cent	00
Gesamt	€	238	Cent	00

Gesamtbetrag € in Worten

—— zweihundertachtunddreißig —— Cent wie oben

von Andrea Kästner Mountainbikes e. Kfr., 85049 Ingolstadt

für 8 Packungen Edelstahlschrauben

richtig erhalten zu haben, bestätigt

Ludwig Fischer
Großhandel für Fahrradteile
Bunsenstraße 32
85049 Ingolstadt

Ort Ingolstadt | Datum 30.10.20..

Buchungsvermerke | Stempel/Unterschrift des Empfängers: Ludwig Fischer

1/13 Der Anfangsbestand des Kontos Bank beträgt im Unternehmen AK-Bikes 14.500,00 €.

1. Eröffne das Konto 2800 BK.
2. Bilde die Buchungssätze für die vier Geschäftsfälle.

1	Bareinzahlung auf das Geschäftsbankkonto, 3.500,00 €
2	Banküberweisung an den Lieferer zum Ausgleich einer offenen Rechnung über 7.140,00 €
3	Aufnahme eines langfristigen Bankdarlehens in Höhe von 40.000,00 €: Das Darlehen wird auf dem Geschäftsbankkonto gutgeschrieben.
4	Barabhebung vom Geschäftsbankkonto, 640,00 €

3. Erfasse die Buchungen auf dem Konto Bank.

Formuliere die Geschäftsfälle zu den folgenden Buchungssätzen in Einzelarbeit. Vergleiche deine Ergebnisse zunächst mit deinem Banknachbarn, bevor du die Ergebnisse in der Klasse besprichst. 1/14

1.	6010 AWF	1.200,00 €			
	2600 VORST	228,00 €	an	2880 KA	1.428,00 €
2.	4250 LBKV	10.000,00 €	an	2800 BK	10.000,00 €
3.	2400 FO	16.660,00 €	an	5000 UEFE	14.000,00 €
				4800 UST	2.660,00 €
4.	2880 KA	1.500,00 €	an	2800 BK	1.500,00 €
5.	6000 AWR	11.500,00 €			
	2600 VORST	2.185,00 €	an	4400 VE	13.685,00 €
6.	2800 BK	5.950,00 €	an	2400 FO	5.950,00 €
7.	0500 GR	75.000,00 €	an	4400 VE	75.000,00 €
8.	4400 VE	9.996,00 €	an	2800 BK	9.996,00 €

Das Konto Kasse enthält laut Hausmitteilung sechs Eintragungen. Formuliere jeweils den Geschäftsfall und bilde den Buchungssatz zu den Buchungen 1. bis 5. im Konto Kasse. 1/15

Andrea Kästner Mountainbikes e. Kfr.

Hausmitteilung

An: Geschäftsbuchführung

Von: Abt. Rechnungswesen

Auszug aus dem Hauptbuch – Konto Kasse; bitte formuliere zu den jeweiligen Buchungen den entsprechenden Geschäftsfall und bilde den Buchungssatz!

Soll	**2880**	**KA**	**Haben**
AB	**5.500,00 €**	**2. BK**	**2.500,00 €**
1. UEFE, UST	**595,00 €**	**3. AWB, VORST**	**178,50 €**
5. BK	**1.500,00 €**	**4. AWH, VORST**	**833,00 €**

Mit freundlichen Grüßen

Selma Demirci

1/16 Im Unternehmen AK-Bikes wurden die beiden vorliegenden Bestandskonten erstellt.

Soll		2800 BK	Haben
AB	25.500,00 €	2. VE	9.520,00 €
1. FO	595,00 €		
3. KA	1.500,00 €		

Soll		4400 VE	Haben
2. BK	9.520,00 €	AB	32.500,00 €
		4. AWR, VORST	4.760,00 €
		5. AWF, VORST	714,00 €

1. Aus den Buchungen in den Konten kann der zugrunde liegende Geschäftsfall und der Buchungssatz gebildet werden.

   a) Formuliere den Geschäftsfall zu 1. im Konto 2800 BK.

   b) Erstelle den Buchungssatz zu 2. im Konto 2800 BK.

   c) Formuliere den Geschäftsfall zu 4. im Konto 4400 VE.

   d) Erstelle den Buchungssatz zu 5. im Konto 4400 VE.

2. Ermittle den Saldo und schließe die beiden T-Konten ordnungsgemäß ab. Übertrage dazu die beiden Konten in dein Heft.

1/17 Im Unternehmen AK-Bikes müssen von dir die beiden folgenden Erfolgskonten am Jahresende ordnungsgemäß abgeschlossen werden.

Bilde die notwendigen Abschlussbuchungssätze. Übertrage dazu die Konten in dein Heft und erfasse die beiden Kontenabschlüsse im Konto 8020 GUV.

Beachte beim Abschluss der Erfolgskonten folgende Stichpunkte:

- Saldoermittlung
- Abschlussbuchungssatz für das jeweilige Konto
- Eintrag der Abschlussbuchungssätze in die Konten und ins GUV-Konto
- Abschluss der Erfolgskonten mit allen erforderlichen Strichen und Summen

Soll	6000 AWR		Haben
VE	13.120,00 €		
KA	350,00 €		
VE	11.530,00 €		

Soll	5000 UEFE		Haben
		FO	14.210,00 €
		FO	23.560,00 €
		KA	2.230,00 €

Die Buchführung weist folgende Erfolgskonten im Unternehmen AK-Bikes aus. Diese werden dir zur Bearbeitung vorgelegt. 1/18

Soll	6000 AWR		Haben
VE	8.350,00 €		
VE	5.650,00 €		

Soll	6020 AWH		Haben
VE	4.750,00 €		
KA	250,00 €		

Soll	6030 AWB		Haben
VE	2.410,00 €		
KA	590,00 €		

Soll	5000 UEFE		Haben
		FO	13.220,00 €
		KA	1.730,00 €
		FO	15.850,00 €

1. Übertrage die vier Konten in dein Heft und richte das Abschlusskonto 8020 GUV als T-Konto ein.
2. Berechne die Salden für die vier Erfolgskonten.
3. Bilde die Abschlussbuchungssätze.
4. Trage die Abschlussbuchungssätze in die vier Erfolgskonten und ins GUV-Konto ein. Gib dabei die Gegenkonten an.
5. Schließe die vier Erfolgskonten ordnungsgemäß ab.

1/19 Die Abteilungsleiterin Selma Demirci sendet dir folgende Mitteilung mit Arbeitsaufträgen.

Andrea Kästner Mountainbikes e. Kfr.

Hausmitteilung

An: Geschäftsbuchführung

Von: Abt. Rechnungswesen

Daten aus der Buchführung:

Summe der Aufwendungen: 875.500,00 €

Summe der Erträge: 893.500,00 €

1. Ermittle Art und Höhe des Jahreserfolges.
2. Bilde den Buchungssatz für die Übertragung des Unternehmenserfolges vom Gewinn- und Verlustkonto auf das Eigenkapitalkonto.

Mit freundlichen Grüßen

Selma Demirci

1/20 Die Auszubildende Julia benötigt deine Unterstützung beim Jahresabschluss, da sie derzeit mehrere Projekte betreut. Per E-Mail hat sie dir deshalb Arbeitsaufträge zugesandt.

Senden | Rechtschr. | Anhang | S/MIME | Speichern

Von: julia.huber@ak-bikes.bayern

An: geschaeftsbuchfuehrung@ak-bikes.bayern

Betreff: **Erfolg des Unternehmens / Abschluss GUV-Konto**

Normaler Text | Variable Breite

Hallo!

Wie bereits telefonisch besprochen, müssen noch einige Arbeiten zum Jahresabschluss von dir erledigt werden. Nachfolgend erhältst du die Daten und Arbeitsaufträge.
Folgende Werte wurden in der Geschäftsbuchführung ermittelt:

Summe der Aufwendungen	98.550,00 €
Summe der Erträge	87.950,00 €

1. Ermittle Art und Höhe des Jahreserfolges.
2. Bilde den Buchungssatz für die Übertragung des Unternehmenserfolges vom Gewinn- und Verlustkonto auf das Eigenkapitalkonto.
3. Zusatzaufgabe: Erstelle mit Hilfe eines Tabellenkalkulationsprogramms ein Diagramm für die nächste Konferenz, das die derzeitige Erfolgslage von AK-Bikes anschaulich darstellt.

Vielen Dank im Voraus.

Gruß
Julia Huber

Selma Demirci informiert dich, dass die Buchführung im Unternehmen AK-Bikes einen sich alle Jahre wiederholenden Kreislauf darstellt. Prüfe, ob die nachfolgende Arbeitsanweisung zum Buchungskreislauf vom neuen Praktikanten in der richtigen Reihenfolge dargestellt wurde. Berichtige die Reihenfolge, wenn nötig. 1/21

BUCHUNGSKREISLAUF

REIHENFOLGE

- Laufende Buchungen auf Bestands- und Erfolgskonten
- Abschluss der Bestandskonten über das Konto SBK
- Abschluss des Kontos GUV über das Konto Eigenkapital
- Eröffnung der Bestandskonten
- Abschluss der Erfolgskonten über das Konto GUV

Sebastian Huber, Praktikant

1/22 Der Praktikant soll in der Buchhaltung mit deiner Hilfe die folgenden Arbeitsaufträge erledigen.

Konto	Saldo
6000 Aufwendungen für Rohstoffe (AWR)	85.000,00 €
0700 Maschinen und Anlagen (MA)	420.000,00 €
5000 Umsatzerlöse für eigene Erzeugnisse (UEFE)	235.000,00 €
2400 Forderungen (FO)	17.000,00 €
6010 Aufwendungen für Fremdbauteile (AWF)	55.000,00 €
4400 Verbindlichkeiten (VE)	25.000,00 €
2800 Bank (BK)	24.000,00 €
4250 Langfristige Bankverbindlichkeiten (LBKV)	300.000,00 €
6020 Aufwendungen für Hilfsstoffe (AWH)	28.000,00 €
6030 Aufwendungen für Betriebsstoffe (AWB)	32.000,00 €
0840 Fuhrpark (FP)	110.000,00 €
2880 Kasse (KA)	8.000,00 €
3000 Eigenkapital (EK)	254.000,00 €

1. Bilde die Buchungssätze zum Abschluss der Erfolgskonten.
2. Erstelle das Konto 8020 GUV, trage die Salden aus Nr. 1 ein, bilde den Buchungssatz für den Abschluss des GUV-Kontos und schließe das Konto ordnungsgemäß ab.
3. Bilde die Buchungssätze für den Abschluss der Bestandskonten und erstelle das Konto 8010 SBK.

Für die Praktikanten des Unternehmens AK-Bikes soll eine Lernübersicht das System der Bestands- und Erfolgskonten veranschaulichen. Übertrage die Lernübersicht und vervollständige diese an den gekennzeichneten (???) Stellen mit den richtigen Begriffen. 1/23

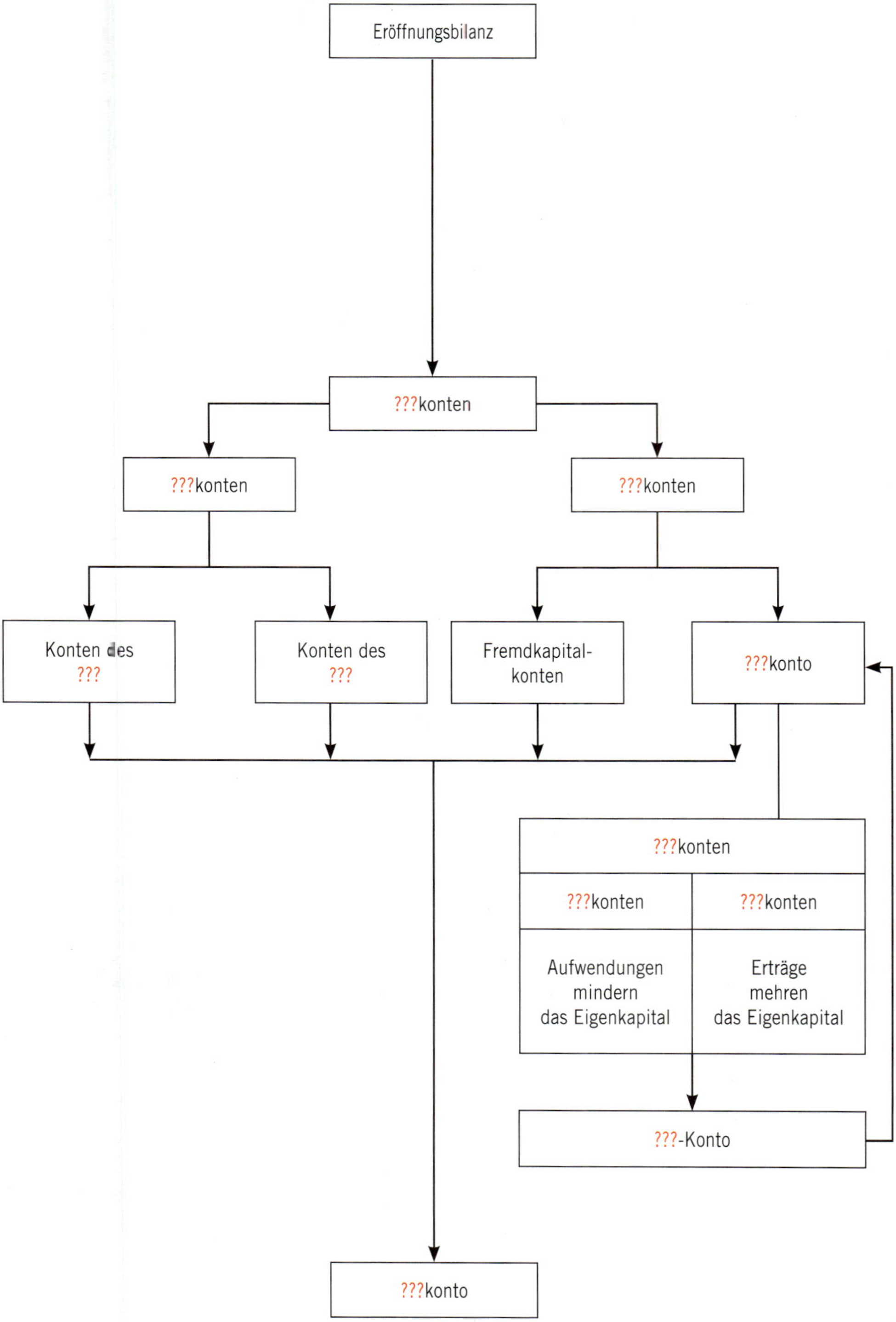

1/24 Für eine betriebsinterne Fortbildung sollst du für Andrea Kästner und Selma Demirci folgenden Geschäftsgang entsprechend der Arbeitsanweisungen bearbeiten.

> Vergleiche nach jedem Arbeitsschritt mit deinem Banknachbarn die Ergebnisse. Gehe selbstständig eventuellen Abweichungen nach und nimm bei Bedarf Korrekturen vor.

1. Löse die Eröffnungsbilanz in Konten auf und trage die Anfangsbestände ein.

   Du musst noch weitere Konten erstellen:

   Aufwendungen für Rohstoffe (6000 AWR);
   Aufwendungen für Fremdbauteile (6010 AWF);
   Aufwendungen für Betriebsstoffe (6030 AWB);
   Umsatzerlöse für eigene Erzeugnisse (5000 UEFE)

Aktiva	**Bilanz zum 01.01.20.. in €**		Passiva
Anlagevermögen		**Eigenkapital**	486.000,00
Maschinen und Anlagen	650.000,00	**Fremdkapital**	
Fuhrpark	90.000,00	Langfristige Schulden	
Umlaufvermögen		Langfristige Bankverbindl.	320.000,00
Forderungen an Kunden	65.000,00	Kurzfristige Schulden	
Vorsteuer	20.000,00	Kurzfristige Bankverbindl.	43.000,00
Bankguthaben	70.000,00	Verbindlichkeiten bei Lieferern	27.000,00
Kassenbestand	15.000,00	Umsatzsteuer	34.000,00
	910.000,00		910.000,00

2. Bilde für die nachfolgenden Geschäftsfälle und Belege die notwendigen Buchungssätze und buche dann in den Konten.

2.1 Bareinzahlung auf das Geschäftsbankkonto, 5.000,00 €

2.2 Zieleinkauf von 20 Fahrradsätteln zum Stückpreis von 50,00 € netto

2.3 Beleg:

DONAUBANK INGOLSTADT

IBAN DE72 7515 0080 4040 8080 20			Auszug/Jahr	17/20..
BIC DBNKDEFF			Blatt-Nr.	1
			Kontoauszug	Betrag in €
BuTag	**Wert**	**Vorgang**	**Alter Kontostand**	11.510,65 +
24.03.	24.03.	Gutschrift SEPA Ludwigs Bergräder e. K., Berchtesgaden Rechnung 12450313 v. 10.03.20..		8.330,00 +
			Neuer Kontostand	19.840,65 +

Andrea Kästner Mountainbikes e. Kfr. 85049 Ingolstadt

Ihre Servicebank	letzte Erstellung 20.03.20..
Homebanking bequem und günstig	Erstellungstag 25.03.20.. / 14:52

2.4 Zieleinkauf von Kohlefaser-Matten (Carbon) zum Listenpreis von 10.000,00 € netto; der Lieferer gewährt 20 % Mengenrabatt

2.5 Beleg:

AK-Bikes

AK-Bikes, Stamsrieder Weg 50, 85049 Ingolstadt

Andrea Kästner Mountainbikes e. Kfr.
Stamsrieder Weg 50
85049 Ingolstadt

Telefon: 0841 0802020
Telefax: 0841 08020280
Internet: www.ak-bikes.bayern
E-Mail: info@ak-bikes.bayern

Firma
MTB-Schuppen GmbH
Kampenwandstr. 30
83229 Aschau i. Chiemgau

Ingolstadt, 10. April 20..

Rechnung

Nr. 12450403

Wir lieferten Ihnen frei Haus am 10. April 20..:

Artikel	Artikel-Nr.	Einzelpreis €	Stück	Gesamtpreis €
Mountainbike „Xtreme“	MB-XE	3.000,00	16	48.000,00
		Warenwert netto		48.000,00
		Umsatzsteuer 19 %		9.120,00
		Rechnungsbetrag		**57.120,00**

Wir danken für Ihren Auftrag.

2.6 Beleg:

Quittung

Netto	€	600	Cent	00
+ 19 % USt.	€	114	Cent	00
Gesamt	€	714	Cent	00

Gesamtbetrag € in Worten

——— siebenhundertvierzehn ——— Cent wie oben

von Fa. Andrea Kästner Mountainbikes e. Kfr., 85049 Ingolstadt

für 15 Packungen Schrauben / 15 mm

richtig erhalten zu haben, bestätigt

Ludwig Fischer
Großhandel für Fahrradteile
Bunsenstraße 32
85049 Ingolstadt

Ort Ingolstadt Datum 02.06.20..

Buchungsvermerke

Stempel/Unterschrift des Empfängers
Ludwig Fischer

3. Schließe die Konten ordnungsgemäß und in der richtigen Reihenfolge ab. Erstelle dazu auch das GUV- sowie das Schlussbilanzkonto und bilde die Abschlussbuchungssätze.

1/25 Am Ende des Geschäftsjahres möchte Andrea Kästner wissen, ob sie mit ihrem Unternehmen einen Gewinn oder einen Verlust erwirtschaftet hat. Ermittle mit Hilfe des Kapitalvergleichs den Erfolg des Unternehmens AK-Bikes. Für die Berechnung des Erfolges werden dir die folgenden Bilanzen des Geschäftsjahres zur Verfügung gestellt.

Bilanz zum 01.01.20.. in €

Aktiva			Passiva
Anlagevermögen		**Eigenkapital**	466.450,00
Maschinen und Anlagen	655.000,00	**Fremdkapital**	
Fuhrpark	80.000,00	Langfristige Schulden	
Umlaufvermögen		Langfristige Bankverbindl.	330.000,00
Forderungen an Kunden	32.000,00	Kurzfristige Schulden	
Vorsteuer	11.500,00	Kurzfristige Bankverbindl.	45.000,00
Bankguthaben	75.500,00	Verbindlichkeiten bei Lieferern	16.550,00
Kassenbestand	16.000,00	Umsatzsteuer	12.000,00
	870.000,00		870.000,00

Ingolstadt, ... *Andrea Kästner*

Bilanz zum 31.12.20.. in €

Aktiva			Passiva
Anlagevermögen		**Eigenkapital**	498.500,00
Maschinen und Anlagen	670.000,00	**Fremdkapital**	
Fuhrpark	100.000,00	Langfristige Schulden	
Umlaufvermögen		Langfristige Bankverbindl.	325.300,00
Forderungen an Kunden	25.100,00	Kurzfristige Schulden	
Vorsteuer	16.200,00	Kurzfristige Bankverbindl.	48.200,00
Bankguthaben	84.200,00	Verbindlichkeiten bei Lieferern	24.000,00
Kassenbestand	14.500,00	Umsatzsteuer	14.000,00
	910.000,00		910.000,00

Ingolstadt, ... *Andrea Kästner*

Selma Demirci bittet dich noch, die folgenden Daten für die nächste betriebliche Fortbildung aufzubereiten. 1/26

Geschäftsjahr	Summe der Aufwendungen	Summe der Erträge	EK-Anfangsbestand	EK-Schlussbestand
01	110.000,00 €	??? €	510.000,00 €	550.000,00 €
02	??? €	180.000,00 €	390.000,00 €	450.000,00 €
03	240.000,00 €	290.000,00 €	??? €	560.000,00 €
04	455.000,00 €	340.000,00 €	600.000,00 €	??? €

1. Berechne die fehlenden Größen.
2. Bilde die Buchungssätze, die für den Abschluss des GUV-Kontos in den jeweiligen Geschäftsjahren notwendig waren.

Überprüfe dein Wissen zur Geschäftsbuchführung mit diesem Rätsel. 1/27

1	?	?	?	?	?	?	?	?	?	?	?	?	?	?					
		2	?	?	?	?	?	?	?	?	?	?	?	?					
		3	?	?	?	?	?	?	?	?	?	?							
4	?	?	?	?	?	?	?	?	?	?	?	?	?	?	?	?	?	?	
				5	?	?	?	?	?	?	?	?	?						
						6	?	?	?	?	?								
					7	?	?	?	?	?	?								
		8	?	?	?	?	?	?	?	?									
						9	?	?	?	?	?	?	?	?	?	?	?	?	?

1. Konten, die auf der Sollseite des GUV-Kontos erscheinen
2. Zusammenstellung aller Konten für die Buchführung in einem Wirtschaftszweig
3. Kontenseite, auf die der Anfangsbestand bei Passivkonten übernommen wird
4. Abschlusskonto für die Bestandskonten
5. Kontenseite des GUV-Kontos, die den Gewinn des Unternehmens zeigt
6. Unterschiedsbetrag zwischen der Summe der Beträge auf der Soll- und der Habenseite
7. Kurzgefasste Gegenüberstellung von Vermögen und Kapital in Kontenform
8. Fachbegriff für die Bestandsaufnahme des Vermögens und der Schulden
9. Sammelbezeichnung für die Aufwands- und Ertragskonten

Schreibe die Lösung in dein Heft! Das Lösungswort ergibt einen Begriff, der sich aus den wiederholenden Tätigkeiten in der Buchführung ergibt.

1/28 **BwR-Partnerabfrage**

Du testest deinen Banknachbarn mit den folgenden Aufgaben, dein Partner nimmt die Fragen der Folgeseite, um dich zu testen.

Selbstverständlich kannst du die Fragen auch im Rahmen der Portfolioarbeit zur Selbstkontrolle nutzen. Decke einfach die Lösungen mit einem Blatt ab und schon kann der Selbsttest starten ...

PARTNERABFRAGE ZUM LERNBEREICH „STRUKTURIERUNG DER GESCHÄFTSBUCHFÜHRUNG“

Blatt für Partner 1

Fragen an Partner 2	**Lösung Partner 2**
1. Wie viele Ziffern umfasst die Kontennummer?	Vier Ziffern
2.	
3. In welcher Kontenklasse findest du das GUV-Konto?	Kontenklasse 8
4.	
5. Nenne zwei Konten der Kontenklasse 0.	GR, BVG (MA, FP, BM, BGA)
6.	
7. Welche Kontenklassen umfassen die Erfolgskonten?	Kontenklassen 5, 6 und 7
8.	
9. Gib den Fachbegriff für „Zehnersystem“ an.	Dezimalsystem oder dekadisches System
10.	
11. Nenne die Auflistung, die nur die für das Unternehmen erforderlichen Konten enthält.	Kontenplan
12.	
13. Auf welcher Kontenseite steht der Anfangsbestand im Konto Eigenkapital?	Habenseite
14.	
15. Bilde den Buchungssatz für den Barverkauf eines Mountainbikes, 2.000,00 € netto.	2880 KA 2.380,00 € an 5000 UEFE 2.000,00 € 4800 UST 380,00 €
16.	
17. Bilde den Abschlussbuchungssatz des Kontos 6010 AWF (Saldo: 28.570,00 €).	8020 GUV 28.570,00 € an 6010 AWF 28.570,00 €
18.	
19. In welchem Fall weist das Unternehmen einen Gewinn aus?	Erträge > Aufwendungen
20.	

Blatt für Partner 2

Fragen an Partner 1	Lösung Partner 1
1.	
2. Welche Kontenklassen umfassen die Bestandskonten?	Kontenklassen 0, 1, 2, 3 und 4
3.	
4. In welcher Kontenklasse findest du das Konto Kasse?	Kontenklasse 2
5.	
6. Was bedeutet die Abkürzung IKR?	Industriekontenrahmen
7.	
8. Nenne zwei Konten der Kontenklasse 4.	LBKV, KBKV (VE, UST)
9.	
10. Wie viele Konten sind im dekadischen System maximal möglich?	10000
11.	
12. Woher stammen die Anfangsbestände in den Bestandskonten?	Eröffnungsbilanz
13.	
14. Bilde den Buchungssatz für den Zieleinkauf von Aluminiumrohren 10.000,00 € netto.	6000 AWR 10.000,00 € 2600 VORST 1.900,00 € an 4400 VE 11.900,00 €
15.	
16. Wie wirkt sich ein Gewinn auf das Eigenkapitalkonto aus?	Der Gewinn bewirkt eine Eigenkapitalmehrung.
17.	
18. Bilde den Abschlussbuchungssatz des Kontos 0700 MA (Schlussbestand: 79.000,00 €).	8010 SBK 79.000,00 € an 0700 MA 79.000,00 €
19.	
20. Bilde den Abschlussbuchungssatz des Kontos 8020 GUV (Gewinn: 105.000,00 €).	8020 GUV 105.000,00 € an 3000 EK 105.000,00 €

Den Auszubildenden von AK-Bikes wird folgendes unvollständiges Vorkontierungsblatt ausgehändigt: 1/29

BA	Datum	Soll	Haben	BNr.	Text	Betrag		UCo
						B/N	€	
?	05.01.20..	?	?	1	?????	?	???	?
?	05.01.20..	?	?	2	?????	?	???	?
?	05.01.20..	?	?	3	?????	?	???	?
?	05.01.20..	?	?	4	?????	?	???	?
B	10.01.20..	4400	2800	5	?????	–	3.332,00	–
B	10.01.20..	6000	2800	6	?????	B	2.975,00	V19
B	10.01.20..	2800	2880	7	?????	–	4.450,00	–
B	10.01.20..	2400	5000	8	?????	B	1.904,00	U19
B	15.01.20..	?	?	9	Banküberweisung vom Kunden	?	6.188,00	?
B	15.01.20..	6010	2880	10	?????	B	833,00	?
B	15.01.20..	?	?	11	Kauf eines unbebauten Grundstücks durch Banküberweisung	?	65.000,00	?
B	15.01.20..	4200	2800	12	?????	?	15.000,00	?

1. Lege in deinem Heft eine Tabelle in der vorliegenden Form an und übertrage folgende Geschäftsfälle zu den **Buchungsnummern 1 bis 4** (kurz BNr.) in das Vorkontierungsblatt:

1.1 Verkauf von 6 Mountainbikes auf Ziel, 16.660,00 € brutto

1.2 Barkauf von 10 Flaschen Reinigungsmittel, 59,50 € brutto

1.3 Aufnahme eines Kredits (Laufzeit: 2 Jahre), Bankgutschrift 80.000,00 €

1.4 Zielkauf eines Transporters für 42.000,00 € netto

2. Formuliere die Geschäftsfälle, die den Eintragungen (**BNr. 5 bis 8**) im Vorkontierungsblatt zugrunde liegen.

3. Ergänze die Lücken in der Vorkontierung zu den Geschäftsfällen (**BNr. 9 bis 12)**.

1/30 Mit dieser Aufgabe kannst du den Einsatz eines Finanzbuchhaltungsprogramms am Computer üben:

1. Lege mit Hilfe des Firmenassistenten im Finanzbuchhaltungsprogramm das Unternehmen AK-Bikes an. Folge dabei Schritt für Schritt den Lehreranweisungen.

2. Buche die Eröffnung der Bestandskonten (Buchungsart = EB) entsprechend dem folgenden Vorkontierungsblatt im Finanzbuchhaltungsprogramm.

   Diese Buchungen benötigen als Gegenkonto das Konto 8000 EBK (Eröffnungsbilanzkonto). Es genügt für dich zu wissen, dass dadurch der Anfangsbestand ins jeweilige Bestandskonto übernommen wird.

BA	Datum	Soll	Haben	BNr.	Text	Betrag		UCo
						B/N	€	
EB	01.01.20..	0700	8000	1	Eröffnung MA	–	75.000,00	–
EB	01.01.20..	2400	8000	2	Eröffnung FO	–	29.750,00	–
EB	01.01.20..	2800	8000	3	Eröffnung BK	–	18.000,00	–
EB	01.01.20..	2880	8000	4	Eröffnung KA	–	5.500,00	–
EB	01.01.20..	8000	3000	5	Eröffnung EK	–	110.400,00	–
EB	01.01.20..	8000	4400	6	Eröffnung VE	–	17.850,00	–

3. Fertige im Heft eine Tabelle nach der Vorlage von Nr. 2 an und erstelle in deinem Vorkontierungsblatt die Vorkontierung (Buchungsart = B) für folgende Geschäftsfälle.

   12.01.20..: Kauf von Aluminiumrohren auf Ziel, 19.992,00 € brutto

   10.02.20..: Begleichung der Rechnung vom 12.01.20.. durch Banküberweisung

   02.04.20..: Zielverkauf von Mountainbikes im Wert von 30.940,00 € brutto

   02.05.20..: Begleichung der Rechnung vom 02.04.20.. durch Banküberweisung

   12.08.20..: Barkauf von Schrauben für 150,00 € netto

   25.11.20..: Zielkauf einer Verpackungsmaschine für 24.990,00 € brutto

4. Buche mit der Finanzbuchhaltung die Geschäftsfälle aus Nr. 3 für das Geschäftsjahr 20..

5. Erstelle mit dem Finanzbuchhaltungsprogramm die Bilanz mit GUV-Rechnung für den 31.12.20..

1.7 KOMPETENZCHECK

Der Kompetenzcheck ist ein Fragebogen zur Selbsteinschätzung deiner im Unterricht erworbenen Kompetenzen. Hier geht es darum, dass du deine fachlichen Kompetenzen zum Lernbereich 1 (Strukturierung der Geschäftsbuchführung) bewertest. Schätze dich selber ein. Gehe vom aktuellen Stand deiner Kompetenz aus. Drucke den Selbsteinschätzungsbogen aus (www.ak-bikes.bayern). Fülle diesen aus, indem du in jeder Zeile ehrlich einen Haken ✓ setzt. Die von dir bearbeiteten Anwendungsaufgaben helfen dir, dich richtig einzuschätzen.

stimmt, stimmt teilweise, stimmt nicht.

Wiederhole die Inhalte des Lernbereichs, in denen du dich noch nicht so richtig kompetent fühlst. Führe danach den Kompetenzcheck erneut durch. So kannst du deinen Lernfortschritt überprüfen.

Ich kann ...	**Lernbereich**	**Aufgaben**
... die Bedeutung des Kontenrahmens als Organisationsmittel der Buchführung darstellen.	**1.1.1** **1.1.2**	1/1, 1/2
... den Aufbau und die Gliederung des Kontenrahmens aufzeigen.	**1.1.3** **1.1.4**	1/3–1/5
... den Kontenplan bei der buchhalterischen Erfassung von Geschäftsfällen anwenden.	**1.1.5**	1/6, 1/7
... zu Beginn des Geschäftsjahres die aktiven und passiven Bestandskonten eröffnen.	**1.2.1**	1/8–1/11
... die laufenden Buchungen im Grund- und im Hauptbuch erfassen.	**1.2.2**	1/12–1/15
... den Saldo in einem Konto ermitteln und das T-Konto formgerecht abschließen.	**1.2.3**	1/16
... die Aufwands- und Ertragskonten über das Konto GUV abschließen.	**1.2.3**	1/17, 1/18
... das GUV-Konto über das Eigenkapitalkonto abschließen.	**1.2.3**	1/19, 1/20
... die aktiven und passiven Bestandskonten über das Schlussbilanzkonto abschließen.	**1.2.3** **1.2.4**	1/21, 1/22
... die Erfolgsrechnung und die Bestandsrechnung buchhalterisch im Konto Eigenkapital zusammenführen.	**1.3**	1/23, 1/24
... die betriebswirtschaftliche Entwicklung durch Vergleich der Eröffnungs- mit der Schlussbilanz erläutern.	**1.4**	1/25–1/28
... die Eintragungen in einem Vorkontierungsblatt deuten und Buchungen korrekt eintragen.	**1.5**	1/29, 1/30

1.8 ALLES KLAR!

Du bist Mitarbeiterin bzw. Mitarbeiter in der Abteilung Rechnungswesen des Unternehmens AK-Bikes und wirst mit deinen im Lernbereich 1 erworbenen Kompetenzen die drei Auszubildenden Julia, Riccardo und Max bei der Bearbeitung verschiedener Aufgaben unterstützen.

Im Unternehmen AK-Bikes erhalten Max und Riccardo folgende E-Mail von Andrea Kästner:

Von: andrea.kaestner@ak-bikes.bayern
An: max.lindner@ak-bikes.bayern, riccardo.fontana@ak-bikes.bayern
Betreff: Arbeitsauftrag

Normaler Text | Variable Breite

Guten Tag Max und Riccardo!

In den letzten Wochen habt ihr euch nochmals intensiv mit der Geschäftsbuchführung auseinandergesetzt.

Außerdem konntet ihr in dieser Zeit wertvolles Wissen im Zusammenhang mit dem Industriekontenrahmen und dem Kontenplan sowie dem Buchungskreislauf sammeln.

Auf Grund eurer erworbenen Kompetenzen bitte ich euch darum, dass ihr unserer neuen Auszubildenden Julia Huber bei Fragen zur Geschäftsbuchführung helfend zur Seite steht.

Frau Selma Demirci wird euch entsprechende Aufgaben übertragen.

Beste Grüße

Andrea Kästner

1. Julia soll den Kontenrahmen und den Kontenplan als wichtiges Organisationsmittel der Buchführung kennenlernen.

1.1 Stelle mit deinem Banknachbarn für Julia vier Vorteile dar, die sich durch die Verwendung des Kontenrahmens im Unternehmen ergeben.

1.2 Ergänze die Übersicht, mit deren Hilfe die Grobstruktur des Industriekontenrahmens für die neue Auszubildende veranschaulicht werden soll (M 1, Seite 66).

1.3 Zeige Julia den Unterschied zwischen Kontenrahmen und Kontenplan auf. Schreibe in ganzen Sätzen.

1.4 Erkläre Julia die Gemeinsamkeiten und den Unterschied bei den Aufwandskonten Rohstoffe, Fremdbauteile, Hilfsstoffe und Betriebsstoffe bezüglich der Kontennummer.

1.5 Die Auszubildende hat erfahren, dass die Anordnung der Konten dem Abschlussgliederungsprinzip entspricht. Ordne für Julia jeweils die Kontenklassen zu, deren Konten auf die beiden Abschlusskonten 8010 SBK und 8020 GUV abgeschlossen werden.

1.6 Im Rahmen einer betriebsinternen Fortbildung sollen neben dem Industriekontenrahmen noch andere Kontenrahmen vorgestellt werden. Recherchiere im Internet nach weiteren Kontenrahmen, die von Unternehmen in der Praxis verwendet werden.

2. Der folgende Geschäftsgang soll für Julia als Anschauungsmaterial dienen. Führe mit Hilfe der bereitgestellten Daten und Belege die folgenden Arbeitsaufträge durch.

2.1 Eröffne auf der Grundlage der bereitgestellten Eröffnungsbilanz (M 2, Seite 66) die Bestandskonten, indem du die Anfangsbestände in T-Konten einträgst.

2.2 Du benötigst noch folgende weitere Konten. Richte jeweils ein T-Konto ein:

Vorsteuer (2600 VORST); Umsatzsteuer (4800 UST); Umsatzerlöse für eigene Erzeugnisse (5000 UEFE); Aufwendungen für Rohstoffe (6000 AWR); Aufwendungen für Fremdbauteile (6010 AWF); Aufwendungen für Hilfsstoffe (6020 AWH); Aufwendungen für Betriebsstoffe (6030 AWB); Schlussbilanzkonto (8010 SBK); Gewinn- und Verlustkonto (8020 GUV)

2.3 Analysiere die vorliegenden neun Belege (M 3, Seiten 67–70) mit deinem Banknachbarn. Formuliere zu jedem Beleg zunächst den zugrunde liegenden Geschäftsfall.

2.4 Bilde die notwendigen Buchungssätze für die vorliegenden Belege (M 3, Seiten 67–70).

Besprich deine Buchungssätze mit deinem Banknachbarn. Erklärt euch dabei die Buchungen gegenseitig. Stelle danach – falls möglich – dein Ergebnis der Klasse vor.

2.5 Buche die Geschäftsfälle in den T-Konten und vergleiche deine Buchungen wiederum mit deinem Banknachbarn.

Diskutiert Problemfälle mit der Klasse und nehmt bei Bedarf Korrekturen vor.

2.6 Schließe alle Konten ordnungsgemäß ab und nimm auch die Gegenbuchung im Konto 8010 SBK bzw. 8020 GUV vor.

> Ermittle zunächst auf den jeweiligen Konten den Saldo, erstelle danach den Buchungssatz und buche in den Konten bzw. schließe die jeweiligen Konten formgerecht ab. Reihenfolge: Abschluss der Erfolgskonten, danach Abschluss des Kontos 8020 GUV und schließlich Abschluss der Bestandskonten.

2.7 Bewerte den Erfolg des Unternehmens AK-Bikes.

3. Bearbeite den Geschäftsgang der Aufgabe 2 mit einem Finanzbuchhaltungsprogramm.

Zusatzaufgabe
Erstelle mit deinem Banknachbarn eine Präsentation entweder zum Thema „Der Kontenrahmen“ oder zum Thema „Buchungskreislauf“. Erstellt dazu auch ein übersichtliches Handout für eure Mitschüler. Achtet darauf, dass ihr anschauliche Grafiken, Schaubilder und/oder Beispiele in eurer Präsentation verwendet. Stellt die Präsentation – falls möglich – eurer Klasse vor.

Folgende Inhalte sollten in eurer Präsentation angesprochen werden:

Thema „Kontenrahmen/Kontenplan“	**Thema „Buchungskreislauf“**
• Bedeutung des Kontenrahmens	• Eröffnung der Bestandskonten
• Aufbau des Kontenrahmens	• Laufende Buchungen auf den Bestands- und Erfolgskonten
• Kontenplan	• Abschluss der Konten
• Kontennummern	• Erfolg des Unternehmens

Material

M 1

Andrea Kästner Mountainbikes e. Kfr.

Hausmitteilung

An: Geschäftsbuchführung

Von: Abt. Rechnungswesen

Betreff:
Übersicht zum Aufbau des Kontenrahmens für unsere neue Auszubildende

Bitte ergänzen Sie die Übersicht!

<table>
<tr><th>Kontenklasse</th><th>Name</th><th>Kontenart</th><th>RK</th></tr>
<tr><td>0</td><td>Sachanlagen</td><td>aktive Bestandskonten</td><td rowspan="9">RK?</td></tr>
<tr><td>1</td><td>???</td><td>???</td></tr>
<tr><td>???</td><td>???</td><td>???</td></tr>
<tr><td>???</td><td>???</td><td>???</td></tr>
<tr><td>???</td><td>???</td><td>???</td></tr>
<tr><td>???</td><td>???</td><td>Ertragskonten</td></tr>
<tr><td>???</td><td>???</td><td>???</td></tr>
<tr><td>???</td><td>???</td><td>???</td></tr>
<tr><td>???</td><td>???</td><td>???</td></tr>
<tr><td>???</td><td colspan="2">???</td><td>RK?</td></tr>
</table>

Mit kollegialen Grüßen

Selma Demirci

M 2

Aktiva	**Eröffnungsbilanz zum 01.01.20.. in €**		Passiva
Anlagevermögen		**Eigenkapital**	1.212.150,00
Grundstücke	310.000,00	**Fremdkapital**	
Betriebs- und Verwaltungsgebäude	750.000,00	Langfristige Schulden	
Maschinen und Anlagen	1.200.000,00	Langfristige Bankverbindl.	1.225.000,00
Fuhrpark	75.000,00	Kurzfristige Schulden	
Büromaschinen	42.000,00	Kurzfristige Bankverbindl.	195.000,00
Büromöbel/Geschäftsausstattung	55.000,00	Verbindlichkeiten bei Lieferern	108.750,00
Umlaufvermögen			
Forderungen an Kunden	155.850,00		
Bankguthaben	140.630,00		
Kassenbestand	12.420,00		
	2.740.900,00		2.740.900,00

M 3

Beleg 1 (Auszug):

Alpinparts GmbH

Alpinparts GmbH • Kufsteiner Str. 150 • 83022 Rosenheim

Firma
Andrea Kästner Mountainbikes e. Kfr.
Stamsrieder Weg 50
85049 Ingolstadt

Alpinparts GmbH
Kufsteiner Str. 150
83022 Rosenheim

Telefon: 08031 2962 100
Telefax: 08031 2962 150
Internet: www.alpinparts...
E-Mail: service@alpinparts...

Rosenheim, 10. Januar 20..

Rechnung Nr.: 012000225
Lieferdatum: 08.01.20..
Rechnungsdatum: 10.01.20..

Position	Artikel	Menge	Einzelpreis	Gesamtpreis
5	Schaltungsset AP Digit2 8050 11x1 fach	10	520,00 €	5.200,00 €
			Gesamt	5.200,00 €
			+19% Umsatzsteuer	988,00 €
			Rechnungsbetrag	6.188,00 €

Vielen Dank für Ihren Auftrag!
- Lieferung „frei Haus"
- Zahlbar ohne Abzug innerhalb 30 Tagen

Beleg 2 (Auszug):

Florian Fischer Elektrogabelstapler e. K.

www.ffe-stapler...

Florian Fischer Elektrogabelstapler e. K. – Lenggrieser Str. 85 – 83646 Bad Tölz

Firma
Andrea Kästner Mountainbikes e. Kfr.
Stamsrieder Weg 50
85049 Ingolstadt

Florian Fischer Elektrogabelstapler e. K.
Lenggrieser Str. 85
83646 Bad Tölz

Amtsgericht Wolfratshausen HRA 5253

Telefon: 08041 430-0
Telefax: 08041 430-113
Internet: www.ffe-stapler...
E-Mail: service@ffe-stapler...
Steuernr.: 104/5056/0651
USt-IdNr.: DE816070475

Rechnung

Bestellnummer: 03561
Rechnungsnummer: 0418012
Lieferdatum: 18.01.20..

Kundennummer: 03415
Rechnungsdatum: 18.01.20..
Ansprechpartner: Herr Hoheneck 08041 / 430-16

Pos.	Aritkel/Bezeichnung	Menge	Einzelpreis	Gesamtpreis
1	Elektrogabelstapler Modell BTE-X050	1	14.500,00 €	14.500,00 €

Warenwert, netto	14.500,00 €
+ 19 % USt	2.755,00 €
Rechnungsbetrag	17.255,00 €

Leistungsstarke Elektrogabelstapler von FFE: innovativ – effizient – ökologisch
Wir danken Ihnen für Ihr Vertrauen!

Zahlungsbedingungen: 30 Tage rein netto

Beleg 3 (Auszug):

AK-Bikes

AK-Bikes, Stamsrieder Weg 50, 85049 Ingolstadt

Andrea Kästner Mountainbikes e. Kfr.
Stamsrieder Weg 50
85049 Ingolstadt

Firma
Fahrradgroßhandel Huber e. K.
Lechhalde 50
87629 Füssen

Telefon: 0841 0802020
Telefax: 0841 08020280
Internet: www.ak-bikes.bayern
E-Mail: info@ak-bikes.bayern

Ingolstadt, 18. März 20..

Rechnung

Nr.: 18120123

Wir lieferten Ihnen frei Haus am 16. März 20..:

Artikel	Artikel-Nr.	Einzelpreis €	Stück	Gesamtpreis €
Mountainbike „Xtra"	MB-XA	3.250,00	12	39.000,00
Mountainbike „Xquisite"	MB-XQ	2.550,00	20	51.000,00
				90.000,00
		– Rabatt 15 %		13.500,00
		Warenwert netto		76.500,00
		Umsatzsteuer 19 %		14.535,00
		Rechnungsbetrag		**91.035,00**

Wir danken für Ihren Auftrag.

Beleg 4 (Auszug):

Mehring Carbon GmbH

Mehring Carbon GmbH, Burgkirchener Str. 1, 84489 Burghausen

Mehring Carbon GmbH
Burgkirchener Str. 1
84489 Burghausen

Firma
Andrea Kästner Mountainbikes e. Kfr.
Stamsrieder Weg 50
85049 Ingolstadt

Telefon: 08677 / 0756230
Telefax: 08677 / 0757020
E-Mail: service@mehring-carbon...
Internet: www.mehring-carbon...

Burghausen, 4. April 20..

RECHNUNG Nr. 0203103/20..

Lieferdatum: 04.04.20..
Rechnungsdatum: 04.04.20..

Artikel	Menge	Einzelpreis	Gesamtpreis
Kohlefaser-Matten / HT-Fasern 300 x 300 x 6 mm	120 m^2	55,00 €	6.600,00 €
			6.600,00 €
	– 10 % Mengenrabatt		660,00 €
	Warenwert, netto		5.940,00 €
	+ 19 % Umsatzsteuer		1.128,60 €
	Rechnungsbetrag		**7.068,60 €**

Vielen Dank für Ihren Auftrag!

Beleg 5:

DONAUBANK INGOLSTADT

IBAN DE72 7515 0080 4040 8080 20		Auszug/Jahr	22/20..
BIC DBNKDEFF		Blatt-Nr.	1
		Kontoauszug	Betrag in €

BuTag	Wert	Vorgang	Betrag
		Alter Kontostand	140.630,00 +
14.05.	14.05.	Überweisung Mehring Carbon GmbH, 84489 Burghausen Rechnung Nr. 0203103/20.. v. 04.04.20..	7.068,60 –
		Neuer Kontostand	133.561,40 +

Andrea Kästner Mountainbikes e. Kfr. 85049 Ingolstadt

Ihre Servicebank	letzte Erstellung	10.05.20..
Homebanking bequem und günstig	Erstellungstag	15.05.20.. / 19:36

Beleg 6:

Quittung

Nr. 003081

Netto	€	420	Cent	00
+ 19 % USt.	€	79	Cent	80
Gesamt	€	499	Cent	80

Gesamtbetrag € in Worten

——vierhundertneunundneunzig—— Cent wie oben

von *Andrea Kästner Mountainbikes e. Kfr., 85049 Ingolstadt*

für *2 Packungen Kettenblattschrauben / M8 x 8,5mm*

richtig erhalten zu haben, bestätigt

Ludwig Fischer
Großhandel für Fahrradteile
Bunsenstraße 32
85049 Ingolstadt

Ort *Ingolstadt* Datum *18.05.20..*

Buchungsvermerke	Stempel/Unterschrift des Empfängers
	Ludwig Fischer

Beleg 7:

DONAUBANK INGOLSTADT

IBAN DE72 7515 0080 4040 8080 20		Auszug/Jahr	23/20..
BIC DBNKDEFF		Blatt-Nr.	1
		Kontoauszug	Betrag in €

BuTag	Wert	Vorgang	Betrag
		Alter Kontostand	133.561,40 +
20.05.	20.05.	Überweisung Tilgung Darlehen Darlehensnr. 72751500800000516345	5.500,00 –
		Neuer Kontostand	128.061,40 +

Andrea Kästner Mountainbikes e. Kfr. 85049 Ingolstadt

Ihre Servicebank	letzte Erstellung	15.05.20..
Homebanking bequem und günstig	Erstellungstag	21.05.20.. / 8:15

Beleg 8:

Achmed Aslan Bürosysteme e. K.

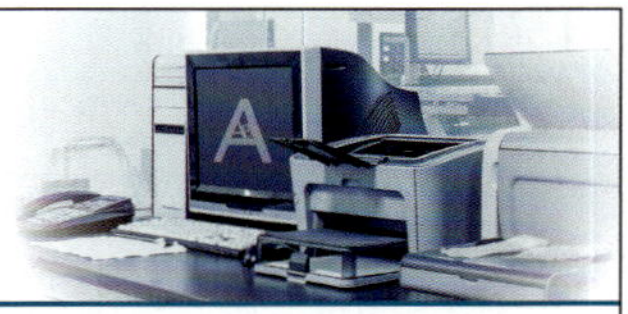

Achmed Aslan Bürosysteme e. K. · Rudolf-Diesel-Str. 90 · 85529 Schrobenhausen

Firma
Andrea Kästner Mountainbikes e. Kfr.
Stamsrieder Weg 50
85049 Ingolstadt

Achmed Aslan Bürosysteme e. K.
Rudolf-Diesel-Str. 90
85529 Schrobenhausen

Telefon: 08252 802020
Telefax: 08252 8020280
Internet: www.buerosysteme-aslan...
E-Mail: service@buerosysteme-aslan...

Rechnung Nr.: 0060503/20..

Lieferdatum: 03.08.20..
Rechnungsdatum: 04.08.20..

Artikel	Menge	Einzelpreis	Gesamtpreis
Digitaler Farbkopierer CH MPC 2800 - 28 S/Min Kopier-/Druck-Scanlösung	1	3.200,00 €	3.200,00 €
		Warenwert, netto	3.200,00 €
		+19 % Umsatzsteuer	608,00 €
		Rechnungsbetrag	**3.808,00 €**

Vielen Dank für Ihren Auftrag!

Die Lieferung erfolgt „frei Haus".
Zahlbar ohne Abzug innerhalb 30 Tagen.
Die Ware bleibt bis zur vollständigen Bezahlung unser Eigentum.

Bankverbindung: Lenbachbank
IBAN: DE52 7606 0060 0058 5080 58
BIC: LBNKDE03S
Amtsgericht Ingolstadt
HRA 6561
USt-IdNr.: DE706168500
Steuernr.: 124/184/390230

Beleg 9:

LIQUIDO TANKSTATION
Manchinger Straße 100
85053 Ingolstadt

Obj.-Nr.: 0002051
Tel.: 0 841 / 184010
Fax: 0 841 / 184050

Beleg-Nr.: 8183/008/0001
22-08-20.. 10:34

*00001 **Wasserstoff** H2	43,20 EUR
*Zp H2 4,50 kg	9,60 EUR/kg
Gesamtbetrag (BAR)	43,20 EUR
USt-Anteil 19,00%	6,90 EUR

===

VIELEN DANK FÜR IHREN EINKAUF.
AUF WIEDERSEHEN.

Lösungen Selbstcheck-Aufgaben

1/4 – Lösung

EIGENKAPITAL	UMSATZERLÖSE FÜR EIGENE ERZEUGNISSE	AUFWENDUNGEN FÜR ROHSTOFFE	VERBINDLICHKEITEN AUS LIEFERUNGEN UND LEISTUNGEN	BANK	MASCHINEN UND ANLAGEN
G E W I N N					

1/10 – Lösung

A: richtig

B: falsch, das Anlagevermögen wird nach der **Anlagedauer** geordnet

C: richtig

D: falsch, der Anfangsbestand wird bei passiven Bestandskonten auf die **Habenseite** übernommen

E: richtig

F: richtig

G: falsch, die Bilanzgleichung lautet:
Anlagevermögen + Umlaufvermögen = Eigenkapital **+ Fremdkapital**

1/19 – Lösung

1.	Erträge	893.500,00 €
	– Aufwendungen	875.500,00 €
	= Gewinn (Jahresüberschuss)	18.000,00 €

2. 8020 GUV 18.000,00 € an 3000 EK 18.000,00 €

1/26 – Lösung

1. Fehlende Größen:

   Geschäftsjahr 01 – Erträge: 150.000,00 €
   Geschäftsjahr 02 – Aufwendungen: 120.000,00 €
   Geschäftsjahr 03 – EK-Anfangsbestand: 510.000,00 €
   Geschäftsjahr 04 – EK-Schlussbestand: 485.000,00 €

2. Buchungssätze für den Abschluss des GUV-Kontos:

Geschäftsjahr 01:	8020 GUV	40.000,00 €	an	3000 EK	40.000,00 €
Geschäftsjahr 02:	8020 GUV	60.000,00 €	an	3000 EK	60.000,00 €
Geschäftsjahr 03:	8020 GUV	50.000,00 €	an	3000 EK	50.000,00 €
Geschäftsjahr 04:	3000 EK	115.000,00 €	an	8020 GUV	115.000,00 €

ÜBER DIESE KOMPETENZEN VERFÜGST DU BALD:

- Angebote zur Beschaffung von Werkstoffen auswerten
- unter Anwendung des Einkaufskalkulationsschemas den Einstandspreis ermitteln, um das günstigste Angebot auszuwählen
- Eingangsrechnungen und Rücksendungen von Werkstoffen und Leihverpackung für Werkstoffe buchhalterisch erfassen
- preispolitische Maßnahmen und deren Wirkung auf das Unternehmen und die Verbraucher erläutern
- den Listenverkaufspreis unter Anwendung des Verkaufskalkulationsschemas ermitteln und Angebote für Fertigungserzeugnisse erstellen
- Kundenanfragen zu einem niedrigeren Verkaufspreis mittels Differenzkalkulation rechnerisch überprüfen und bewerten
- Ausgangsrechnungen und Rücksendungen von Fertigerzeugnissen buchhalterisch erfassen

2

Lernbereich 2:

BESCHAFFUNG UND ABSATZ

2.1 VERGLEICH VON ANGEBOTEN (EINKAUFSKALKULATION)

2.1.1 ZUSÄTZLICHE FAKTOREN BESTIMMEN DEN PREIS: LIEFER- UND ZAHLUNGSBEDINGUNGEN

2/1 Andrea Kästner hat mehrere Anfragen von Kunden vorliegen, die das Mountainbike „Xtract"
2/2 aus Carbon abnehmen wollen. Da sie nicht genügend Carbon-Gewebe auf Lager hat, nimmt sie telefonisch Kontakt mit ihren Lieferern auf, um die aktuellen Preise zu erfragen. Folgende Angebote werden ihr zugeschickt:

Angebot 1: **Carbonfieber GmbH**

Pos.	m²	Einzelpreis €	Gegenstand	Gesamtpreis €
1	200	91,50	Carbon-Gewebe (120 g/m²)	18.300,00
			Abzüglich 10 % Rabatt	1.830,00
			Warenwert netto	16.470,00
		❶	Transport	100,00
				16.570,00
			19 % Umsatzsteuer	3.148,30
			Rechnungsbetrag	**19.718,30**

Zahlbar innerhalb von 30 Tagen nach Rechnungseingang.
❷ Bei Bezahlung innerhalb von 10 Tagen gewähren wir 3 % Skonto.
Die Ware bleibt bis zur vollständigen Zahlung unser Eigentum.

Angebot 2: **Deutsche Carbonwerke AG**

Bezug nehmend auf Ihre telefonische Anfrage bieten wir Ihnen das gewünschte Carbon-Gewebe zu folgenden Bedingungen an:

Position/ Artikel	Bezeichnung	Menge	Einzelpreis €	Gesamtpreis €
1	Carbon-Gewebe (120 g/m²)	200 m²	87,50	17.500,00
			– 6 % Rabatt	1.050,00
			Warenwert netto	16.450,00
			+ 19 % USt.	3.125,50
Rechnungsbetrag				**19.575,50**

❶ Wir liefern Ihnen frei Haus.
Zahlbar innerhalb von 60 Tagen nach Rechnungserhalt.
❷ Bei Zahlung innerhalb von 8 Tagen gewähren wir 2 % Skonto.
Die Ware bleibt bis zur vollständigen Zahlung unser Eigentum.

Die Angebote enthalten nicht nur wichtige Beträge wie einen möglichen Rabattabzug oder den Warenwert netto, sondern auch Hinweise zu den **Liefer- und Zahlungsbedingungen**.

Der Auszubildende Riccardo wertet im Hinblick darauf die beiden Schreiben aus:

❶ **Lieferbedingungen (Transportbedingungen)**	
Carbonfieber GmbH	**Deutsche Carbonwerke AG**
Der Lieferer Carbonfieber berechnet AK-Bikes 100,00 € netto für den Transport des Carbons. Diese Zusatzkosten verteuern den Einkauf.	Beim Lieferer Deutsche Carbonwerke AG braucht AK-Bikes keine Transportkosten zu bezahlen.

Riccardo folgert daraus, dass es zwei grundsätzliche Möglichkeiten für die **Lieferbedingung** gibt. Diese ist davon abhängig, wer die Transportkosten trägt (Lieferer oder Kunde):

Beim Einkauf (Bezug) von Werkstoffen können neben Transportkosten weitere Kosten anfallen. Sie werden unter dem Begriff **Bezugskosten** zusammengefasst:

Bezugskosten sind z. B.:	
Transportkosten	für die Abholung und Zustellung von Gütern zwischen Käufer und Verkäufer (z. B. durch eine Spedition)
Frachtkosten	z. B. für den Transport von Gütern durch Bahn, Schiff oder Flugzeug
Transportversicherung	um das Risiko bei Verlust bzw. Beschädigung abzusichern
Verpackung	zum Schutz der Güter
Zoll	für die Einfuhr von Gütern aus dem Ausland
Portokosten	z. B. für einen Brief oder ein Paket

2/3

2/4

Als Nächstes betrachtet Riccardo die Hinweise zur Bezahlung:

❷ **Zahlungsbedingungen**	
Carbonfieber GmbH	**Deutsche Carbonwerke AG**
Bei der Carbonfieber GmbH beträgt das Zahlungsziel 30 Tage. Zahlt AK-Bikes innerhalb von 10 Tagen, gewährt der Lieferer 3 % Skonto.	Dieses Angebot weist ein Zahlungsziel von 60 Tagen aus. Bei Zahlung innerhalb von 8 Tagen kann AK-Bikes Skonto von 2 % abziehen.

- Der späteste Zahlungstermin des Rechnungsbetrags wird als **Zahlungsziel** bezeichnet.
- **Skonto** ist ein nachträglicher Preisnachlass. Dieser wird bei sofortiger Zahlung oder bei Zahlung innerhalb einer vereinbarten Frist vor dem eigentlichen Zahlungsziel gewährt.
- **Vorteile bei Skontoabzug:**
  – Der Lieferer kann schneller über sein Geld verfügen, da der Kunde früher zahlt.
  – Der Kunde erhält einen weiteren Preisnachlass und kauft daher günstiger. 2/5

2.1.2 EINKAUFSKALKULATION

Andrea Kästner möchte sich für eines der beiden Angebote entscheiden und beauftragt die Auszubildenden Julia und Riccardo, das günstigere Angebot zu ermitteln.

JULIA: Riccardo, ich habe meine Entscheidung schon getroffen. Für mich ist klar, dass die Deutsche Carbonwerke AG der günstigere Lieferer ist.

RICCARDO: Sei nicht so voreilig, Julia. Ich würde lieber nochmal genau nachrechnen, um sicher zu gehen. In der Berufsschule haben wir es in einem ähnlichen Fall genauso gemacht und dies als „kalkulieren" bezeichnet.

Julia und Riccardo suchen aus den Angeboten die für die **Preiskalkulation** erforderlichen Angaben heraus und notieren sie in einer Tabelle:

Vergleich	Carbonfieber GmbH	Deutsche Carbonwerke AG	Ergebnis
Preis/200 m^2	18.300,00 €	17.500,00 €	Deutsche Carbonwerke ist beim Listenpreis günstiger
Rabatt	10 %	6 %	Carbonfieber gewährt mehr Rabatt
Skonto	3 %	2 %	Carbonfieber gewährt mehr Skonto
Bezugskosten	100,00 €	0,00 €	Deutsche Carbonwerke verlangt keine Transportkosten

JULIA: Die Unterschiede zwischen den Angeboten sind groß. Ich bin mir jetzt nicht mehr sicher, ob meine Vermutung stimmt.

RICCARDO: Ganz genau, lass uns deshalb gleich mit dem Rabatt beginnen. Habt ihr in der Berufsschule schon die verschiedenen Rabattarten behandelt?

JULIA: Natürlich! So erhalten wir hier in beiden Angeboten wegen der großen Bestellmenge einen **Mengenrabatt**. Aber auch der **Treuerabatt** für Stammkunden oder ein **Sonderrabatt** beispielsweise bei einem Jubiläum sind möglich.

RICCARDO: Der Abzug des Rabatts erfolgt von dem Preis, der z. B. in Preislisten oder in Katalogen genannt wird. In der Fachsprache heißt er **Listeneinkaufspreis**. Dieser stellt den Grundwert für die Rabattberechnung dar. Darauf soll der Pfeil hinweisen.

	Carbonfieber GmbH		Deutsche Carbonwerke AG	
Listeneinkaufspreis	18.300,00 €	100 %	17.500,00 €	100 %
– Liefererrabatt	1.830,00 €	10 %	1.050,00 €	6 %
= Zieleinkaufspreis	**16.470,00 €**	90 %	**16.450,00 €**	94 %

18.300,00 € : 10 = 1.830,00 €

17.500,00 € ≙ 100 %
x € ≙ 6 %

$$x = \frac{6 \cdot 17.500,00}{100} = 1.050,00$$

Ergebnis: Beim Zieleinkaufspreis ist der Lieferer Dt. Carbonwerke AG um 20,00 € günstiger.

RICCARDO: Schließlich ergibt sich der Preis, der bis zu dem jeweiligen Zahlungsziel zu begleichen wäre. Aus diesem Grund nennt man diesen auch den **Zieleinkaufspreis**. Aber wir sind mit der Kalkulation noch längst nicht fertig!

JULIA: Genau, es sind noch die Zahlungs- und Lieferbedingungen zu berücksichtigen. So dürfen wir auch Skonto abziehen, wenn wir innerhalb der angegebenen Frist bezahlen.

RICCARDO: Der Zieleinkaufspreis ist der Grundwert für die Skontoberechnung (siehe Pfeil). Mit dem Skontoabzug erhalten wir den **Bareinkaufspreis**. Er heißt so, weil wir entweder sofort bar oder unmittelbar nach dem Kauf in der Skontofrist bezahlen.

	Carbonfieber GmbH			Deutsche Carbonwerke AG		
Listeneinkaufspreis	18.300,00 €	100 %		17.500,00 €	100 %	
– Liefererrabatt	1.830,00 €	10 %		1.050,00 €	6 %	
= Zieleinkaufspreis	16.470,00 €	90 %	100 %	16.450,00 €	94 %	100 %
– Liefererskonto	494,10 €		3 %	329,00 €		2 %
= Bareinkaufspreis	**15.975,90 €**		97 %	**16.121,00 €**		98 %

16.470,00 € ≙ 100 %
x € ≙ 3 %

$$x = \frac{3 \cdot 16.470,00}{100} = 494,10$$

16.450,00 € ≙ 100 %
x € ≙ 2 %

$$x = \frac{2 \cdot 16.450,00}{100} = 329,00$$

Ergebnis: Beim Bareinkaufspreis ist der Lieferer Carbonfieber GmbH um 145,10 € günstiger.

RICCARDO: Damit wir bei unserer Kalkulation nicht durcheinander kommen, haben wir jeweils eine zweite Prozentspalte für den Skontoabzug eingerichtet.

JULIA: Ja, so bleibt das Schema schön übersichtlich. Zum Schluss müssen wir noch die Bezugskosten addieren, weil sie den Einkauf verteuern.

RICCARDO: Und am Ende der Kalkulation erhalten wir dann den sogenannten **Einstandspreis**, der zukünftig für den Preisvergleich die entscheidende Größe sein wird.

	Carbonfieber GmbH			Deutsche Carbonwerke AG		
Listeneinkaufspreis	18.300,00 €	100 %		17.500,00 €	100 %	
– Liefererrabatt	1.830,00 €	10 %		1.050,00 €	6 %	
= Zieleinkaufspreis	16.470,00 €	90 %	100 %	16.450,00 €	94 %	100 %
– Liefererskonto	494,10 €		3 %	329,00 €		2 %
= Bareinkaufspreis	15.975,90 €		97 %	16.121,00 €		98 %
+ Bezugskosten	100,00 €			0,00 €		
= Einstandspreis	**16.075,90 €**			**16.121,00 €**		

Ergebnis: Beim Einstandspreis ist der Lieferer Carbonfieber GmbH um 45,10 € günstiger.

RICCARDO: Der Anbieter mit dem günstigeren Einstandspreis ist also Carbonfieber.

JULIA: Da habe ich mich ganz schön geirrt. Kalkulieren ist doch der bessere Weg, um den 2/6
günstigsten Lieferer zu bestimmen! Lass uns das Ergebnis gleich Frau Kästner mitteilen. 2/7
2/8

2.2 WERKSTOFFVERBRAUCH IM UNTERNEHMEN AK-BIKES

2.2.1 BUCHUNG BEI DER BESCHAFFUNG VON WERKSTOFFEN (EINKAUFSBUCHUNG) UNTER BERÜCKSICHTIGUNG VON SOFORTRABATTEN

Trotz des höheren Preises hat sich Andrea Kästner wegen des kürzeren Lieferweges und der klimaschonenden Herstellung für das Angebot der Deutsche Carbonwerke AG entschieden. Julia soll nun folgende **Eingangsrechnung** buchhalterisch erfassen.

Deutsche Carbonwerke AG, Carbonstraße 1, 85049 Ingolstadt

Firma
Andrea Kästner Mountainbikes e. Kfr.
Stamsrieder Weg 50
85049 Ingolstadt

Deutsche Carbonwerke AG
Carbonstraße 1
85049 Ingolstadt
Telefon: 0841 091328
Telefax: 0841 091329
E-Mail: info@carbon...
Internet: www.carbon...

Rechnung Nr. 1265998

Ingolstadt, 04. Februar 20..

Kundennummer: 0967

Wir lieferten Ihnen am 02.02.20.. frei Haus:

Position/ Artikel	Bezeichnung	Menge	Einzelpreis €	Gesamtpreis €	
1	Carbon-Gewebe (120 g/m²)	200 m²	87,50	17.500,00	❶
			– 6 % Rabatt	1.050,00	❷
			Warenwert netto	16.450,00	❸
			+ 19 % USt.	3.125,50	❹
Rechnungsbetrag				**19.575,50**	❺

JULIA: Den grundlegenden Buchungssatz für den Zieleinkauf von Rohstoffen kenne ich schon. Nur für die Erfassung des Rabatts finde ich kein entsprechendes Konto.

RICCARDO: Das wirst du auch in unserem Kontenplan nicht finden, denn Sofortrabatte werden – wie der Name schon sagt – sofort vom Listeneinkaufspreis abgezogen und daher nicht gebucht.

JULIA: Verstehe, dann muss im Konto 6000 AWR der Zieleinkaufspreis erfasst werden.

2/9 **RICCARDO:** Richtig, merke dir einfach: Buche beim **Ziel**einkauf den **Ziel**einkaufspreis.

Julia wertet den Beleg aus, um den Buchungssatz bilden zu können:

				Soll-seite	Haben-seite
❶ Listeneinkaufspreis	100 %		Dies ist der Preis, zu dem die Werkstoffe vom Lieferer laut Preisliste angeboten werden.	Diese beiden Beträge erscheinen nicht im Buchungssatz!	
❷ – Sofortrabatt	6 %		Dieser Preisnachlass wird vom Lieferer individuell gewährt.		
❸ Warenwert netto (Zieleinkaufspreis)	94 %	100 %	Bei Carbon-Gewebe handelt es sich um einen Werkstoff, in diesem Fall einen Rohstoff, da Carbon den Hauptbestandteil des Fahrrades bildet. Der dazugehörige Betrag stellt für Andrea Kästner einen Aufwand dar, der den Gewinn des Unternehmens mindert. Die Buchung erfolgt auf dem Konto Aufwendungen für Rohstoffe (6000 AWR).	AWR	
❹ Umsatzsteuer		19 %	Bei jedem Einkauf fällt Vorsteuer an, die vom Warenwert netto berechnet wird. Die Vorsteuer stellt eine Forderung an das Finanzamt dar. Sie wird auf dem aktiven Bestandskonto Vorsteuer (2600 VORST) gebucht.	VORST	
❺ Rechnungsbetrag		119 %	Wir haben von unserem Lieferer Deutsche Carbonwerke AG eine Eingangsrechnung erhalten, diese aber noch nicht bezahlt. Die gesamte Verbindlichkeit (Warenwert netto und Vorsteuer) in Höhe von 19.575,50 € muss bis zum Erreichen des Zahlungsziels bezahlt werden. Dies ist auf dem passiven Bestandskonto Verbindlichkeiten (4400 VE) zu buchen.		VE

Julia bildet den Buchungssatz für die Eingangsrechnung:

❸	6000 AWR	16.450,00 €			
❹	2600 VORST	3.125,50 €	an	❺ 4400 VE	19.575,50 €

Julia bucht in T-Konten:

S	**6000 AWR**		H
VE	16.450,00 €		

S	**4400 VE**		H
		AWR, VORST	19.575,50 €

2/10
2/11
2/12

S	**2600 VORST**		H
VE	3.125,50 €		

Julia hält auf einem Notizzettel fest:

> Sofortrabatte
> (Mengen-, Treue- und Sonderrabatte)
> werden sofort abgezogen und **nicht** gebucht!
>
> **Ziel**einkauf → **Ziel**einkaufspreis buchen

2.2.2 BUCHHALTERISCHE ERFASSUNG DER BEZUGSKOSTEN

Ein weiterer Beleg (Auszug) ist im Unternehmen AK-Bikes eingegangen:

SPEDITION ACHSMAYER E. K.

Spedition Achsmayer e. K. – Sommerstr. 20 – 84028 Landshut

Sommerstr. 20
84028 Landshut
Tel.: 0871 08764
Fax: 0871 08765
E-Mail: info@achsmayer...

Firma
Andrea Kästner Mountainbikes e. Kfr.
Stamsrieder Weg 50
85049 Ingolstadt

Landshut, 02. Februar 20..

Rechnung

Nr.: 0677
Kundennummer: 2503

Unsere Leistungen am 30.01.20.. berechnen wir Ihnen wie folgt:

Ausgangsort	Zielort	Leistung	Gesamtpreis €
Landshut	Ingolstadt	Fracht pauschal für	
Fa. Kunterbunt	Fa. AK-Bikes	Farblack 1000 Liter	220,00
		zuzüglich	
		Leihverpackung	80,00
		19 % Umsatzsteuer	57,00
		Rechnungsbetrag	**357,00**

Zahlbar sofort rein netto.

JULIA: Der Beleg ist wieder eine Eingangsrechnung bzw. ein Fremdbeleg, da er von der Spedition Achsmayer ausgestellt wurde.

RICCARDO: Ich erinnere mich: In der letzten Woche wurde uns Farbe geliefert. Der große LKW trug ebenfalls die Aufschrift „Spedition Achsmayer".

JULIA: In dem Beleg wird aber gar keine Farbe berechnet.

RICCARDO: Das ist richtig, die Spedition hat uns für die Farbe die Frachtkosten und die Verpackung in Rechnung gestellt. In unserer Buchhaltung unterscheiden wir genau zwischen dem reinen Warenwert und den Nebenkosten für die Ware.

JULIA: Auf die Buchung des Belegs hat dies bestimmt Auswirkung. Ich vermute, dass nicht im Aufwandskonto 6020 AWH gebucht wird.

RICCARDO: Korrekt, Fracht und Verpackung gehören zu den sogenannten **Bezugskosten**. Damit wir nicht den Überblick zwischen Waren- und Nebenkosten verlieren, richten wir für jede Werkstoffart ein eigenes **Unterkonto** ein. Gebucht wird übrigens wie im dazugehörigen Hauptkonto im Soll. Schau Julia, was ich für eine übersichtliche Darstellung im Internet gefunden habe.

Julia wertet den Beleg aus, um den Buchungssatz bilden zu können:

			Soll-seite	**Haben-seite**
❶ Nebenkosten netto	100 %	Die Nebenkosten netto der Farblieferung bestehen aus der Summe der Frachtkosten und den Kosten für die Verpackung. Die Kosten für den Bezug von Hilfsstoffen werden auf dem Aufwandskonto 6021 BZKH als Unterkonto des Kontos 6020 AWH erfasst.	**BZKH**	
❷ Umsatzsteuer	19 %	Für die Dienstleistungen der Spedition fällt Vorsteuer an, die vom Nettobetrag der Nebenkosten berechnet wird. Sie wird auf dem aktiven Bestandskonto Vorsteuer (2600 VORST) gebucht.	VORST	
❸ Rechnungsbetrag	119 %	Der Rechnungsbetrag stellt die gesamte Verbindlichkeit (4400 VE) gegenüber der Spedition dar.		VE

Julia bildet den Buchungssatz zur Erfassung der Eingangsrechnung der Spedition Achsmayer e. K.:

❶ **6021 BZKH**	300,00 €			
❷ 2600 VORST	57,00 €	an	❸ 4400 VE	357,00 €

2/13

Julia bucht in T-Konten:

S	**6021 BZKH**		H
VE	300,00 €		

S	**4400 VE**		H
		BZKH, VORST	357,00 €

S	**2600 VORST**		H
VE	57,00 €		

JULIA: Fast hätte ich es vergessen: Die Verpackung wurde in der Rechnung der Spedition Achsmayer als **Leihverpackung** bezeichnet.

RICCARDO: Das hast du gut bemerkt. Als Leihverpackung gelten genormte Holzpaletten (sogenannte Europaletten), Gitterboxen oder Holzkisten. Sie haben den Vorteil, dass sie nach Verwendung wieder an den Lieferer zurückgegeben und weiter benutzt werden können.

Leihverpackungen		

Euro-Holzpaletten	Euro-Gitterboxen	Holzkisten

Bezugskosten, die unmittelbar nach Transport bezahlt werden

Es ist auch möglich, dass AK-Bikes die Kosten für die Lieferung sofort beim Spediteur bezahlt. Dies erfolgt in der Regel in bar und wir erhalten eine entsprechende Quittung. Diese dient uns als Nachweis für die geleistete Zahlung.

Quittung
Nr. 002357

	€		Cent		
Netto	€	200	Cent	00	❶
+ 19 % USt.	€	38	Cent	00	❷
Gesamt	€	238	Cent	00	❸

Gesamtbetrag € in Worten
—— zweihundertachtunddreißig —— Cent wie oben

von Andrea Kästner Mountainbikes e. Kfr., 85049 Ingolstadt
für Anlieferung von Carbon-Matten
richtig erhalten zu haben, bestätigt

Matthias Schlosser
Großhandel für Mineralöl
Schwabenweg 11
85049 Ingolstadt

Ort Ingolstadt Datum 02.02.20..

Buchungsvermerke	Stempel/Unterschrift des Empfängers
	Matthias Schlosser

❶ 6001 BZKR	200,00 €			
❷ 2600 VORST	38,00 €	an	❸ 2880 KA	238,00 €

Bezugskosten als Bestandteil der Eingangsrechnung

Häufig werden Bezugskosten gleich in der Eingangsrechnung aufgeführt. Wir erfassen sie dann in einem gemeinsamen Buchungssatz zusammen mit dem Aufwand des betreffenden Werkstoffs (hier: Bremsscheiben als Fremdbauteile). Dabei ist zu beachten, dass sich die Umsatzsteuer aus der Summe des Netto-Warenwertes und den Netto-Bezugskosten berechnet.

FRENO GmbH

TECHNOLOGY IS OUR PASSION

FRENO GmbH, Zugspitzstraße 245, 86165 Augsburg

Firma
Andrea Kästner Mountainbikes e. Kfr.
Stamsrieder Weg 50
85049 Ingolstadt

FRENO GmbH
Zugspitzstraße 245
86165 Augsburg

Telefon: 0821 / 0500
Telefax: 0821 / 0503
E-Mail: service@freno...
Internet: www.freno...

Augsburg, 14. Januar 20..

RECHNUNG Nr. 00100600002

Bestellung 10.01.20.. (E-Mail)
Lieferdatum: 13.01.20..
Kunden-Nr.: 001841

Artikel	Menge	Einzelpreis	Gesamtpreis	
Bremsscheiben „FXX300“ XXM-Z6L 203 mm	5	50,00 €	250,00 €	
	Warenwert, netto		250,00 €	❶
	Frachtkosten		10,00 €	❷
			260,00 €	
	+ 19 % Umsatzsteuer		49,40 €	❸
	Rechnungsbetrag		**309,40 €**	❹

Zahlungsbedingungen: Zahlbar innerhalb von 14 Tagen rein netto.

❶ 6010 AWF 250,00 €

❷ 6011 BZKF 10,00 € 2/14

❸ 2600 VORST 49,40 € an ❹ 4400 VE 309,40 € 2/15

Die Eintragungen in die T-Konten sehen entsprechend aus:

S	**6010 AWF**		H
VE	250,00 €		

S	**6011 BZKF**		H
VE	10,00 €		

S	**2600 VORST**		H
VE	49,40 €		

S	**4400 VE**		H
		AWF, BZKF, VORST	309,40 €

2.2.3 RÜCKSENDUNG VON WERKSTOFFEN

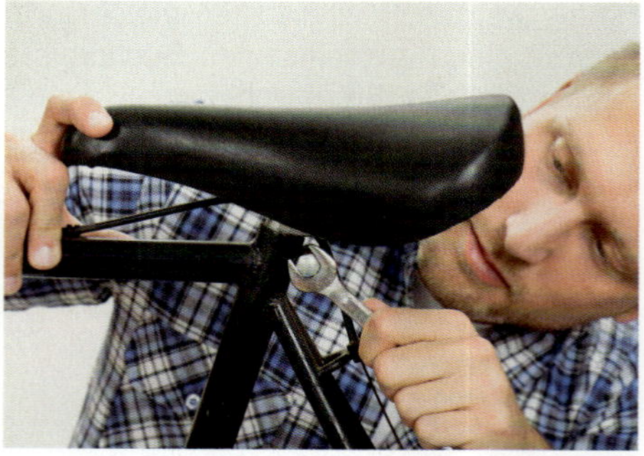

In der Produktion von AK-Bikes herrscht hektische Betriebsamkeit. Die zur Endmontage unbedingt notwendigen Sicherungsmuttern für die Sattelstützen lassen sich nicht auf die Schrauben montieren. Der für die Qualitätssicherung zuständige Mitarbeiter stellt schnell fest, dass die Sicherungsmuttern in der falschen Größe geliefert wurden.

Der Auszubildende Max und Frau Kästner beraten sich, was sie tun werden.

MAX: Ich würde die Muttern gleich wieder zurückschicken. In dieser Größe sind sie für uns nicht zu gebrauchen. Allerdings habe ich schon die entsprechende Rechnung unmittelbar nach Eingang gebucht.

ANDREA KÄSTNER: Das war auch völlig korrekt. Ich habe unseren Lieferer Schrauben Bunt bereits telefonisch informiert.

Die Eingangsrechnung hatte Max am 7. Januar 20.. wie folgt gebucht:

6020 AWH	180,00 €			
2600 VORST	34,20 €	an	4400 VE	214,20 €

Nach dem Telefonat von Frau Kästner trifft folgende E-Mail ein:

Von: info@schraubenbunt...
An: info@ak-bikes.bayern
Betreff: Stornierung Rechnungsnummer 07665

1 Anhang
Retourplakette

Normaler Text | Variable Breite

Sehr geehrte Frau Kästner,

herzlichen Dank für das Telefongespräch und den Hinweis auf die falsche Größe der Sicherungsmuttern. Bitte entschuldigen Sie die Unannehmlichkeiten. Schicken Sie bitte die falsch gelieferten Muttern an uns zurück (Retourplakette für den kostenlosen Rückversand finden Sie im Anhang) und stornieren Sie die ursprüngliche Rechnung in Ihrer Buchhaltung um den Gutschriftbetrag von 214,20 €.

Vielen Dank für Ihr Verständnis.

Mit freundlichen Grüßen

Thomas Bunt
Schrauben Bunt KG

Der Wert der Sicherungsmuttern muss nach erfolgter Rücksendung und erteilter Gutschrift wieder vollständig „ausgebucht“ werden, d.h. der Einkaufsbuchungssatz wird in dieser Höhe rückgängig gemacht. Dies geschieht dadurch, dass der ursprüngliche Buchungssatz umgedreht wird. Die Korrektur wird als **Stornobuchung** bezeichnet.

- Zurückgesandte Werkstoffe vermindern unsere Aufwendungen:
  Das Aufwandskonto 6020 AWH muss im Haben gebucht werden.
- Die Vorsteuerforderung an das Finanzamt wird anteilig storniert:
  Die Buchung erfolgt auf der Habenseite des aktiven Bestandskontos 2600 VORST.
- Unsere Verbindlichkeit gegenüber dem Lieferer wird um den Gutschriftbetrag verringert:
  Das passive Bestandskonto 4400 VE wird im Soll gebucht.

Max bildet den Buchungssatz für die Gutschrift:

4400 VE	214,20 €	an	6020 AWH	180,00 €
			2600 VORST	34,20 €

Max bucht in T-Konten:

S	6020 AWH		H
VE	180,00 €	VE	180,00 €

S	4400 VE		H
AWH, VORST	214,20 €	AWH, VORST	214,20 €

S	2600 VORST		H
VE	34,20 €	VE	34,20 €

ANDREA KÄSTNER: Rücksendungen an den Lieferer kommen immer wieder einmal vor. Diesmal lag der Grund in einem sogenannten Sachmangel: Die Muttern wurden in einer falschen Größe geliefert.

MAX: Dann gibt es bestimmt noch weitere Gründe für Rücksendungen.

ANDREA KÄSTNER: Ja, sicher. Es ist außerdem vorstellbar, dass uns der Lieferer zu viel der eigentlich bestellten Werkstoffe zugeschickt hat. Des Weiteren kann es sein, dass der Werkstoff bzw. die Ware beschädigt geliefert wurde. 2/16 2/17

Gründe für Rücksendungen:
→ falsch,
→ zu viel oder
→ defekt/beschädigt geliefert

2.2.4 RÜCKSENDUNG VON LEIHVERPACKUNG

Max und Frau Kästner betrachten noch einmal genau die Rechnung der Spedition Achsmayer von Seite 80, die im Zusammenhang mit einer Lacklieferung steht:

SPEDITION ACHSMAYER E. K.

Spedition Achsmayer e. K. – Sommerstr. 20 – 84028 Landshut

Sommerstr. 20
84028 Landshut
Tel.: 0871/08764
Fax: 0871/08765
E-Mail: info@achsmayer...

Firma
Andrea Kästner Mountainbikes e. Kfr.
Stamsrieder Weg 50
85049 Ingolstadt

Landshut, 02. Februar 20..

Rechnung

Nr.: 0677
Kundennummer: 2503

Unsere Leistungen am 30.01.20.. berechnen wir Ihnen wie folgt:

Ausgangsort	Zielort	Leistung	Gesamtpreis €
Landshut	Ingolstadt	Fracht pauschal für	
Fa. Kunterbunt	Fa. AK-Bikes	Farblack 1000 Liter	220,00
		zuzüglich	
		Leihverpackung	80,00
		19 % Umsatzsteuer	57,00
		Rechnungsbetrag	**357,00**

Zahlbar sofort rein netto.

Geschäftsführer: Thomas Achsmayer – Amtsgericht Landshut HRA 6483 – Steuernr.: 9147/1692/3049 – USt-IdNr.: DE 201479347

Bankverbindung: Handelsbank Landshut – IBAN: DE32 7547 2020 0068 2811 77 – BIC: HBANKDEFF

ANDREA KÄSTNER: Max, die Rechnung wurde bereits von Julia und Riccardo gebucht. Trotzdem ist für uns der Vorgang noch nicht abgeschlossen.

MAX: Die in der Rechnung ausgewiesene Leihverpackung könnten wir wieder zurückschicken.

ANDREA KÄSTNER: Das machen wir auch! So kann die Verpackung wiederverwendet werden und wir leisten einen wertvollen Beitrag zum Umweltschutz.

MAX: Zudem können wir Geld sparen, denn wir erhalten über den Gegenwert eine Gutschrift von der Spedition Achsmayer.

ANDREA KÄSTNER: Das hast du richtig erkannt. Bilde also den Buchungssatz für die Rücksendung der Leihverpackung.

Ähnlich wie bei der Rücksendung von Werkstoffen nimmt Max eine **Stornobuchung** vor:

- Zurückgesandte Leihverpackung vermindert unsere Bezugskosten (Aufwendungen): Das Aufwandskonto 6021 BZKH muss im Haben gebucht werden.
- Die Vorsteuerforderung an das Finanzamt wird anteilig storniert: Die Buchung erfolgt auf der Habenseite des aktiven Bestandskontos 2600 VORST.
- Unsere Verbindlichkeit gegenüber dem Lieferer wird um den Gutschriftbetrag verringert: Das passive Bestandskonto 4400 VE wird im Soll gebucht.

Max bildet den Buchungssatz für die Gutschrift:

					2/18
4400 VE	95,20 €	an	6021 BZKH	80,00 €	2/19
			2600 VORST	15,20 €	2/20

Leihpaletten als Beitrag zum Umweltschutz

2.3 PREISPOLITIK

Den für den Markt „richtigen“ Preis zu ermitteln, ist Aufgabe der Preispolitik:

Preis des Produkts		
zu niedrig	**passend**	**zu hoch**
In diesem Fall können die Kosten für Material und Personal nicht durch den Verkaufspreis hereingeholt werden. AK-Bikes „zahlt drauf“ und macht Verlust.	Hierbei werden durch die Erlöse auch alle Kosten gedeckt. Der Umsatz mit den Rädern wird maximiert. AK-Bikes verdient gut an seinem Produkt.	Zu hohe Preise schrecken die Kunden vom Kauf ab. Sie gehen zur Konkurrenz, weil sie dort das Mountainbike günstiger bekommen. Umsätze bleiben aus.

2/21

2.3.1 PREISDIFFERENZIERUNG

MAX: Haben Sie sich schon überlegt, zu welchem Preis Sie das Mountainbike „Xtract“ anbieten wollen?

SELMA DEMIRCI: Nein, noch nicht. Frau Kästner hat bestimmt Empfehlungen, auf welche Dinge wir bei der Preisgestaltung achten müssen.

ANDREA KÄSTNER: Es gibt verschiedene Möglichkeiten der **Preisdifferenzierung**. Dabei bieten wir das Modell „Xtract“ zu unterschiedlichen Preisen auf dem Markt an, obwohl die Produktionskosten bei jedem Exemplar gleich sind.

PERSONENBEZOGEN

Die Preise sind abhängig vom jeweiligen **Kundenkreis**.

Beispiel:
AK-Bikes verkauft an Händler günstiger als an Privatpersonen.

MENGENBEZOGEN

Die Preise sind abhängig von der **verkauften Stückzahl**.

Beispiel:
AK-Bikes gewährt gestaffelte Nachlässe für den Handel, z. B. ab 50 Stück 5 % Rabatt, ab 200 Stück 10 % Rabatt.

ZEITBEZOGEN

Die Preise sind abhängig vom **Verkaufszeitpunkt**.

Beispiel:
Um neue Mountainbikes bekannt zu machen, bietet AK-Bikes bei der Markteinfüh-
2/22 rung einen günstigen Preis an.

2/23

RAUMBEZOGEN

Die Preise sind abhängig vom **Verkaufsort**.

Beispiel:
AK-Bikes könnte seine Mountainbikes in einzelnen Ländern zu unterschiedlichen Preisen anbieten.

2.3.2 PREISSTRATEGIEN

ANDREA KÄSTNER: Vor einigen Jahren machte AK-Bikes sowie der gesamten Fahrradbranche ein Hersteller zu schaffen, der den Markt „aufwirbelte". Das große Unternehmen mit einem Jahresumsatz von 900 Millionen Euro brachte Räder zu Kampfpreisen auf den Markt. Auch wir versuchten, Kosten einzusparen und billiger zu produzieren, doch die Angebote des Konkurrenten waren nicht zu schlagen.

Dieses Beispiel zeigt, dass Unternehmen nicht frei in ihrer Preisgestaltung sind. Einerseits sind sie gezwungen, sich an den Marktpreisen bzw. der Konkurrenz zu orientieren, andererseits muss ihre Preisstrategie auch zum angebotenen Produkt passen. Frau Kästner stellt mögliche **Preisstrategien** vor. Zuerst geht sie auf obiges Beispiel ein.

DUMPINGPREISSTRATEGIE

- Produkte werden anfangs unter den Herstellkosten verkauft
- ist die Konkurrenz ausgeschaltet, werden die Preise schrittweise erhöht

Für AK-Bikes nicht anwendbar:
AK-Bikes müsste eine größere Produktpalette anbieten, um die Verluste bei Produkten mit Dumpingpreis ausgleichen zu können.

NIEDRIGPREISSTRATEGIE

- langfristig werden die Preise niedrig gehalten (unter dem Durchschnittspreis der Konkurrenz)
- dies gelingt, indem das Unternehmen seine Aufwendungen reduziert

Für AK-Bikes nicht anwendbar:
AK-Bikes müsste beim Werkstoffeinkauf sparen oder im Ausland billig fertigen lassen. Dies würde sich auf die Qualität der Mountainbikes auswirken.
Die Folge: unzufriedene Kunden, weniger Absatz und Umsatz.

HOCHPREISSTRATEGIE

- langfristig hohe Preise (über dem Durchschnittspreis der Konkurrenz)
- nur bei Produkten mit hohem Ansehen und hoher Qualität möglich

Für AK-Bikes nicht anwendbar:
Andrea Kästner will ihre Mountainbikes auch für den Breitensport anbieten, daher müssen sich die Kunden die Räder preislich leisten können.

ABSCHÖPFUNGSSTRATEGIE (SKIMMING)

- bei neuen Produkten wird ein hoher Einführungspreis verlangt
- bei aufkommender Konkurrenz wird der Preis schrittweise gesenkt

Für AK-Bikes anwendbar, da diese Strategie die Marktverhältnisse berücksichtigt.

SCHWELLENPREISSTRATEGIE

- die Preise werden nicht auf „glatte" Beträge festgesetzt (z. B. 2.000,00 €)
- ein Preis von 1.999,00 € erscheint für den Kunden günstiger, obwohl er nur unwesentlich niedriger ist

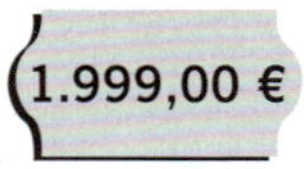

Für AK-Bikes anwendbar, da sich Kunden aus psychologischen Gründen zum Kauf bewegen lassen.

2/24
2/25
2/26

2.4 VON DER ANGEBOTSANFRAGE ZUR ANGEBOTSKALKULATION (VERKAUFSKALKULATION)

In der Verkaufsabteilung werden, wie jeden Morgen zu Arbeitsbeginn, zuerst die E-Mails gecheckt. Heute findet der Auszubildende Max Lindner folgende E-Mail im Posteingang:

Von: info@radstadl...
An: info@ak-bikes.bayern
Betreff: Angebotsanfrage

Normaler Text | Variable Breite

Sehr geehrte Frau Kästner,

im letzten Geschäftsjahr habe ich von Ihnen 10 Carbon-Mountainbikes „Xtract“ und
5 Alu-Mountainbikes „Nature“ gekauft.

Da wir mit der Kaufabwicklung, der Kundenberatung und der Qualität der Produkte sehr zufrieden waren, möchten wir auch in diesem Jahr auf Ihre Produkte zurückgreifen.
Bitte unterbreiten Sie uns ein Angebot über 50 Carbon-Mountainbikes „Xtract“.

Angesichts einer zu erwartenden langfristigen Zusammenarbeit hoffen wir auf bessere Konditionen, d. h. der Gewährung von Rabatt und Skonto.

Wir bitten um eine positive Rückmeldung Ihrerseits.

Mit freundlichen Grüßen

Josef Huber
Radstadl GmbH

Max wendet sich mit dieser **Angebotsanfrage** an Andrea Kästner.

MAX: Wir verkaufen aber doch nicht zum Selbstkostenpreis, oder?

ANDREA KÄSTNER: Natürlich nicht! Schließlich wollen wir noch einen Gewinn erzielen. Der Verkaufspreis muss also die Selbstkosten und den Gewinn des Unternehmens abdecken.

MAX: Die Radstadl GmbH erhofft sich dieses Jahr aber andere Konditionen als im Vorjahr, d. h. einen geringeren Preis.

ANDREA KÄSTNER: Ja, Kunden erwarten im Hinblick auf den Preis oft ein Entgegenkommen. Wir werden Rabatt und Skonto gewähren müssen.

MAX: Da der Kunde Radstadl GmbH 50 Carbon-Mountainbikes kaufen möchte, handelt es sich wahrscheinlich um einen **Mengenrabatt**.

ANDREA KÄSTNER: Genau. Erinnere dich aber auch an die anderen Rabattarten wie **Treuerabatt** und **Sonderrabatt**. Auch diese sind im Verkaufsbereich möglich. Außerdem gibt es noch einen **Wiederverkäuferrabatt**.

MAX: Die Radstadl GmbH verlangt aber auch Skonto!

ANDREA KÄSTNER: Diesen Preisnachlass gewähren wir, wenn unser Kunde vorzeitig bezahlt. Der Kundenskonto soll somit ein Anreiz für den Kunden sein, damit er seine Rechnung möglichst schnell begleicht und wir nicht so lange auf unser Geld warten müssen.

MAX: Gehen Skonti und Rabatte nicht zu Lasten unseres Gewinns?

ANDREA KÄSTNER: Nein, es gibt da eine Möglichkeit! Wir rechnen von Anfang an z. B. 10 % Rabatt und 2 % Skonto in den Angebotspreis mit ein. Wir kalkulieren also den **Listenverkaufspreis**. Hierzu benötigt man das **Angebots- oder Verkaufskalkulationsschema**. Lass uns zusammen den Listenverkaufspreis für ein Mountainbike „Xtract“ berechnen.

2.4.1 VORWÄRTSKALKULATION

Andrea Kästner berechnet zusammen mit Max in einer **Vorwärtskalkulation** ausgehend vom Selbstkostenpreis den Listenverkaufspreis.

	Selbstkostenpreis	**1.102,50 €**	100 %		
+	Gewinn	132,30 €	12 %		
=	Barverkaufspreis	1.234,80 €	112 %	98 %	
+	Kundenskonto	25,20 €		2 %	
=	Zielverkaufspreis	1.260,00 €		100 %	90 %
+	Kundenrabatt	140,00 €			10 %
=	Listenverkaufspreis	1.400,00 €			100 %

ANDREA KÄSTNER: Wir bieten also unserem Kunden Radstadl GmbH ein Carbon-Mountainbike „Xtract" zum Preis von 1.400,00 € netto an.

MAX: Ich verstehe aber nicht, weshalb wir im Verkaufskalkulationsschema zuerst den Kundenskonto und dann den Kundenrabatt aufschlagen. Das ist genau andersrum als im Einkaufskalkulationsschema. Außerdem ist für die Berechnung des Kundenskontos der Zielverkaufspreis der Grundwert in Höhe von 100 % und für den Kundenrabatt der Listenverkaufspreis. Warum ist das so?

ANDREA KÄSTNER: Ich erkläre dir das Verkaufskalkulationsschema noch einmal Schritt für Schritt. Unser Selbstkostenpreis in Höhe von 1.102,50 € ist die Ausgangsgröße für die Berechnung des Gewinns. Da der Verkaufspreis eines Mountainbikes unsere Selbstkosten und den Gewinn abdecken muss, schlagen wir erfahrungsgemäß auf den Selbstkostenpreis 12 % für den Gewinn auf. Daraus ergibt sich der **Barverkaufspreis**. Diesen wollen wir mindestens erzielen.

	Selbstkostenpreis	**1.102,50 €**	100 %
+	Gewinn	132,30 €	12 %
=	Barverkaufspreis	1.234,80 €	112 %

2/27
2/28

$$1.102{,}50\ € \triangleq 100\,\% \qquad x\ € \triangleq 12\,\%$$

$$x = \frac{12 \cdot 1.234{,}80}{100} = 132{,}30$$

ANDREA KÄSTNER: Der Gewinn liegt in diesem Fall bei 132,30 € je Mountainbike.

MAX: Der Gewinn ist doch der Lohn des Unternehmers?

ANDREA KÄSTNER: Stimmt! Zusätzlich stellt der Gewinn auch die Verzinsung meines eingesetzten Eigenkapitals dar. Auch ist er ein Ausgleich für das Geschäftsrisiko, das ich als Unternehmerin trage.

MAX: Bis dahin habe ich das Schema verstanden. Der weitere Verlauf der Angebotskalkulation ist mir aber noch unklar.

ANDREA KÄSTNER: Warum wir einen Skonto gewähren, habe ich dir schon erklärt. Der Kundenskonto wird auf den Barverkaufspreis aufgeschlagen. Bei der Kalkulation müssen wir aber vom **Zielverkaufspreis** ausgehen, da der Kunde später von diesem Preis 2 % Skonto abzieht. Wir kalkulieren also so, wie der Kunde rechnet, d. h. aus seiner Sicht. Der Grundwert (100 %) ist somit der Zielverkaufspreis.

Barverkaufspreis	1.234,80 €	98 %
+ Kundenskonto	25,20 €	2 %
= **Zielverkaufspreis**	**1.260,00 €**	100 %

1.234,80 € ≙ 98 %
x € ≙ 2 %

$$x = \frac{2 \cdot 1.234{,}80}{98} = 25{,}20$$

2/29

ANDREA KÄSTNER: Der Kundenskonto beträgt 25,20 € je Mountainbike.

MAX: Wir müssen also mit dem verminderten Grundwert (98 %) rechnen, da der Zielverkaufspreis (100 %) noch nicht bekannt ist.

ANDREA KÄSTNER: Ja, absolut richtig.

MAX: Ich glaube, ich habe die Logik, die dahinter steckt, verstanden. Der Grundwert für den Kundenrabatt ist der Listenverkaufspreis (100 %). Da dieser aber noch nicht bekannt ist, rechnen wir vom Zielverkaufspreis (90 %) ausgehend den Kundenrabatt (10 %) aus.

Zielverkaufspreis	1.260,00 €	90 %
+ Kundenrabatt	140,00 €	10 %
= **Listenverkaufspreis**	**1.400,00 €**	100 %

1.260,00 € ≙ 90 %
x € ≙ 10 %

$$x = \frac{10 \cdot 1.260{,}00}{90} = 140$$

MAX: Der Kundenrabatt beträgt dann 140,00 € je Mountainbike.

ANDREA KÄSTNER: Gut gemacht! Übrigens, die Höhe des Selbstkostenpreises sowie den kalkulierten Gewinn kennen nur wir. Das muss gegenüber den Kunden absolut vertraulich behandelt werden.

Max denkt noch einmal über den **Zusammenhang zwischen Verkaufs- und Einkaufskalkulation** nach. In beiden Rechnungen müssen die entsprechenden Preise übereinstimmen:

	Verkaufskalkulation beim Verkäufer (Lieferer) AK-Bikes				**Einkaufskalkulation** beim Käufer (Kunden) Radstadl GmbH			
	Selbstkostenpreis	1.102,50 €	100 %					
	+ Gewinn	132,30 €	12 %					
	= Barverkaufspreis	1.234,80 €	112 %	98 %				
	+ Kundenskonto	25,20 €		2 %				
	= Zielverkaufspreis	1.260,00 €	90 %	100 %				
	+ Kundenrabatt	140,00 €	10 %					
2/30	= Listenverkaufspreis	1.400,00 €	100 %		Listeneinkaufspreis	1.400,00 €	100 %	
2/31					– Liefererrabatt	140,00 €	10 %	
2/32					= Zieleinkaufspreis	1.260,00 €	90 %	100 %
2/33					– Liefererskonto	25,20 €		2 %
					= Bareinkaufspreis	1.234,80 €		98 %

2.4.2 RÜCKWÄRTSKALKULATION

Ein Mitbewerber von AK-Bikes bietet ein ähnliches Rad vergleichbarer Qualität zu einem Listenverkaufspreis von 1.360,00 € an. Frau Kästner möchte nicht teurer sein als die Konkurrenz, da sie befürchtet, Kunden zu verlieren. Sie erklärt Max, dass es Fälle gibt, in denen man im Kalkulationsschema von unten nach oben, also rückwärts, rechnen muss. Bei einer **Rückwärtskalkulation** steht der Listenverkaufspreis aufgrund der Wettbewerbssituation fest.

Bei gleichbleibenden Liefer- und Zahlungsbedingungen sowie Beibehaltung des Gewinns in Höhe von 12 % ergibt sich folgendes Kalkulationsschema:

Selbstkostenpreis	1.071,00 €	100 %		
+ Gewinn	128,52 €	12 %		
= Barverkaufspreis	1.199,52 €	112 %	98 %	
+ Kundenskonto	24,48 €		2 %	
= Zielverkaufspreis	1.224,00 €		100 %	90 %
+ Kundenrabatt	136,00 €			10 %
= Listenverkaufspreis	**1.360,00 €**			100 %

So berechnet man z. B. den Zielverkaufspreis:

2/34 1.360,00 € ≙ 100 %

2/35 x € ≙ 90 %

$$x = \frac{90 \cdot 1.360,00}{100} = 1.224,00$$

Andrea Kästner ermittelt einen Selbstkostenpreis in Höhe von 1.071,00 €.

MAX: Der Selbstkostenpreis dürfte also in diesem Fall nur 1.071,00 € je Mountainbike betragen. Wir müssten somit unsere Selbstkosten von 1.102,50 € um 31,50 € senken.

ANDREA KÄSTNER: Das ist gar nicht so einfach. Falls wir unsere Werkstoffe bei gleichbleibender Qualität nicht günstiger einkaufen können, können wir nur auf einen Teil unseres Gewinns verzichten.

2.4.3 DIFFERENZKALKULATION

Nach eingehender Prüfung stellt Andrea Kästner fest, dass die Selbstkosten für das Mountainbike „Xtract“ nicht reduziert werden können. Sie möchte dem Kunden Radstadl GmbH trotzdem den günstigeren Listenverkaufspreis in Höhe von 1.360,00 € anbieten. In ihrer Kalkulation geht sie daher von zwei feststehenden Größen aus:

- dem unveränderbaren **Selbstkostenpreis**
- dem aus Konkurrenzgründen feststehenden **Listenverkaufspreis**

Andrea Kästner muss mittels **Differenzkalkulation** den Gewinn berechnen und prüfen, ob sich das Geschäft unter diesen Bedingungen noch lohnt.

	Selbstkostenpreis	**1.102,50 €**	100 %		
+	**Gewinn**	**97,02 €**	x %		
=	Barverkaufspreis	1.199,52 €	100 % + x %	98 %	
+	Kundenskonto	24,48 €		2 %	
=	Zielverkaufspreis	1.224,00 €		100 %	90 %
+	Kundenrabatt	136,00 €			10 %
=	**Listenverkaufspreis**	**1.360,00 €**			100 %

ANDREA KÄSTNER: Der Gewinn in Euro kann durch die Differenz von Barverkaufspreis und Selbstkostenpreis ermittelt werden.

MAX: Unser Gewinn würde 97,02 € je Mountainbike betragen.

ANDREA KÄSTNER: Du kannst den Gewinn aber auch in Prozenten angeben.

Max berechnet den Gewinn in %:

$$100\,\% \triangleq 1.102{,}50\,€$$
$$x\,\% \triangleq 97{,}02\,€$$

$$x = \frac{97{,}02 \cdot 100}{1.102{,}50} = 8{,}8$$

MAX: Der Gewinn beträgt 8,8 %. Lohnt sich das für uns?

ANDREA KÄSTNER: Im Normalfall sollte der Gewinn in unserem Unternehmen bei ca. 12 % liegen, da er meinen Unternehmerlohn, die Verzinsung des eingesetzten Eigenkapitals und die Geschäftsrisiken decken muss. Wir sollten mit der Radstadl GmbH ins Geschäft kommen und diese als langfristigen Kunden gewinnen. Außerdem haben wir noch freie Produktionskapazitäten, also Maschinen und Mitarbeiter, die noch nicht voll ausgelastet sind. 2/36 2/37

Hinweis: Mithilfe einer Differenzkalkulation lassen sich auch Rabatt bzw. Skonto berechnen, wenn die weiteren Größen feststehen.

2.5 UMSATZERLÖSE IM UNTERNEHMEN AK-BIKES

2.5.1 BUCHUNG BEIM ABSATZ VON FERTIGERZEUGNISSEN (VERKAUFSBUCHUNG) UNTER BERÜCKSICHTIGUNG VON SOFORTRABATTEN

Die Radstadl GmbH nimmt das Angebot von AK-Bikes an und bestellt 50 Carbon-Mountainbikes „Xtract“. Andrea Kästner erstellt folgende **Ausgangsrechnung**:

AK-Bikes

AK-Bikes, Stamsrieder Weg 50, 85049 Ingolstadt

Andrea Kästner Mountainbikes e. Kfr.
Stamsrieder Weg 50
85049 Ingolstadt

Telefon: 0841 0802020
Telefax: 0841 08020280
Internet: www.ak-bikes.bayern
E-Mail: info@ak-bikes.bayern

Firma
Radstadl GmbH
Velostr. 21
80335 München

Ingolstadt, 02. März 20..

Rechnung

Nr.: 1245574

Wir lieferten Ihnen frei Haus am 26. Februar 20..:

Artikel	Artikel-Nr.	Einzelpreis €	Stück	Gesamtpreis €	
Mountainbike „Xtract“	MB-XT	1.360,00	50	68.000,00	❶
		– 10 % Rabatt		6.800,00	❷
		Warenwert netto		61.200,00	❸
		Umsatzsteuer 19 %		11.628,00	❹
		Rechnungsbetrag		**72.828,00**	❺

Wir danken für Ihren Auftrag.

Zahlung fällig bis zum 02. Mai 20.. rein netto.
Bei Zahlung bis zum 12. März 20.. gewähren wir 2 % Skonto.
Die gelieferte Ware bleibt bis zur vollständigen Bezahlung unser Eigentum.

2/38

Max hat in der Buchhaltung des Unternehmens AK-Bikes von der zuständigen Mitarbeiterin, Frau Selma Demirci, den Auftrag erhalten, die Ausgangsrechnung an das Unternehmen Radstadl GmbH für die Buchung vorzubereiten.

MAX: Wie ich eine Ausgangsrechnung buche, weiß ich schon. Aber wie behandle ich den Rabatt buchhalterisch?

SELMA DEMIRCI: Sofortrabatte beim Verkauf von Fertigerzeugnissen werden nicht auf einem eigenen Konto erfasst. Sie werden vom Listenverkaufspreis abgezogen und nicht gebucht.

MAX: Also buche ich den Zielverkaufspreis aus der Verkaufskalkulation auf dem Konto 5000 UEFE?

2/39 **SELMA DEMIRCI:** Richtig.

Max wertet den Beleg aus, um den Buchungssatz bilden zu können:

				Soll-seite	Haben-seite
❶ Listenverkaufspreis	100 %		Dies ist der Preis, zu dem die Fertigerzeugnisse dem Kunden lt. Preisliste angeboten werden.	Diese beiden Beträge erscheinen nicht im Buchungssatz!	
❷ – Sofortrabatt	10 %		Dieser Preisnachlass wird dem Kunden individuell gewährt.		
❸ Warenwert netto (Zielverkaufspreis)	90 %	100 %	Die Mountainbikes sind von AK-Bikes hergestellte Fertigerzeugnisse im Nettowert von insgesamt 61.200,00 €. Dieser Betrag stellt einen Ertrag für AK-Bikes dar und wird von Andrea Kästner eingenommen, erlöst. Man spricht deshalb auch von Umsatzerlösen für eigene Erzeugnisse. Hierdurch wird der Gewinn des Unternehmens beeinflusst. Die Buchung erfolgt deshalb auf dem Ertragskonto 5000 UEFE.		UEFE
❹ Umsatzsteuer		19 %	Bei jedem Verkauf fällt Umsatzsteuer an, die vom Warenwert netto berechnet wird. Die Umsatzsteuer ist eine Verbindlichkeit gegenüber dem Finanzamt und wird an dieses weitergeleitet. Sie wird auf dem passiven Bestandskonto Umsatzsteuer (4800 UST) gebucht.		UST
❺ Rechnungsbetrag		119 %	Unser Kunde Radstadl GmbH hat von uns Ware (Mountainbikes) erhalten, diese aber noch nicht bezahlt. Als Beleg wurde eine Ausgangsrechnung erstellt. Die gesamte Forderung (Warenwert netto und Umsatzsteuer) in Höhe von 72.828,00 € muss bis zum Erreichen des Zahlungsziels bezahlt werden. Dies ist auf dem aktiven Bestandskonto Forderungen (2400 FO) zu buchen.	FO	

Max bildet den Buchungssatz für die Ausgangsrechnung:

❺	2400 FO	72.828,00 €	an	❸ 5000 UEFE	61.200,00 €
				❹ 4800 UST	11.628,00 €

Max bucht in T-Konten:

S	2400 FO		H
UEFE, UST	72.828,00 €		

S	5000 UEFE		H
		FO	61.200,00 €

S	4800 UST		H
		FO	11.628,00 €

Max notiert auf einem Notizzettel:

Sofortrabatte
(Mengen-, Treue-, Wiederverkäufer- und Sonderrabatte)
werden sofort abgezogen und **nicht** gebucht!

Zielverkauf → **Ziel**verkaufspreis buchen

2/40
2/41

2.5.2 RÜCKSENDUNG VON FERTIGERZEUGNISSEN

Der Auszubildende Max Lindner findet an seinem Arbeitsplatz folgende Hausmitteilung:

Hausmitteilung

Absender	Empfänger	mit der Bitte um
☒ Geschäftsführung	☐ Geschäftsführung	☐ Kenntnisnahme
☐ Verwaltung	☐ Verwaltung	☒ Erledigung
☐ Einkauf	☐ Einkauf	☐ Stellungnahme
☐ Produktion	☐ Produktion	
☐ Vertrieb	☐ Vertrieb	
☐ Frau/Herr	☒ ~~Frau~~/Herr Max Lindner	

Hallo Max,

unserem Kunden Bikepoint GmbH wurden am 3. Juni 20.. 10 Carbon-Mountainbikes „Xtreme" geliefert. Der Warenwert betrug 2.200,00 € netto pro Rad.

Heute teilte uns der Kunde per E-Mail mit, dass bei der Eingangskontrolle an einem Mountainbike starke Kratzer am Rahmen festgestellt worden seien. Aufgrund der Beschädigung kann die Bikepoint GmbH das Fahrrad nicht weiterverkaufen. Telefonisch wurde eine Rücksendung des beanstandeten Mountainbikes vereinbart.

Bitte veranlasse die entsprechende Gutschrift.

Vielen Dank im Voraus.

Mit freundlichen Grüßen

Andrea Kästner

Max erkundigt sich bei einer Kollegin in der Buchhaltung nach der bereits vorgenommenen Buchung des Verkaufs der 10 Carbon-Mountainbikes „Xtreme" an den Kunden Bikepoint GmbH.

Die Ausgangsrechnung wurde am 5. Juni 20.. wie folgt gebucht:

2400 FO	26.180,00 €	an	5000 UEFE	22.000,00 €
			4800 UST	4.180,00 €

Der Kunde Bikepoint GmbH schickt ein beschädigtes Mountainbike „Xtreme“ im Wert von 2.200,00 € netto berechtigt an uns zurück. Der Verkaufsbuchungssatz muss in dieser Höhe rückgängig gemacht werden. Dies erfolgt dadurch, dass der ursprüngliche Buchungssatz umgedreht wird. Die Korrektur wird als **Stornobuchung** bezeichnet. Max kennt diese bereits aus dem Einkaufsbereich.

- Zurückgesandte Fertigerzeugnisse vermindern unsere Umsatzerlöse: Das Ertragskonto 5000 UEFE muss im Soll gebucht werden.
- Die Umsatzsteuerschuld an das Finanzamt wird anteilig storniert: Die Buchung erfolgt auf der Sollseite des passiven Bestandskontos 4800 UST.
- Unsere Forderung an den Kunden wird um den Gutschriftbetrag verringert: Das aktive Bestandskonto 2400 FO wird im Haben gebucht.

Max bildet den Buchungssatz für die Gutschrift:

5000 UEFE	2.200,00 €			
4800 UST	418,00 €	an	2400 FO	2.618,00 €

Max bucht in T-Konten:

S	2400 FO		H
UEFE, UST	26.180,00 €	UEFE, UST	2.618,00 €

S	5000 UEFE		H
FO	2.200,00 €	FO	22.000,00 €

S	4800 UST		H
FO	418,00 €	FO	4.180,00 €

Anhand eines Notizzettels erinnert sich Max an die drei **Gründe für Rücksendungen**:

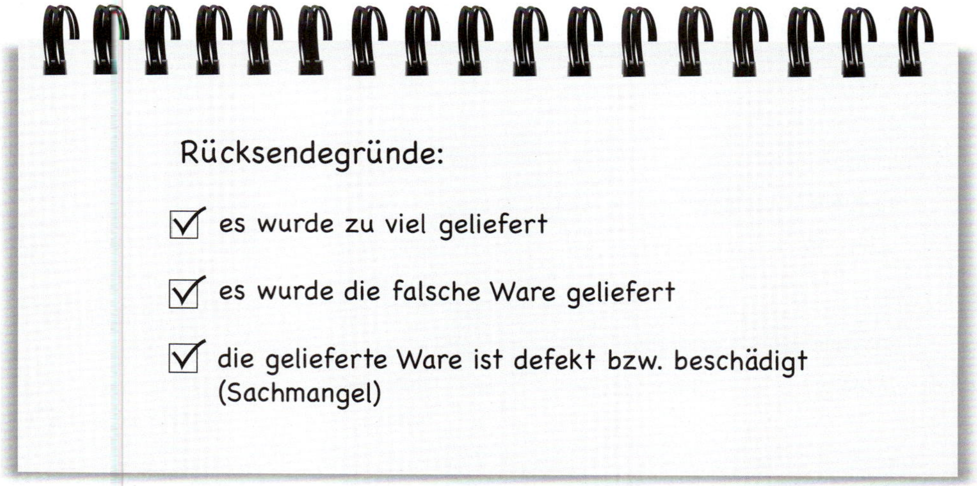

2/42
2/43
2/44

Alles Klar?

BESCHAFFUNG VON WERKSTOFFEN

- **Werkstoffarten**

Rohstoffe	Fremdbauteile	Hilfsstoffe	Betriebsstoffe
= Hauptbestandteile	= fertige Einbauteile	= Nebenbestandteile	= keine Bestandteile

- **Einkaufskalkulation**

	Listeneinkaufspreis	100 %	
–	Liefererrabatt		
=	Zieleinkaufspreis		100 %
–	Liefererskonto		
=	Bareinkaufspreis		
+	Bezugskosten		
=	Einstandspreis		

- **Sofortrabatte** (Mengen-, Treue- und Sonderrabatte) werden **sofort** vom Listeneinkaufspreis **abgezogen** und **nicht gebucht.**

Hinweis: *Für alle Buchungssätze wird als Beispiel der Werkstoff Rohstoff verwendet!*

6000 AWR	*Zieleinkaufspreis*			
2600 VORST	*Steuerbetrag*	an	**4400 VE**	*Rechnungsbetrag*

- **Bezugskosten** sind **Nebenkosten** beim Werkstoffeinkauf:

  - **Bezugskosten als Bestandteil der Eingangsrechnung:**

6000 AWR	*Zieleinkaufspreis*			
6001 BZKR	*Bezugskosten*			
2600 VORST	*Steuerbetrag*	an	**4400 VE**	*Rechnungsbetrag*

  - **Gesondert berechnete Bezugskosten mit Barzahlung:**

6001 BZKR	*Bezugskosten*			
2600 VORST	*Steuerbetrag*	an	**2880 KA**	*bar gezahlter Betrag*

- **Rücksendungen** führen zu einer **Stornobuchung**:

  - **Rücksendung von Werkstoffen** (zu viel, falsch, beschädigt):

4400 VE	*Bruttogutschrift*	an	**6000 AWR**	*Nettogutschrift*
			2600 VORST	*Steuerkorrektur*

  - **Rücksendung von Leihverpackung:**

4400 VE	*Bruttogutschrift*	an	**6001 BZKR**	*Nettogutschrift*
			2600 VORST	*Steuerkorrektur*

PREISPOLITIK

- **Preisdifferenzierung**

personell | **räumlich**

ARTEN

mengenmäßig | **zeitlich**

- **Preisstrategien**

Dumping	**Niedrigpreis**	**Hochpreis**	**Skimming**	**Schwellenpreis**

VERKAUF VON FERTIGERZEUGNISSEN

- **Angebots-/Verkaufskalkulation:**

Kalkulation	
Selbstkostenpreis	100 %
+ Gewinn	
= Barverkaufspreis	
+ Kundenskonto	
= Zielverkaufspreis	100 %
+ Kundenrabatt	
= Listenverkaufspreis	100 %

Vorwärtskalkulation • Rückwärtskalkulation • Differenzkalkulation

- **Sofortrabatte** (Mengen-, Treue-, Wiederverkäufer- und Sonderrabatte) werden **sofort** vom Listenverkaufspreis **abgezogen** und **nicht gebucht.**
  z. B. **Zielverkauf von Mountainbikes abzüglich Rabatt**:

2400 FO	*Rechnungsbetrag*	an	**5000 UEFE**	*Zielverkaufspreis*
			4800 UST	*Steuerbetrag*

- **Rücksendungen** von Fertigerzeugnissen führen zu einer **Stornobuchung**:

5000 UEFE	*Nettogutschrift*			
4800 UST	*Steuerkorrektur*	an	**2400 FO**	*Bruttogutschrift*

2.6 ANWENDUNGSAUFGABEN

2/1 Andrea Kästner holt für die Herstellung von Mountainbikes Angebote für verschiedene Werkstoffe ein. Die folgenden Fotos zeigen Beispiele für die von AK-Bikes benötigten Werkstoffe. Gib jeweils die Bezeichnung des abgebildeten Werkstoffs sowie die Werkstoffart an.

Bestimme für die folgenden Aussagen die entsprechende Werkstoffart (Rohstoffe, Hilfsstoffe, Betriebsstoffe, Fremdbauteile). 2/2

A	Sie werden von anderen Herstellern bezogen und in das eigene Produkt eingebaut.
B	Sie werden verarbeitet und bilden den Hauptbestandteil des Fertigprodukts.
C	Sie sind kein Bestandteil des fertigen Erzeugnisses, sie dienen z. B. dem Antrieb der Maschinen.
D	Sie sind Nebenbestandteil des fertigen Erzeugnisses.
E	Sie sind Mittel zur Pflege der Maschinen und der Fahrzeuge.
F	Sie werden eingebaut und stellen einen wesentlichen Teil des fertigen Produkts dar.

Im Schaubild sind fünf verschiedene Beispiele für Bezugskosten dargestellt. Ordne den Bildern A bis E die entsprechenden Bezeichnungen aus dem Wortspeicher zu. 2/3

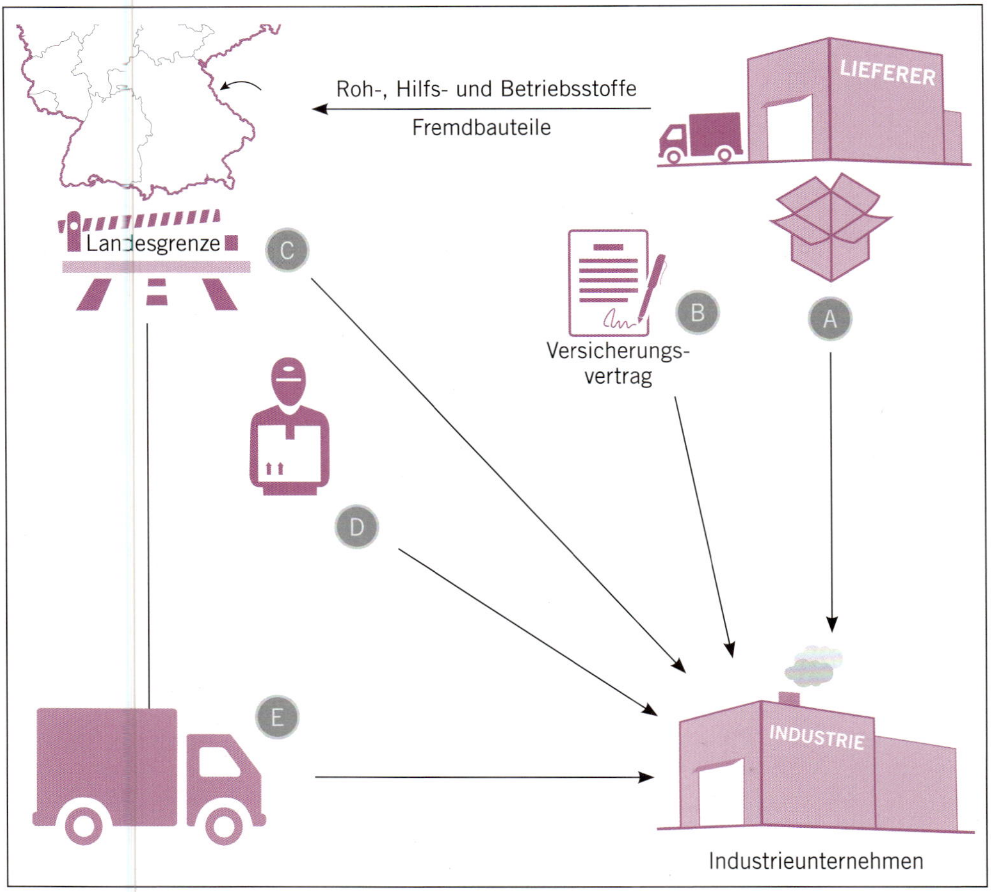

Wortspeicher: Frachtkosten – Portokosten – Transportversicherung – Verpackungskosten – Zoll

2/4 Gestalte gemeinsam mit deinem Banknachbarn ein Lernplakat zum Themenbereich „Bezugskosten“. Stellt euer Plakat zusammen der Klasse vor.

2/5 Andrea Kästner erhält ein Angebot (siehe unten).

1. Gib den Firmennamen des Lieferers an.
2. Ermittle, um welche Werkstoffart es sich handelt.
3. Das Angebotsschreiben enthält einen Rabatt. Nenne einen möglichen Grund für die Rabattgewährung.
4. Unterscheide die Preisnachlässe Rabatt und Skonto.
5. Erläutere einen betriebswirtschaftlichen Grund, warum Lieferer Skontoabzug gewähren.
6. Erkläre die Zahlungsbedingung „30 Tage rein netto“.
7. Erkläre, was mit Eigentumsvorbehalt gemeint ist.
8. Nenne den Fachbegriff für die vorliegende Lieferbedingung.

SCHMIERSTOFFE
Stefan Blank e. Kfm.

Schmierstoffe Stefan Blank e. Kfm. · Gewerbestraße 5 · 93059 Regensburg

Gewerbestraße 5
93059 Regensburg
Tel.: 0941 7762
Fax: 0941 7208
Mail: s.blank@d-online...

Firma
Andrea Kästner Mountainbikes e. Kfr.
Stamsrieder Weg 50
85049 Ingolstadt

Regensburg, 20. März 20..

ANGEBOT

Sehr geehrte Frau Kästner,

wir beziehen uns auf Ihre telefonische Anfrage und unterbreiten Ihnen folgendes Angebot.

Menge	Artikel	Einzelpreis	Gesamtpreis
200 Liter	Schmiermittel Typ S100	44,00 Euro	8.800,00 Euro
		– 10 % Rabatt	880,00 Euro
			7.920,00 Euro
		+ Fracht	220,00 Euro
			8.140,00 Euro
		+ 19 % Umsatzsteuer	1.546,60 Euro
		Gesamtbetrag	**9.686,60 Euro**

Zahlbar innerhalb von 8 Tagen mit Skontoabzug von 2 %, innerhalb von 30 Tagen rein netto.

Wir liefern unter Eigentumsvorbehalt.

Mit freundlichen Grüßen

Stefan Blank

Bankverbindung: Wirtschaftsbank Regensburg
IBAN: DE39 8702 0043 0000 1299 86
BIC: WBKREGXX

Amtsgericht Regensburg HRA 1842
USt-IdNr: DE282043201
Steuernr.: 244/202/67115

Berechne jeweils den Einstandspreis. Verwende hierbei das dir bekannte Kalkulationsschema. Vereinfache dir die Arbeit und kontrolliere anschließend deine Ergebnisse mit Hilfe eines Tabellenkalkulationsprogramms. 2/6

Nr.	Listeneinkaufspreis	Liefererrabatt	Liefererskonto	Bezugskosten
1	6.400,00 €	14,00 %	3,00 %	75,00 €
2	12.500,00 €	10,00 %	2,00 %	0,00 €
3	1.850,00 €	0,00 %	4,00 %	25,00 €
4	17.125,00 €	8,00 %	2,00 %	150,00 €
5	5.525,00 €	12,50 %	5,00 %	180,00 €
6	11.150,00 €	2,50 %	0,00 %	28,75 €

Du erklärst einem Praktikanten von AK-Bikes wichtige Grundlagen zur Einkaufskalkulation. 2/7

1. Erläutere die Absicht, weshalb Lieferer ihren Kunden Rabatt gewähren.
2. Argumentiere, warum der Skonto sowohl für den Käufer, als auch für den Verkäufer von Vorteil ist.
3. Ergänze folgende Aussage: „Die Bezugskosten beinhalten u. a. die Transportkosten. Es können aber auch weitere Nebenkosten anfallen, wie z. B. ❶, ❷ und ❸, die ebenfalls zu den Bezugkosten gerechnet werden."

AK-Bikes benötigt zur Herstellung von Mountainbikes Leichtmetallfelgen. Das Angebot eines Lieferers enthält unter anderem folgende Angaben: 2/8

- Listenpreis netto je Felge 30,00 €
- Rabatt: ab 500 Stück 10 %, ab 1 500 Stück 20 %, ab 3 000 Stück 25 %
- Zahlung: 2,5 % Skonto bei Bezahlung innerhalb von 10 Tagen, rein netto innerhalb von 30 Tagen
- Lieferung: frei Haus

1. Gemäß des Angebotschreibens wird ein Rabatt gewährt. Nenne die vorliegende Rabattart.
2. Kalkuliere den Einstandspreis, wenn 1 600 Stück gekauft werden.

Begründe, um welche Rabattart es sich jeweils bei folgenden Beispielen aus der Sicht von AK-Bikes handelt. 2/9

A	Zu Beginn des Geschäftsjahres bestellt Riccardo 500 Bremsscheiben und erhält einen Nachlass von 10 %. Normalerweise werden immer nur 200 Bremsscheiben bestellt.
B	Andrea Kästner bestellt regelmäßig bei der Continent GmbH und erhält bei jeder Bestellung 5 % Rabatt.
C	Wegen eines Firmenjubiläums erhalten wir von Heizöl Schmierig e. K. einen Nachlass von 15 %.
D	Schon seit 15 Jahren nimmt AK-Bikes Lenkergriffe vom Lieferer Griffig&Mehr AG ab; ein Rabatt von 8 % wird gewährt.

2/10 1. Der Auszubildende Max Lindner findet an seinem Arbeitsplatz folgende Hausmitteilung mit der Bitte um Erledigung:

Hausmitteilung

Absender	Empfänger	mit der Bitte um
☒ Geschäftsführung	☐ Geschäftsführung	☐ Kenntnisnahme
☐ Verwaltung	☐ Verwaltung	☒ Erledigung
☐ Einkauf	☐ Einkauf	☐ Stellungnahme
☐ Produktion	☐ Produktion	
☐ Vertrieb	☐ Vertrieb	
☐ Frau/Herr	☒ ~~Frau~~/Herr Max Lindner	

Hallo Max,

von unserem langjährigen Lieferer Schrauben Kurz liegt uns ein Angebot über 4000 Stück Beilagscheiben DIN 126 M12 Stahl (verzinkt) vor:

Nettopreis laut Liste:	320,00 €
Mengenrabatt:	15 %
Zahlungsbedingungen:	innerhalb 30 Tagen rein netto, innerhalb von 10 Tagen 3 % Skonto
Lieferbedingung:	frei Haus

Ermittle bitte durch Kalkulation den Einstandspreis und teile mir diesen mit.
Besten Dank!

Andrea Kästner

2. Andrea Kästner hat sich entschieden, die Beilagscheiben bei Schrauben Kurz unter den gegebenen Bedingungen zu bestellen. Die Eingangsrechnung liegt inzwischen vor. Bilde den Buchungssatz.

2/11 Julia erhält die Aufgabe, zu folgenden Geschäftsfällen die Buchungssätze zu erstellen.

1. AK-Bikes kauft Bremsscheiben im Wert von 2.400,00 € netto durch Barzahlung.
2. Eine Rechnung für Heizöl, 3000 Liter, Listenpreis 2.000,00 € netto geht ein. Unser Lieferer gewährt einen Rabatt in Höhe von 15 %, die Lieferung erfolgt „frei Haus“.
3. Von einem Sattelstützenlieferer erhält AK-Bikes eine Rechnung über brutto 654,50 €.
4. Die Rechnung aus Nr. 3 wird durch Banküberweisung beglichen.
5. Andrea Kästner zahlt 4.230,00 € auf das Geschäftsbankkonto ein.
6. AK-Bikes kauft 120 Packungen Schrauben zu je 15,00 € netto auf Ziel ein.

2/12 Mit den wichtigen Inhalten einer Eingangsrechnung bist du bereits bestens vertraut. Erstelle am Computer eine Eingangsrechnung mit allen erforderlichen Bestandteilen für einen von dir erfundenen Lieferer des Unternehmens AK-Bikes. Entscheide dich für einen Werkstoff und entwirf auch ein passendes Logo. Präsentiere anschließend dein Ergebnis vor der Klasse.

Im Unternehmen AK-Bikes liegen zwei Belege vor. **2/13**

1. Gib jeweils die Belegart an. Begründe deine Antwort.
2. Erläutere den Zusammenhang, der zwischen den beiden Belegen besteht.
3. Bilde jeweils den Buchungssatz zu Beleg 1 und 2.

Beleg 1:

SPEDITION ACHSMAYER E. K.

Spedition Achsmayer e. K. – Sommerstr. 20 – 84028 Landshut

Sommerstr. 20
84028 Landshut
Tel.: 0871 08764
Fax: 0871 08765
E-Mail: info@achsmayer...

Firma
Andrea Kästner Mountainbikes e. Kfr.
Stamsrieder Weg 50
85049 Ingolstadt

Landshut, 02. April 20..

Rechnung

Nr.: 0723
Kundennummer: 2503

Unsere Leistungen am 30.03.20.. berechnen wir Ihnen wie folgt:

Ausgangsort	Zielort	Leistung	Gesamtpreis €
Regensburg	Ingolstadt	Fracht pauschal für	
Fa. Carbonara	Fa. AK-Bikes	Carbongewebe	300,00
		zuzüglich	
		Leihverpackung	50,00
		19 % Umsatzsteuer	66,50
		Rechnungsbetrag	**416,50**

Zahlbar sofort rein netto.

Beleg 2:

DONAUBANK INGOLSTADT			
IBAN DE72 7515 0080 4040 8080 20		Auszug/Jahr	31/20..
BIC DBNKDEFF		Blatt-Nr.	1
		Kontoauszug	Betrag in €
BuTag **Wert**	**Vorgang**	**Alter Kontostand**	22.164,50 +
06.04. 06.04.	Spedition Achsmayer e. K., Landshut Rechnung 0723 v. 02.04.20..		416,50 –
		Neuer Kontostand	21.748,00 +
Andrea Kästner Mountainbikes e. Kfr. 85049 Ingolstadt			
Ihre Servicebank		letzte Erstellung	29.03.20..
Homebanking bequem und günstig		Erstellungstag	06.04.20.. / 09:21

2/14 Bilde die Buchungssätze zu folgenden Geschäftsfällen im Unternehmen AK-Bikes.

1. Über die Transportkosten für Aluminiumrohre liegt von der Spedition Franz Flink e. K. eine Quittung in Höhe von 250,00 € netto vor.
2. 200 Bremsscheiben zu je 8,50 € netto werden auf Ziel gekauft. Der Lieferer gewährt einen Treuerabatt in Höhe von 10 %.
3. AK-Bikes kauft Carbon zum Listenpreis von 4.000,00 € netto auf Ziel. Der Lieferer gewährt 5 % Mengenrabatt und stellt 100,00 € netto Fracht in Rechnung.
4. Eine Rechnung über die Transportversicherung für hochwertige Lenkervorbauten geht ein (Rechnungsbetrag: 95,20 €).
5. Per Banküberweisung wird die Rechnung aus Nr. 4 bezahlt.
6. Eine Rechnung für eine Sattellieferung geht über 5.117,00 € ein. Der Lieferer hat im Rechnungsbetrag 190,40 € brutto für den Transport berücksichtigt.
7. AK-Bikes zahlt bar für den Transport von Lack 200,00 € netto und 150,00 € netto für Leihpaletten an die Spedition Interopa GmbH.

2/15 Für den geplanten Kauf von 25 000 Litern Heizöl hat Andrea Kästner folgende zwei Angebote vorliegen:

1. Berechne für beide Angebote den Einstandspreis für 25 000 Liter.
2. Ermittle den Preisvorteil beim günstigeren Anbieter.
3. Andrea Kästner entscheidet sich für den günstigeren Anbieter. Bilde den Buchungssatz für den Kauf von 25 000 Liter Heizöl gegen Rechnung.

2/16 Bilde die Buchungssätze zu folgenden Geschäftsfällen im Unternehmen AK-Bikes.

1. AK-Bikes kauft Fahrradschläuche für 800,00 € netto auf Ziel (Frachtkosten 20,00 € netto).
2. Beschädigte Aluminiumrohre werden an den Lieferer zurückgeschickt. Die Gutschrift beträgt 670,00 € netto.

3. 20 % der eingegangenen Muttern wurden falsch geliefert (Rechnungsbetrag 595,00 €). AK-Bikes erhält eine anteilige Gutschrift für die Rücksendung.
4. Die Transportkosten von 16,49 € brutto für eine Sattellieferung werden bar bezahlt.
5. AK-Bikes erhält eine Gutschrift in Höhe von 40,00 € netto für eine Teilrücksendung von Reinigungsmaterial.

1. Bilde den Buchungssatz für die folgende Eingangsrechnung (Auszug) bei AK-Bikes. **2/17**

RECHNUNG

05. Juli 20..

Nr.: 6789/20..
Kunden-Nr. 345-234

Pos.	Menge	Art.-Nr.	Artikel	Einzelpreis (EUR)	Gesamtpreis (EUR)
1	80	5766	Pedale	9,90	792,00
2	540	5160	Schrauben	0,20	108,00
			Warenwert netto		900,00
			zzgl. Umsatzsteuer 19 %		171,00
			Rechnungsbetrag		**1.071,00**

Zahlbar rein netto bis zum 04. August 20..

2. Bei der Überprüfung der Lieferung stellt AK-Bikes fest, dass die Schrauben nicht zu den gelieferten Pedalen passen. Die 540 Stück Schrauben werden daher an den Lieferer zurückgeschickt. Einige Tage später trifft das folgende Schreiben (Auszug) bei AK-Bikes ein. Bilde den Buchungssatz.

Gutschrift
Betrifft unsere Rechnung Nr. 6789/20.. vom 5. Juli 20..

Sehr geehrte Frau Kästner,

bezugnehmend auf Ihre Rücksendung wegen der Falschlieferung von 540 Stück Schrauben schreiben wir Ihnen den anteiligen Rechnungsbetrag auf Ihrem Kundenkonto gut.

Gutschrift netto	108,00 EUR
Umsatzsteuer 19 %	20,52 EUR
Gutschrift brutto	**128,52 EUR**

Wir bedauern es sehr, dass wir den falschen Artikel geliefert haben. Eine Ersatzlieferung haben Sie inzwischen erhalten.

Wir bitten Sie, den Mangel zu entschuldigen!

3. Außer der Falschlieferung gibt es noch andere Gründe, die zu einer Rücksendung führen können. Nenne zwei weitere Gründe.
4. Der noch offene Rechnungsbetrag (Rechnung 6789/20..) wird am 2. August 20.. per Banküberweisung beglichen. Bilde den Buchungssatz.

2/18 Dir liegt ein Ausschnitt einer an AK-Bikes gerichteten Eingangsrechnung vor:

Ingolstadt, 02. August 20..

Rechnung

Nr.: 1578968

Wir lieferten Ihnen frei Haus am 31. Juli 20..:

Artikel	Menge	Einzelpreis	Gesamtpreis
Bio-Klarlack farblos BIO99fl	2000 Ltr.	4,95 €	9.900,00 €
		Warenwert netto	9.900,00 €
		Leihverpackung	100,00 €
		Umsatzsteuer 19 %	1.900,00 €
		Rechnungsbetrag	11.900,00 €

Vielen Dank für Ihren Einkauf!

Zahlbar „rein netto" innerhalb von 30 Tagen nach Rechnungseingang.
Die Ware bleibt bis zur vollständigen Bezahlung unser Eigentum.
Bei Rücksendung der berechneten Leihverpackung erhalten Sie eine Gutschrift in voller Höhe.

1. Bilde den Buchungssatz zu diesem Beleg.
2. Bilde den Buchungssatz für die Gutschrift nach Rücksendung der Leihverpackung.
3. Erkläre, warum im Buchungssatz aus Nr. 2 die Vorsteuer korrigiert werden muss.
4. Zeige auf, wie eine Leihverpackung einen aktiven Beitrag zum Umweltschutz leisten kann.

2/19 Schreibe eine E-Mail an einen Freund, der in der 8. Klasse einer Realschule ebenfalls das Fach BwR hat. Erkläre in deinem Text, dass ihr gerade das Thema „Rücksendung von Werkstoffen" behandelt. Nenne die Gründe für Rücksendungen, gehe auf die Besonderheit des Buchungssatzes bei einer Rücksendung ein und erkläre, warum die Vorsteuer zu korrigieren ist.

2/20 Bilde die Buchungssätze für folgende Geschäftsfälle bei AK-Bikes.

1. Wir kaufen Sattelstützen für 980,00 € netto auf Ziel.
2. Der Lieferer aus Nr. 1 stellt uns Leihverpackung in Höhe von 59,50 € brutto in Rechnung.
3. Wir schicken die Leihverpackung aus Nr. 2 zurück und erhalten dafür eine Gutschrift von 80 %.
4. Aluminiumrohre werden auf Ziel gekauft. Der Listenpreis beträgt 8.000,00 € netto, abzüglich 12 % Mengenrabatt. Der Lieferer berechnet Leihverpackung von 280,00 € netto.
5. Für die Rücksendung der Leihverpackung (Nr. 4) erhalten wir eine Gutschrift in voller Höhe.
6. Der noch offene Rechnungsbetrag der Geschäftsfälle Nr. 4 und 5 wird per Banküberweisung bezahlt.
7. Eine Rechnung über Bremsscheiben im Wert von 450,00 € netto geht ein.
8. Die Bremsscheiben aus Nr. 7 weisen erhebliche Qualitätsmängel auf. Wir sind gezwungen, diese komplett zurückzuschicken und erhalten eine entsprechende Gutschrift.

1. Ergänze die Aussagen zur Preisgestaltung des Unternehmens AK-Bikes. 2/21

A	Kunden akzeptieren einen höheren Preis, wenn ...
B	Empfinden mögliche Käufer den Preis als zu hoch, dann ...
C	Setzt das Unternehmen den Preis zu gering an, dann ...

2. Stelle drei Einflussfaktoren auf die Preisfestsetzung bei AK-Bikes dar.

Familie Kästner macht Urlaub am Bodensee. Das Genießen der freien Tage kostet allerdings auch viel Geld. Essen, Eintritt oder andere Freizeitaktivitäten müssen bezahlt werden. Dabei werden auch die unterschiedlichen Formen der Preisdifferenzierung augenscheinlich. Begründe für die folgenden Beispiele, um welche Art der Preisdifferenzierung es sich handelt. 2/22

A

B

C

D

E

F

2/23 Im Rahmen der Preispolitik spielen Rabatte eine große Rolle.

1. Nenne mindestens zwei besondere Ereignisse, zu denen AK-Bikes zeitlich begrenzt seinen Kunden Rabatt gewähren könnte.
2. Wir unterscheiden drei Rabattarten. Erkläre, wie AK-Bikes die Rabattarten im Rahmen der Preisdifferenzierung einsetzen könnte.
3. Die Rabattgewährung teilt AK-Bikes seinen Kunden in einem Angebot mit. Formuliere zu jeder Rabattart einen ansprechenden Satz, wie der Kunde im Angebotsschreiben auf den jeweiligen Rabatt aufmerksam gemacht werden könnte.

2/24 Im Marketing werden verschiedene Preisstrategien unterschieden. Gib jeweils zu den Kennbuchstaben A bis F an, welche Aussage richtig bzw. falsch ist.

A	Skimming bedeutet, dass man mit einem niedrigen Preis in den Markt geht (Einführungspreis), und ihn später erhöht, wenn die Nachfrage hoch genug ist.
B	Während eine Hochpreisstrategie bedeutet, einen hohen Preis aufgrund hoher Qualität zu setzen, ist die Niedrigpreisstrategie darauf ausgerichtet, mit einem niedrigen Preis hohe Umsätze zu erzielen.
C	Die Absicht der Dumpingpreisstrategie ist, die Konkurrenz mit Kampfpreisen zu verdrängen, damit man alleiniger Anbieter wird und später die Preise erhöhen kann.
D	Als Preisdifferenzierung wird ein ständiger Preiswechsel bezeichnet. Dabei werden beliebig die Preise geändert und jede Woche neu festgesetzt.
E	Die Strategie psychologischer Preise ist, den Preis knapp unter den nächsten vollen Euro-Betrag zu setzen, z. B. 9,95 € statt genau 10,00 €.
F	Mit Abschöpfungspreisstrategie ist gemeint, mit einem hohen Preis in den Markt zu gehen und im Laufe der Zeit den Preis schrittweise zu senken.

2/25 Begründe für die folgenden Beispiele, welche Preisstrategie du für sinnvoll hältst.

A	Fernsehprogramm-Zeitschrift, die schnell eine große Leserschar bekommen soll
B	neues Smartphone-Modell
C	Luxus-Sportwagen
D	Preise bei einem Discount-Supermarkt
E	neue Uhr eines Premiumherstellers
F	Chips der Handelsmarke (No-Name-Artikel) in einem Verbrauchermarkt

2/26 Frau Kästner möchte sich ein neues Familienauto kaufen.

1. Finde zwei Hersteller, von denen einer die Niedrigpreisstrategie und der andere die Hochpreisstrategie verfolgt. Stelle jeweils ein konkretes Fabrikat vor und gib dessen Preis an.
2. Erläutere mögliche Gründe, weshalb der Premiumhersteller trotz seiner hohen Preise genügend Abnehmer findet.

Hilf der Auszubildenden Julia bei den Hausaufgaben für die Berufsschule. Berechne jeweils den Gewinn in Prozent. **2/27**

	1.	2.	3.	4.	5.
Selbstkostenpreis	1.300,00 €	1.930,00 €	7.600,00 €	4.960,00 €	890,00 €
Gewinn	200,00 €	450,00 €	1.020,00 €	950,00 €	280,00 €
Barverkaufspreis	1.500,00 €	2.380,00 €	8.620,00 €	5.910,00 €	1.170,00 €

Andrea Kästner stellt dein Wissen auf die Probe! Berechne jeweils den Barverkaufspreis. **2/28**

	1.	2.	3.	4.	5.
Selbstkostenpreis	10.450,00 €	5.468,00 €	7.986,00 €	6.428,00 €	8.243,00 €
Gewinn	18 %	23,5 %	19,8 %	21,4 %	16,7 %

Der Auszubildende Max findet an seinem Arbeitsplatz folgende Hausmitteilung mit der Bitte um Erledigung: **2/29**

Hausmitteilung

Absender	Empfänger	mit der Bitte um
☒ Geschäftsführung	☐ Geschäftsführung	☐ Kenntnisnahme
☐ Verwaltung	☐ Verwaltung	☒ Erledigung
☐ Einkauf	☐ Einkauf	☐ Stellungnahme
☐ Produktion	☐ Produktion	
☐ Vertrieb	☐ Vertrieb	
☐ Frau/Herr	☒ ~~Frau~~/Herr Max Lindner	

Hallo Max,

unser Kunde Fahrradgroßhandel Huber fragt an, ob wir 10 E-Mountainbikes „Peak Beginner“ zum Stückpreis von 2.555,00 € liefern können.

Ermittle bitte rechnerisch, ob wir dem Kunden die Ware zum gewünschten Preis anbieten können. Wir kalkulieren mit 15 % Gewinn und gewähren dem Fahrradgroßhandel Huber üblicherweise 3 % Skonto. Unsere Selbstkosten belaufen sich auf 2.115,00 € je Rad.

Mit freundlichen Grüßen

Andrea Kästner

2/30 Max soll aus dem Selbstkostenpreis den Listenverkaufspreis berechnen. Seine Lehrerin in der Berufsschule erwartet jeweils ein übersichtliches Kalkulationsschema mit genauen Bezeichnungen und ausführlichen Prozentspalten.

	1.	2.	3.
Selbstkostenpreis	750,00 €	572,00 €	2.800,00 €
Gewinn	20 %	15 %	25 %
Kundenskonto	2 %	3 %	2 %
Kundenrabatt	10 %	12,5 %	5 %

2/31 Du erklärst einem Praktikanten im Unternehmen AK-Bikes wichtige Grundlagen zur Verkaufskalkulation.

1. Gib die Zusammensetzung der Selbstkosten an.
2. Erkläre die Bedeutung des Gewinns für AK-Bikes.
3. Recherchiere im Internet den Fachbegriff „Wiederverkäuferrabatt“.
4. Erkläre, warum in der Verkaufskalkulation der Listenverkaufspreis der Grundwert des Kundenrabatts ist.
5. Stelle das Gespräch zwischen dem Praktikanten und dir mit deinem Banknachbarn mündlich nach.

2/32 Finde die Bemessungsgrundlage (≙ 100 %) zu folgenden Kalkulationsgrößen:
Kundenskonto, Gewinn, Liefererrabatt, Kundenrabatt, Liefererskonto
Lege dazu eine Tabelle in deinem Heft an.

2/33 Der Praktikant hat einige Fragen.

1. Erkläre ihm den Unterschied zwischen der Berechnung des Liefererrabatts und der Berechnung des Kundenrabatts.
2. Erläutere ihm, warum die Sätze für Kundenrabatt und Kundenskonto nicht zu einem gemeinsamen Prozentsatz zusammengefasst werden dürfen.

2/34 Julia hat in der Berufsschule folgende Aufgabe zu lösen und bittet dich um Unterstützung:

Eine Schreinerei kalkuliert mit 28 % Gewinn und 3 % Kundenskonto. Ein Kunde würde eine Schrankwand für 2.810,00 € in Auftrag geben. Der Mitarbeiter in der Kalkulation hat einen Selbstkostenpreis von 2.210,00 € ermittelt.

1. Begründe rechnerisch, warum der Auftrag zu diesen Bedingungen nicht angenommen werden kann.
2. Die Schreinerei möchte den Auftrag annehmen. Ermittle rechnerisch, um wie viel Euro der Selbstkostenpreis gesenkt werden müsste.

Max soll aus dem Listenverkaufspreis den Selbstkostenpreis berechnen. Seine Lehrerin in der Berufsschule erwartet jeweils ein übersichtliches Kalkulationsschema mit genauen Bezeichnungen und ausführlichen Prozentspalten. 2/35

	1.	2.	3.
Listenverkaufspreis	4.012,00 €	200,00 €	155,00 €
Gewinn	10 %	20 %	10 %
Kundenskonto	2 %	3 %	2 %
Kundenrabatt	10 %	10 %	20 %

Hilf Riccardo bei den Hausaufgaben für die Berufsschule. 2/36

1. Die Kalkulationsabteilung der Küchenbauerin Hermine Koch e. Kfr. ermittelt die Selbstkosten für eine Einbauküche mit 5.831,00 €. Die Kücheneinrichtung wird für 9.500,00 € angeboten. Auf den Angebotspreis gewährt der Hersteller 20 % Kundenrabatt und 3 % Kundenskonto. Berechne den Gewinn in Euro und in Prozenten.
2. Aufgrund einer Marketingmaßnahme erhöht der Motorradhersteller Franz Flott e. K. den Kundenrabatt von 10 % auf 15 % bei unverändertem Listenverkaufspreis und gleichen Selbstkosten. Erläutere ohne Berechnung, wie sich diese Maßnahme auf den kalkulierten Gewinn auswirkt.
3. Das Metallbauunternehmen Blechle e. K. ist in der Lage, als Zusatzauftrag Hallentore in die Fertigung aufzunehmen. Es rechnet mit Selbstkosten von 2.700,00 € je Tor. Branchenüblich erhalten die Kunden 20 % Rabatt. Überprüfe rechnerisch, ob Blechle sein Vorhaben verwirklichen kann, wenn der Angebotspreis bei 3.600,00 € und die Gewinnerwartung bei 5 % liegen.

Ein Konkurrent von AK-Bikes bietet unserem Kunden Velofix GmbH ein vergleichbares Mountainbike zum Listenverkaufspreis in Höhe von 2.500,00 € an. Selma Demirci bittet Julia Huber um Kalkulation des möglichen Rabatts (in € und %), den wir Velofix gewähren könnten, wenn von einem Selbstkostenpreis in Höhe von 1.875,00 € und 20 % Gewinn ausgegangen wird. 2/37

Formuliere den Geschäftsfall zum Beleg auf Seite 96. 2/38

Richtig oder falsch? 2/39

Verbessere die falschen Aussagen und schreibe sie richtig auf.

A	Rabatte werden gewährt, um einen Preisvorteil gegenüber den Mitbewerbern zu erzielen.
B	Der Rabatt ist ein nachträglicher Preisnachlass.
C	Händler sind verpflichtet, ihren Kunden einen Rabatt einzuräumen.
D	Rabatte sind ein Mittel zur Kundenbindung.
E	Für Rabatte wird kein Konto eingerichtet, weil sie sofort vom Listenpreis abgezogen werden.

2/40 Übernimm den Notizzettel zu Sofortrabatten (Seite 97) in dein Portfolio.

2/41 Das Unternehmen AK-Bikes hat folgenden Beleg versendet:

AK-Bikes

AK-Bikes, Stamsrieder Weg 50, 85049 Ingolstadt

Andrea Kästner Mountainbikes e. Kfr.
Stamsrieder Weg 50
85049 Ingolstadt

Telefon: 0841 0802020
Telefax: 0841 08020280
Internet: www.ak-bikes.bayern
E-Mail: info@ak-bikes.bayern

Firma
Zweirad Arnold e. K.
Frohnradstraße 19
63768 Hösbach

Rechnung

Nr.: 326547

Ingolstadt, 02. März 20..

Wir lieferten Ihnen frei Haus am 27. Februar 20..:

Artikel	Artikel-Nr.	Einzelpreis €	Stück	Gesamtpreis €
Mountainbike „Xtract“	MB-XT	1.500,00	10	15.000,00
		– 10 % Rabatt		
		Warenwert netto		
		Umsatzsteuer 19 %		
		Rechnungsbetrag		**16.065,00**

Wir danken für Ihren Auftrag.

Zahlungsbedingungen: Zahlbar innerhalb von 60 Tagen rein netto.
Bei Zahlung innerhalt von 8 Tagen gewähren wir 2 % Skonto.
Die gelieferte Ware bleibt bis zur vollständigen Bezahlung unser Eigentum.

1. Durch Kaffeeflecken wurden einige Beträge im Beleg unleserlich. Berechne diese.
2. Bestimme die Belegart. Nenne zwei Fachbegriffe.
3. Gib den Adressaten des Belegs an.
4. Notiere den Betrag, den der Kunde an das Unternehmen AK-Bikes bezahlen muss.
5. Bilde den Buchungssatz für den vorliegenden Beleg.

Du bist Experte für Rücksendungen! **2/42**

Erstelle eine Mindmap, in der folgende Punkte berücksichtigt werden:

- drei Gründe für Rücksendungen durch den Kunden
- buchhalterische Erfassung von Rücksendungen (inkl. Fachbegriff)
- Begründung für die Umsatzsteuerkorrektur

Unterstütze die Auszubildende Julia bei der Bearbeitung folgender E-Mail: **2/43**

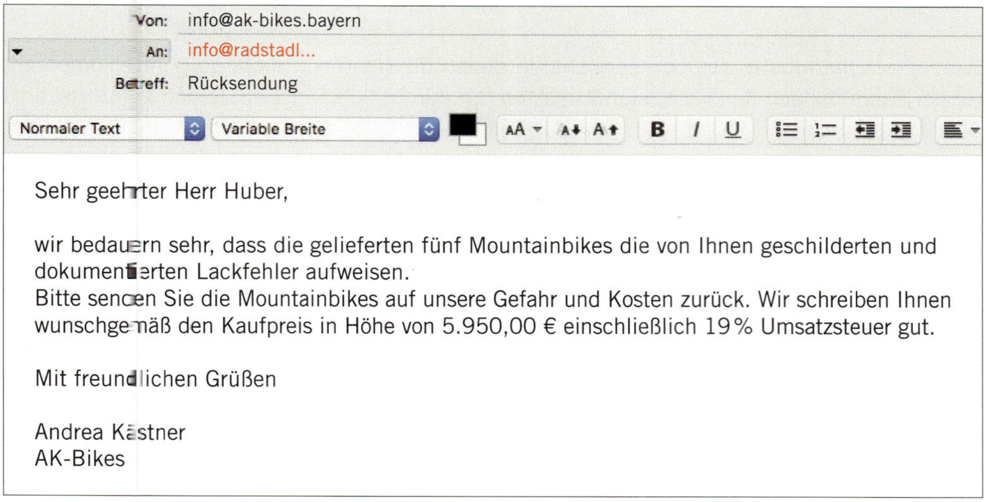

Sehr geehrter Herr Huber,

wir bedauern sehr, dass die gelieferten fünf Mountainbikes die von Ihnen geschilderten und dokumentierten Lackfehler aufweisen.
Bitte senden Sie die Mountainbikes auf unsere Gefahr und Kosten zurück. Wir schreiben Ihnen wunschgemäß den Kaufpreis in Höhe von 5.950,00 € einschließlich 19 % Umsatzsteuer gut.

Mit freundlichen Grüßen

Andrea Kästner
AK-Bikes

1. Bilde den Buchungssatz für die ursprüngliche Ausgangsrechnung.
2. Bilde den Buchungssatz für den vorliegenden Beleg.
3. Erkläre, warum es für AK-Bikes wichtig ist, die Gutschrift möglichst schnell dem Kunden Radstadl zu gewähren.

Der Praktikant soll in der Buchhaltung des Unternehmens AK-Bikes mit deiner Hilfe die Buchungssätze zu folgenden Geschäftsfällen bilden. **2/44**

1. Verkauf von zwei Mountainbikes „Xtreme“ auf Ziel, Listenpreis pro Stück, netto 2.800,00 € abzüglich 20 % Rabatt
2. Bankgutschrift des Rechnungsbetrags aus Geschäftsfall Nr. 1
3. Gutschrift in Höhe von 1.904,00 € brutto für die Rücksendung eines Mountainbikes durch den Kunden Bikepoint
4. Barkauf von Schrauben 25,00 € netto
5. Zielverkauf von 15 Mountainbikes zu je 1.200,00 € netto an den Kunden Bike-Fritz
6. Gutschrift von 3.600,00 € netto aufgrund der Rücksendung von drei Mountainbikes aus der Rechnung von Geschäftsfall Nr. 5 durch den Kunden Bike-Fritz
7. Kunde Bike-Fritz überweist den noch offenen Rechnungsbetrag aus Nr. 5 und 6 auf das Geschäftsbankkonto von AK-Bikes

2.7 KOMPETENZCHECK

Der Kompetenzcheck ist ein Fragebogen zur Selbsteinschätzung deiner im Unterricht erworbenen Kompetenzen. Hier geht es darum, dass du deine fachlichen Kompetenzen zum Lernbereich 2 (Beschaffung und Absatz) bewertest. Schätze dich selber ein. Gehe vom aktuellen Stand deiner Kompetenz aus. Drucke den Selbsteinschätzungsbogen aus (www.ak-bikes.bayern). Fülle diesen aus, indem du in jeder Zeile ehrlich einen Haken ✓ setzt. Die von dir bearbeiteten Anwendungsaufgaben helfen dir, dich richtig einzuschätzen.

 stimmt,  stimmt teilweise,  stimmt nicht.

Wiederhole die Inhalte des Lernbereichs, in denen du dich noch nicht so richtig kompetent fühlst. Führe danach den Kompetenzcheck erneut durch. So kannst du deinen Lernfortschritt überprüfen.

Ich kann ...	Lernbereich	Aufgaben
... Angebote zur Beschaffung von Werkstoffen auswerten und unter Anwendung des Einkaufskalkulationsschemas den Einstandspreis ermitteln, um das günstigste Angebot auszuwählen.	**2.1.1** **2.1.2**	2/1–2/8
... Eingangsrechnungen einschließlich der Berücksichtigung von Bezugskosten buchhalterisch erfassen.	**2.2.1** **2.2.2**	2/9–2/15
... Korrekturbuchungen aufgrund von Rücksendungen von Werkstoffen und Leihverpackung für Werkstoffe vornehmen.	**2.2.3** **2.2.4**	2/16–2/20
... Strategie und Wirkung ausgewählter preispolitischer Maßnahmen sowohl aus unternehmerischer als auch aus Verbrauchersicht erklären.	**2.3.1** **2.3.2**	2/21–2/26
... den Listenverkaufspreis unter Anwendung des Verkaufskalkulationsschemas ermitteln und Angebote für Fertigerzeugnisse erstellen.	**2.4.1**	2/27–2/33
... Kundenanfragen zu einem niedrigeren Verkaufspreis mittels Differenzkalkulation rechnerisch überprüfen und bewerten.	**2.4.2** **2.4.3**	2/34–2/37
... Ausgangsrechnungen buchhalterisch erfassen.	**2.5.1**	2/38–2/41
... Korrekturbuchungen aufgrund von Rücksendungen von Fertigerzeugnissen vornehmen.	**2.5.2**	2/42–2/44

2.8 ALLES KLAR!

Das Mountainbike-Modell „Adventure“ von AK-Bikes hat sich mittlerweile zu einem Bestseller entwickelt. In zwei Wochen soll die Fertigung mehrerer Aufträge anlaufen. In der Einkaufsabteilung werden die Vorbereitungen getroffen, damit die benötigten Werkstoffe dann zur Verfügung stehen.

Als Mitarbeiterin bzw. Mitarbeiter in der Abteilung Rechnungswesen des Unternehmens AK-Bikes hilfst du den drei Auszubildenden Julia, Riccardo und Max. Nutze dabei dein in Lernbereich 2 erworbenes Wissen.

1. Andrea Kästner liegt ein Angebot vor, von dem ein Ausschnitt abgebildet ist:

Mehring Carbon GmbH

Mehring Carbon GmbH, Burgkirchener Str. 1, 84489 Burghausen

Firma
Andrea Kästner Mountainbikes e. Kfr.
Stemsrieder Weg 50
85049 Ingolstadt

Mehring Carbon GmbH
Burgkirchener Str. 1
84489 Burghausen

Telefon: 08677 / 0756230
Telefax: 08677 / 0757020
E-Mail: service@mehring-carbon...
Internet: www.mehring-carbon...

Burghausen, 16. August 20..

Angebot 366/19

Sehr geehrte Frau Kästner,

wir beziehen uns auf Ihre telefonische Anfrage und senden Ihnen hiermit unser Angebot.

Kohlefaser-Matten / HT-Fasern
300 mm x 300 mm x 60 mm
Einzelpreis 65,00 €

Die Mindestabnahmemenge liegt bei 50 Stück.
Ab 100 Matten gewähren wir einen Rabatt von 10 %,
ab 200 Matten erhalten Sie 14 % Rabatt.

Die Lieferung erfolgt „frei Haus“. Die Kosten für die Leihverpackung betragen pauschal 80,00 € netto. Bei Zahlung innerhalb von 10 Tagen gewähren wir 4 % Skonto. Das Zahlungsziel beträgt 30 Tage.
Wir freuen uns sehr, falls Sie sich wieder für unser Angebot entscheiden.

Mit freundlichen Grüßen

Herbert Mehring
Mehring Carbon GmbH

1.1 Berechne den Einstandspreis für 250 Matten laut Angebot.

1.2 Der unten abgebildete Beleg liegt dir vor.

1.2.1 Begründe anhand von zwei Merkmalen, um welche Art von Beleg es sich aus der Sicht von AK-Bikes handelt.

1.2.2 Bilde den Buchungssatz zu dem Beleg.

Mehring Carbon GmbH

Mehring Carbon GmbH, Burgkirchener Str. 1, 84489 Burghausen

Firma
Andrea Kästner Mountainbikes e. Kfr.
Stamsrieder Weg 50
85049 Ingolstadt

Mehring Carbon GmbH
Burgkirchener Str. 1
84489 Burghausen

Telefon: 08677 / 0756230
Telefax: 08677 / 0757020
E-Mail: service@mehring-carbon...
Internet: www.mehring-carbon...

Burghausen, 02. September 20..

Rechnung Nr. 04013344/20..

Lieferdatum: 31.08.20..
Rechnungsdatum: 02.09.20..

Artikel	Menge	Einzelpreis	Gesamtpreis
Kohlefaser-Matten/ HAT Fasern 300 mm x 300 mm x 60 mm	250 Stk.	65,00 €	16.250,00 €
		14 % Rabatt	2.275,00 €
		Warenwert netto	13.975,00 €
		Leihverpackung	80,00 €
		Umsatzsteuer 19 %	2.670,45 €
		Rechnungsbetrag	**16.725,45 €**

Vielen Dank für Ihren Auftrag!

Zahlbar innerhalb von 30 Tagen nach Rechnungseingang.
Bei Bezahlung innerhalb von 10 Tagen gewähren wir 4 % Skonto.
Die Ware bleibt bis zur vollständigen Bezahlung unser Eigentum.

Bankverbindung: Salzachbank Burghausen
IBAN: DE72 7505 0000 7550 6200 30
BIC: SBNKDEF1RGB

Handelsregister Burghausen HRB 9510
USt-IdNr.: DE246104700
Steuernr.: 106/120/35670

Geschäftsführung:
Dr. Robert Biedermann

1.3 Richtig oder falsch? Verbessere falsche Aussagen zum Beleg und schreibe sie richtig auf.

A	Andrea Kästner muss den vorliegenden Beleg mindestens 7 Jahre lang aufbewahren.
B	Die Mehring GmbH gehört zu den Kapitalgesellschaften.
C	Die Angabe des Rechnungsdatums auf dem Beleg ist eine freiwillige Angelegenheit.
D	Der Skontoabzug ist nur für Andrea Kästner von Vorteil, da sie weniger bezahlen muss.
E	Da keine Transportkosten im Beleg berechnet werden, ist die Lieferbedingung „frei Haus“.
F	Leistet AK-Bikes zur Begleichung der Rechnung eine Anzahlung, so ist ab diesem Zeitpunkt Andrea Kästner die Eigentümerin der Kohlefaser-Matten.
G	Rechnungen müssen den Umsatzsteuerbetrag und den Umsatzsteuersatz ausweisen.

1.4 Folgende E-Mail geht bei Andrea Kästner ein. Bilde den notwendigen Buchungssatz.

Von: service@mehringcarbon...

An: info@ak-bikes.bayern

Betreff: Gutschrift Rechnung Nr. 04013344/20..

Normaler Text | Variable Breite | AA | A↓ | A↑ | B | I | U

Sehr geehrte Frau Kästner,

hiermit bestätigen wir Ihnen die Gutschrift von 2.795,00 € netto aufgrund der Rücksendung von 50 Carbon-Matten aus der Rechnung Nummer 04013344/20.. vom 02. September 20..

Wir entschuldigen uns für die Falschlieferung!

Mit freundlichen Grüßen

Paulina Mehring, Mehring Carbon GmbH

1.5 Andrea Kästner nutzt Online-Banking.

Donaubank Ingolstadt · Online-Banking — *Was suchen Sie?*

Auftragsart	Überweisung
Begünstigter	Mehring Carbon GmbH
IBAN	DE72 7505 0000 7550 6200 30
Betrag	13.399,40 €
Verwendungszweck	Ausgleich Rechnung NR. 04013344/20..
Ausführungsdatum	30.09.20..

Die Transaktion wurde erfolgreich durchgeführt.

Andrea Kästener Mountainbikes e. Kfr. · BIC: DBNKDEFF · IBAN: DE 72 7515 0080 4040 8080 20

1.5.1 Begründe rechnerisch, wie sich der Überweisungsbetrag ergibt.

1.5.2 Bilde den Buchungssatz für den Auftrag an die Donaubank Ingolstadt.

1.5.3 Beschreibe aus Sicht von AK-Bikes drei Vorteile des Online-Bankings.

2. Max legt dir folgende E-Mail zur Bearbeitung vor:

Von: info@bikeshop...
An: info@ak-bikes.bayern
Betreff: Anforderung Angebot

Normaler Text | Variable Breite

Sehr geehrte Frau Kästner,

bitte unterbreiten Sie mir ein Angebot über 10 Mountainbikes „Adventure" MB-A. Uns liegt ein Angebot eines Konkurrenzunternehmens in Höhe von 2.600,00 € je Mountainbike vor.

Da wir mit der Kaufabwicklung, der Kundenbetreuung und der Qualität Ihrer Produkte sehr zufrieden waren, würden wir auch in diesem Jahr gerne auf Ihre Produkte zurückgreifen.

Vielen Dank im Voraus.

Mit freundlichen Grüßen

Harald Stenger
Bikeshop GbR

Du erhältst noch weitere Informationen von Max:

Auflistung der Herstellungskosten pro Mountainbike:

- Carbon-Gewebe und sonstige Werkstoffe 1.132,30 €
- Strom, Wasser, weitere Betriebskosten 140,70 €
- Löhne und Gehälter 515,75 €
- Verwaltungskosten 180,00 €

2.1 Ermittle den Listenverkaufspreis für ein Mountainbike, wenn AK-Bikes mit 12 % Gewinn kalkuliert. Außerdem gewähren wir dem Kunden Bikeshop 2 % Skonto und 10 % Rabatt.

2.2 Verfasse eine E-Mail, in der du Bikeshop ein Angebot unterbreitest.

2.3 Bikeshop nimmt das Angebot an. Bilde den Buchungssatz für den Zielverkauf der Mountainbikes.

2.4 Auf das Geschäftsbankkonto von AK-Bikes überweist Kunde Bikeshop den Rechnungsbetrag. Bilde den Buchungssatz.

3. Für das Produkt „Adventure" soll eine neue Preisstrategie überlegt werden.

3.1 Begründe unter Nennung von zwei Aspekten, weshalb die Höhe des Preises von enormer Bedeutung ist.

3.2 Ein Mitarbeiter bei AK-Bikes regt an, dass der Listenpreis für „Adventure" auf 99 Euro enden soll (z. B. 2.599,00 €). Nenne den Fachbegriff für einen solchen Preis und erläutere, wie der Kollege auf diese Idee kommt.

3.3 Neben den Materialkosten für „Adventure" gibt es noch andere Faktoren, die in den Preis einfließen sollten. Nenne vier Beispiele.

Lösungen Selbstcheck-Aufgaben

2/2 – Lösung

A: Fremdbauteile
B: Rohstoffe
C: Betriebsstoffe
D: Hilfsstoffe
E: Betriebsstoffe
F: Fremdbauteile

2/10 – Lösung

1.

Listeneinkaufspreis	320,00 €	100,00 %	
– Liefererrabatt	48,00 €	15,00 %	
= Zieleinkaufspreis	272,00 €	85,00 %	100,00 %
– Liefererskonto	8,16 €		3,00 %
= Bareinkaufspreis	263,84 €		97,00 %
+ Bezugskosten	0,00 €		
= Einstandspreis	263,84 €		

2.

6020 AWH	272,00 €			
2600 VORST	51,68 €	an	4400 VE	323,68 €

2/24 – Lösung

A: falsch
B: richtig
C: richtig
D: falsch
E: richtig
F: richtig

2/30 – Lösung

1.

Selbstkostenpreis	750,00 €	100 %	
+ Gewinn	150,00 €	20 %	
= Barverkaufspreis	900,00 €	120 %	98 %
+ Kundenskonto	18,37 €		2 %
= Zielverkaufspreis	918,37 €	90 %	100 %
+ Kundenrabatt	102,04 €	10 %	
= Listenverkaufspreis	1.020,41 €	100 %	

2.

Selbstkostenpreis	572,00 €	100 %	
+ Gewinn	85,80 €	15 %	
= Barverkaufspreis	657,80 €	115 %	97 %
+ Kundenskonto	20,34 €		3 %
= Zielverkaufspreis	678,14 €	87,5 %	100 %
+ Kundenrabatt	96,88 €	12,5 %	
= Listenverkaufspreis	775,02 €	100,0 %	

3.

Selbstkostenpreis	2.800,00 €	100 %	
+ Gewinn	700,00 €	25 %	
= Barverkaufspreis	3.500,00 €	125 %	98 %
+ Kundenskonto	71,43 €		2 %
= Zielverkaufspreis	3.571,43 €	95 %	100 %
+ Kundenrabatt	187,97 €	5 %	
= Listenverkaufspreis	3.759,40 €	100 %	

ÜBER DIESE KOMPETENZEN VERFÜGST DU BALD:

- Anschaffungskosten ermitteln und buchhalterisch erfassen
- die Notwendigkeit von Abschreibungen begründen sowie deren Auswirkung erklären
- die Höhe der Abschreibung nach dem linearen Abschreibungsverfahren berechnen und buchhalterisch erfassen
- die Kreditaufnahme sowie den Schuldendienst darstellen
- die Kosten von Bankkrediten berechnen
- die Zinsrechnung im Kreditbereich anwenden und darauf aufbauend Finanzierungsentscheidungen treffen
- für die Aufnahme von Bankkrediten sowie für den Schuldendienst die Buchungssätze bilden
- eine Bankerkundung vorbereiten und auswerten

Lernbereich 3:

ANLAGEN UND FINANZIERUNG

3.1 BEDEUTUNG VON SACHANLAGEN

Riccardo begleitet den Betriebsleiter Herrn Graw in die Fertigungshalle.

MATTHIAS GRAW: Riccardo, ich möchte dir heute unsere neueste Errungenschaft in der Fertigung zeigen: die neue CNC-Fräse.

RICCARDO: Das ist ja eine beeindruckende Maschine. Warum wurde diese High-Tech-Anlage von AK-Bikes angeschafft?

MATTHIAS GRAW: Sie ersetzt eine alte Maschine, die nicht mehr auf dem modernsten Stand war. Aufgrund der guten Auftragslage können wir nun mehr Fahrräder produzieren.

RICCARDO: Das ist ja super. Hat die CNC-Maschine für die Herstellung der Mountainbikes noch weitere Vorteile?

MATTHIAS GRAW: Selbstverständlich! Mit ihr können wir die Ritzel für die Gangschaltung am Hinterrad noch präziser anfertigen, was uns Qualitätsvorteile verschafft.

RICCARDO: Hängt die Qualität der Mountainbikes nicht entscheidend von den verwendeten Werkstoffen ab?

MATTHIAS GRAW: Werkstoffe spielen im Fertigungsprozess eine wichtige Rolle, genauso wie gut ausgebildete Mitarbeiter, die ihr Fachwissen einbringen. Schließlich benötigen wir aber auch leistungsfähige Betriebsmittel wie Maschinen und Anlagen oder moderne Computersysteme.

Riccardo erinnert sich an die betrieblichen Produktionsfaktoren (4 Ms), welche die Voraussetzungen des Leistungserstellungsprozesses sind. Er erkennt, dass die CNC-Fräse ein wesentlicher Bestandteil dabei ist:

Betriebliche Produktionsfaktoren (4 Ms)

Menschliche Arbeitsleistung	Betriebsvermögen		Wissen/ Know-How
	Betriebsmittel	Werkstoffe	

Beispiele • ausführend • leitend • körperlich • geistig	**Beispiele** • CNC-Fräse • LKW für die Auslieferung • Gebäude	**Beispiele** • Aluminiumrohre • Gummireifen • Verbundstoffe	**Beispiele** • Fahrradbau • Produktionspläne • Produktionsverfahren • Vertriebswege
Mensch	**M**aschine	**M**aterial	**M**ethode 3/1 3/2

Nimmt AK-Bikes als Unternehmen Geld in die Hand und kauft damit neue Sachanlagen, so spricht man auch von **Investition**. Die Anschaffung der CNC-Maschine zeigt, dass Unternehmen mit ihren Investitionen bestimmte Absichten verfolgen.

RICCARDO: Erklären Sie mir bitte die drei Investitionsarten genauer.

MATTHIAS GRAW: Bei einer **Erweiterungsinvestition** versucht AK-Bikes die Menge der zu produzierenden Mountainbikes mit leistungsfähigeren oder mit mehr Maschinen zu steigern. Durch eine **Ersatzinvestition** werden dagegen abgenutzte und veraltete Anlagen durch neue ausgetauscht, wie bei der CNC-Fräse. Mit einer **Rationalisierungsinvestition** beabsichtigt AK-Bikes Kosten zu sparen, indem aufgrund technisch fortschrittlicher Maschinen ein Personalabbau möglich wird. 3/3

3.2 KAUF VON SACHANLAGEN

3.2.1 ANSCHAFFUNGSKOSTEN

Für den Kauf der CNC-Fräse liegt AK-Bikes der folgende Belegauszug vor. Riccardo bespricht sich mit seinem Mitauszubildenden Max.

Bayerische Maschinenbau AG

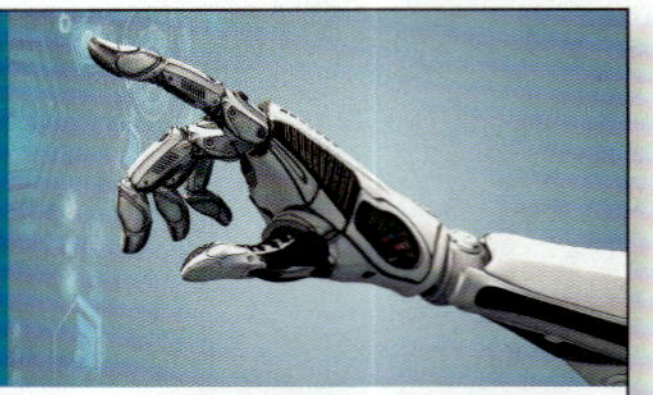

Bayerische Maschinenbau AG – Industriestraße 12 – 86899 Landsberg

Bayerische Maschinenbau AG
Industriestraße 12
86899 Landsberg

Telefon: 08191 03728
Telefax: 08191 03700
E-Mail: info@maschinenbau...
Internet: www.maschinenbau...

Firma
Andrea Kästner Mountainbikes e. Kfr.
Stamsrieder Weg 50
85049 Ingolstadt

Landsberg, 10.01.20..

Rechnung Nr. 81238

Für die Lieferung am 09.01.20.. stellen wir Ihnen in Rechnung:

Position	Art-Nummer	Bezeichnung	Gesamtpreis in €
1	7471-92348	CNC-Fräse X71 (inkl. Aufstellung/Einrichtung)	98.000,00

Netto	USt (19 %)	Rechnungsbetrag
98.000,00 €	18.620,00 €	**116.620,00 €**

Vielen Dank für Ihren Auftrag. Zahlbar innerhalb von 60 Tagen rein netto.
Bis zur vollständigen Bezahlung bleibt die Ware Eigentum der Maschinenbau AG.

Bankverbindung:
Sparbank Landsberg

IBAN: DE82 8117 9000 0027 7726 27
BIC: SPXXDELL

Amtsgericht Landsberg
HRB 8271

Vorstandsvorsitzender:
Dr. Tibor Mallert

Aufsichtsrat:
Joe McGrey

USt-IdNr.: DE9284061
Steuernr.: 615/269/73625

RICCARDO: Dieser Beleg ist eine Eingangsrechnung. Diesmal haben wir jedoch keine Werkstoffe, sondern ein Sachanlagegut gekauft.

MAX: Stimmt! Aus diesem Grund wird der in der Rechnung ausgewiesene Netto-Betrag von 98.000,00 € als **Anschaffungskosten** bezeichnet.

RICCARDO: Das haben wir neulich auch in der Berufsschule behandelt. Dazu haben wir im Handelsgesetzbuch den § 255 besprochen.

MAX: Wir sollten den genauen Wortlaut des Paragraphen nochmals nachlesen. Ich recherchiere schnell auf meinem Smartphone.

RICCARDO: Auch wenn im HGB von Aufwendungen die Rede ist, so sind die Anschaffungskosten stets im entsprechenden Sachanlagenkonto der Kontenklasse 0 zu **aktivieren**. Der Fachbegriff kommt daher, weil es sich bei einem Anlagenkonto um ein aktives Bestandskonto handelt.

MAX: Richtig! Beachte, dass die berechnete Umsatzsteuer nicht zu den Anschaffungskosten zählt, da diese AK-Bikes als Unternehmen vom Finanzamt zurückfordern kann.

RICCARDO: Also werden die Anschaffungskosten im Sachanlagenkonto immer als Nettobetrag gebucht.

3/4

3.2.2 BUCHUNG DES KAUFS

MAX: Jetzt müssen wir den Beleg noch buchhalterisch erfassen.

RICCARDO: Kein Problem: Die Anschaffungskosten von 98.000,00 € werden im Soll des Kontos 0700 MA gebucht, da die CNC-Fräse den Maschinen und Anlagen zugeordnet werden kann. Dazu kommt noch wie bei jedem Kauf im Konto 2600 VORST die Umsatzsteuer.

MAX: Als Gegenkonto im Haben benötigen wir 4400 VE, da eine noch nicht gezahlte Rechnung vorliegt.

Riccardo formuliert den **Geschäftsfall**:
Eingangsrechnung der CNC-Fräsmaschine, Anschaffungskosten 98.000,00 € netto

Max bildet den **Buchungssatz**: 3/5

0700 MA	98.000,00 €			
2600 VORST	18.620,00 €	an	4400 VE	116.620,00 €

3/6

3.2.3 INVENTARISIERUNG MIT DER ANLAGENKARTE

SELMA DEMIRCI: Mit der Buchung der Eingangsrechnung ist die Bearbeitung der Anschaffung der CNC-Fräse längst nicht abgeschlossen. Für jeden Anlagegegenstand ist noch eine sogenannte Anlagenkarte zu erstellen, welche sowohl digital in der Anlagenkartei gespeichert als auch in Papierform in einem Ordnersystem geführt wird.

RICCARDO: Das ist ja ein hoher Verwaltungsaufwand, der für Sachanlagen zu leisten ist.

SELMA DEMIRCI: Ich drucke dir die Anlagenkarte für die CNC-Fräse aus. Dann wird dir klar, dass das Dokument wichtig für uns ist, weil es eine Menge an Informationen für die Inventarisierung enthält.

Anlagenkarte	**Inventar-Nr.:**	**AK-Bikes**	
	92348	AK-Bikes, Stamsrieder Weg 50, 85049 Ingolstadt	
Bezeichnung:	CNC-Fräse X71	**Gewährleistung:**	2 Jahre
Anlagenkonto:	0700 MA	**Anschaffungsdatum:**	10.01.20..
Lieferer:	Bayerische Maschinenbau AG, Industriestraße 12, 86899 Landsberg		
Anschaffungskosten:	98.000,00 €	**Versicherungsdaten:**	
Nutzungsdauer:	7 Jahre	Versicherung:	Insurance AG
		Versicherungsnummer:	9147981234
		Ansprechpartner:	Herr Heisterkam
		Tel.:	08123/234812
Jahr	**Wertminderung/Abschreibung pro Jahr**		**Restbuchwert 31.12.**
...	...		...
...	...		...

Riccardo hat bei der Durchsicht der Anlagenkartei verstanden, dass Sachanlagen wie Maschinen und Anlagen die Grundlage für die Herstellung von Mountainbikes sind. Deshalb wird über ihren Zustand genauestens Buch geführt. Für die Berufsschule notiert er sich:

3/7 **Wichtige Bestandteile einer Anlagenkarte:**

3/8 Anlagegegenstand, Anlagenkonto, Anschaffungsdatum,
3/9 Anschaffungskosten, Nutzungsdauer, Wertminderung pro Jahr

3.3 WERTMINDERUNG UND ABSCHREIBUNG

3.3.1 GRÜNDE FÜR WERTMINDERUNGEN

ANDREA KÄSTNER: Riccardo, du kommst doch jeden Tag mit deinem Roller zur Arbeit. Hast du vor, demnächst auf ein Auto umzusteigen? Schließlich wirst du bald 18.

RICCARDO: Na klar, den Führerschein habe ich schon. Deshalb überlege ich, den Roller zu verkaufen. Den hatte ich mir von meiner Ausbildungsvergütung im ersten Lehrjahr neu gekauft. Mein Vater meint aber, dass ich für den Roller beim Verkauf viel weniger Geld bekommen würde als beim Kauf.

ANDREA KÄSTNER: Stimmt! Und das liegt an der **Wertminderung**. Auch unsere Sachanlagen unterliegen einer Wertminderung. Dafür gibt es unterschiedliche Gründe.

GRÜNDE FÜR DIE WERTMINDERUNG		

Natürlicher Verschleiß	**Neuerungen**	**Außerordentliche Umstände**
• Alterung durch Verwitterung oder Rosten • Abnutzung durch Gebrauch	• Technischer Fortschritt und Erfindungen (z. B. Tablet-PCs) • Neue Gesetze (z. B. Umweltauflagen für Maschinen)	• Unfälle • Schäden durch Wetterextreme (Überschwemmung, Blitzeinschlag, Hagel, ...) • Diebstahl
↓ Die Gebrauchstüchtigkeit des Anlagegutes sinkt und die Qualität der Produktionsleistung lässt nach. Eine neue Anlage ist leistungsfähiger, sodass eine weitere Nutzung des alten Sachanlageguts aus Kostengründen nicht mehr sinnvoll ist. Daher werden alte Anlagegüter durch neue ersetzt.		↓ Es können Versicherungen abgeschlossen werden, welche im Schadensfall die Instandsetzung bzw. den Ersatz übernehmen.

Für Wertminderungen ist außerdem folgende Unterscheidung wichtig:

abnutzbare Anlagegüter	**nicht abnutzbare Anlagegüter**
→ unterliegen einer ständigen Wertminderung	→ behalten ihren Wert
Betriebs- und Verwaltungsgebäude, Maschinen und Anlagen, Fuhrpark, Büromaschinen sowie Büromöbel und Geschäftsausstattung	Grundstücke

3/10
3/11
3/12

3.3.2 LINEARES ABSCHREIBUNGSVERFAHREN

MAX: Die Wertminderung der Sachanlagen muss von den Kaufleuten in der Buchhaltung auch von Gesetzes wegen berücksichtigt werden.

RICCARDO: Ich nehme an, dies ist wiederum im Handelsgesetzbuch geregelt.

MAX: Nicht nur das HGB, sondern auch das Einkommensteuergesetz gibt uns dafür die rechtlichen Regelungen vor.

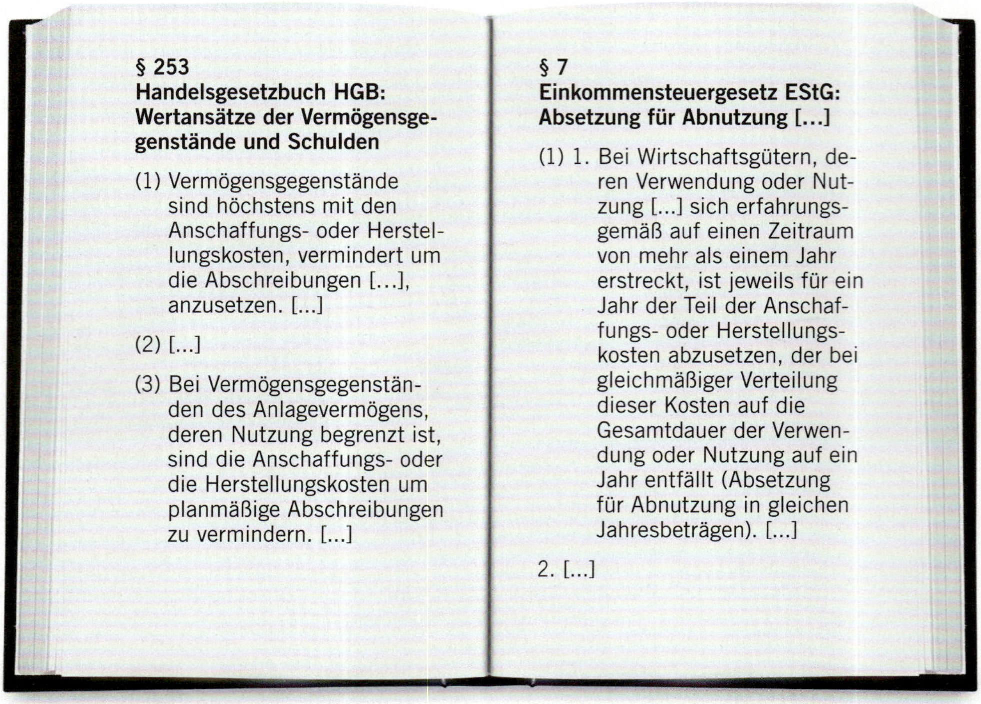

§ 253
Handelsgesetzbuch HGB: Wertansätze der Vermögensgegenstände und Schulden

(1) Vermögensgegenstände sind höchstens mit den Anschaffungs- oder Herstellungskosten, vermindert um die Abschreibungen [...], anzusetzen. [...]

(2) [...]

(3) Bei Vermögensgegenständen des Anlagevermögens, deren Nutzung begrenzt ist, sind die Anschaffungs- oder die Herstellungskosten um planmäßige Abschreibungen zu vermindern. [...]

§ 7
Einkommensteuergesetz EStG: Absetzung für Abnutzung [...]

(1) 1. Bei Wirtschaftsgütern, deren Verwendung oder Nutzung [...] sich erfahrungsgemäß auf einen Zeitraum von mehr als einem Jahr erstreckt, ist jeweils für ein Jahr der Teil der Anschaffungs- oder Herstellungskosten abzusetzen, der bei gleichmäßiger Verteilung dieser Kosten auf die Gesamtdauer der Verwendung oder Nutzung auf ein Jahr entfällt (Absetzung für Abnutzung in gleichen Jahresbeträgen). [...]

2. [...]

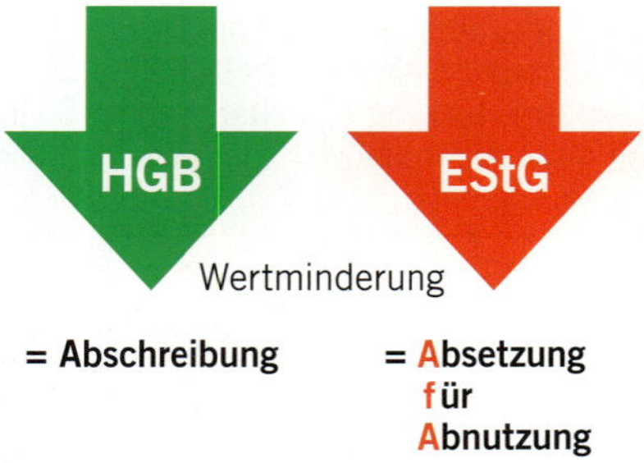

Regelungen aus dem Handels- und Steuerrecht:

- Planmäßige Abschreibungen verringern den Wert eines Anlagegegenstandes.

3/13 - Für die Berechnung der Abschreibung werden die Anschaffungskosten auf die Nutzungsjahre verteilt.

RICCARDO: Wie berechnen sich denn nun die Abschreibungsbeträge beispielsweise für unsere neue CNC-Fräse?

MAX: Das ist im § 7 des Einkommensteuergesetzes genau beschrieben.

RICCARDO: Die Fachsprache der Juristen lässt sich aber nicht so leicht verstehen. Max, erkläre mir doch in einfachen Worten das Verfahren.

MAX: Für jede Sachanlage müssen wir zuerst die Anschaffungskosten und die geplante Nutzungsdauer kennen. Bei der Anschaffung eines Anlageguts legt AK-Bikes die voraussichtliche Nutzungsdauer fest. In der Praxis ist das eine Schätzgröße. Grundlage dafür sind die Abschreibungstabellen (AfA-Tabellen) der Finanzverwaltung.

RICCARDO: Sowohl die Anschaffungskosten von 98.000,00 € als auch die Nutzungsdauer von 7 Jahren habe ich der Anlagenkarte für die CNC-Fräse entnommen.

MAX: Jetzt können wir den jährlichen Abschreibungsbetrag berechnen, indem wir die Anschaffungskosten von 98.000,00 € durch die 7 Jahre teilen.

RICCARDO: Es ergibt sich eine Wertminderung von 14.000,00 € pro Jahr.

MAX: Weil die jährlichen Abschreibungsbeträge immer gleich hoch sind und die Wertminderung somit gleichmäßig erfolgt, spricht man auch vom **linearen Abschreibungsverfahren**. Den Abschreibungsverlauf für die CNC-Fräse habe ich dir im folgenden Schaubild dargestellt.

Abschreibungsbetrag in € $= \frac{\text{Anschaffungskosten}}{\text{Nutzungsdauer}}$ → $\frac{98.000,00}{7} = 14.000,00$

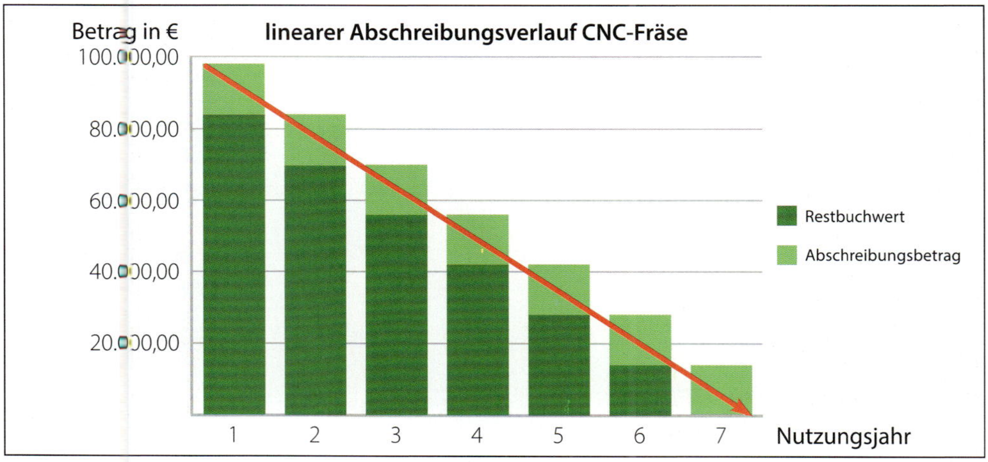

Riccardo betrachtet das Schaubild genau und macht sich folgende Notizen:

Merkmale der linearen Abschreibung

- Abschreibung erfolgt von den Anschaffungskosten
- jährlich gleichbleibende Abschreibungsbeträge
- Buchwert sinkt gleichmäßig auf 0,00 €

3/14
3/15
3/16
3/17
3/18

3.3.3 BUCHUNG DER ABSCHREIBUNG

Am 31.12. findet Riccardo folgende E-Mail in seinem Posteingang:

Von: selma.demirci@ak-bikes.bayern
An: riccardo.fontana@ak-bikes.bayern
Betreff: Buchung Abschreibungen

Normaler Text | Variable Breite

Guten Morgen Riccardo,

leider habe ich einen grippalen Infekt erlitten, sodass ich heute nicht zur Arbeit kommen kann. Daher bitte ich dich, die Abschreibung für die zu Jahresbeginn angeschaffte CNC-Fräse buchhalterisch zu erfassen. Folgende Angaben sollen dir dabei helfen:

CNC-Fräse
Buchwert am Jahresanfang: 98.000,00 €
Abschreibungsbetrag: 14.000,00 €

Solltest du Fragen haben, so kann dir Max bestimmt weiterhelfen.

Vielen Dank!
Einen guten Rutsch ins neue Jahr wünscht

Selma Demirci

RICCARDO: Frau Demirci hat mich beauftragt, die Abschreibung für die CNC-Fräse zu buchen.

MAX: Dazu brauchst du ein neues Konto.

RICCARDO: Eine Abschreibung führt zu einem Wertverlust. Ich benötige also ein Aufwandskonto.

MAX: Korrekt! Es ist das Konto 6520 Abschreibungen auf Sachanlagen, das im Soll zu buchen ist.

RICCARDO: Das Konto 0700 MA ist das Gegenkonto im Haben, denn der Wert der CNC-Fräse verringert sich am 31.12. um 14.000,00 € auf 84.000,00 €.

MAX: Oder anders gesagt: Wertminderungen von Maschinen werden im aktiven Bestandskonto 0700 MA im Haben erfasst.

RICCARDO: Man setzt den Wert durch die Abschreibung sozusagen „herunter".

Riccardo **bildet den Buchungssatz zur Erfassung der Wertminderung für die CNC-Fräse für das 1. Nutzungsjahr (vorbereitende Abschlussbuchung):**

6520 ABSA	14.000,00 €	an	**0700 MA**	14.000,00 €

MAX: Riccardo, lass uns die Wertminderung der CNC-Fräse im Konto 0700 MA genauer betrachten.

RICCARDO: Die CNC-Fräse hatte am Jahresanfang einen Wert in Höhe der Anschaffungskosten von 98.000,00 €.

MAX: Und jetzt erfolgt am 31.12. die Abschreibung in Höhe von 14.000,00 €.

RICCARDO: Das bedeutet, dass die CNC-Fräse durch die Wertminderung nur noch mit 84.000,00 € in der Schlussbilanz erfasst wird. Ihr Buchwert hat sich verringert.

Anschaffungsjahr (1. Nutzungsjahr):

S **0700 MA** H

S		H	
10.01. VE	98.000,00 €	31.12. ABSA	14.000,00 €
		31.12. SBK	84.000,00 €
	98.000,00 €		98.000,00 €

S **6520 ABSA** H

S		H	
31.12. MA	14.000,00 €	31.12. GUV	14.000,00 €
	14.000,00 €		14.000,00 €

Die CNC-Fräse steht nach einem Jahr Nutzung und nach erfolgter Abschreibung noch mit einem Restbuchwert von 84.000,00 € in der Bilanz.

S **8010 SBK** H

S		H	
31.12. MA	84.000,00 €		

S **8020 GUV** H

S		H	
31.12. ABSA	14.000,00 €		

Max bildet die Buchungssätze zum Abschluss der Konten 6520 ABSA und 0700 MA im 1. Nutzungsjahr (Hauptabschlussbuchungen) zum 31.12.:

8020 GUV	14.000,00 €	an	**6520 ABSA**	14.000,00 €
8010 SBK	84.000,00 €	an	**0700 MA**	84.000,00 €

RICCARDO: Und was passiert am Ende des 7. und letzten Nutzungsjahres?

MAX: Die CNC-Fräse hätte einen Restbuchwert von 0,00 €. Sie würde aus dem Betriebsvermögen genommen und durch eine neue Maschine ersetzt werden.

7. und letztes Nutzungsjahr:

S **0700 MA** H

S		H	
01.01. AB	14.000,00 €	31.12. ABSA	14.000,00 €

Die letztmalige Abschreibung führt dazu, dass der Restbuchwert der CNC-Fräse 0,00 € beträgt.

3/19
3/20
3/21
3/22

3.3.4 AUSWIRKUNGEN DER ABSCHREIBUNG

Die Selbstfinanzierung über den Abschreibungskreislauf

RICCARDO: Frau Kästner, mich interessiert, wie Ihr Unternehmen die Anschaffung der neuen CNC-Fräse finanziert hat.

ANDREA KÄSTNER: Aufgrund von Erfahrungswerten weiß ich, dass eine CNC-Fräse alle sieben Jahre ausgetauscht werden muss. In diesen sieben Jahren müssen wir die Anschaffungskosten über den Verkauf der Mountainbikes wieder hereinholen.

RICCARDO: Erklären Sie mir das bitte genauer.

ANDREA KÄSTNER: Schreibe dazu das dir bekannte Schema der Verkaufskalkulation auf.

Selbstkostenpreis
+ Gewinn
= Barverkaufspreis
+ Kundenskonto
= Zielverkaufspreis
+ Kundenrabatt
= Listenverkaufspreis

RICCARDO: In den Selbstkostenpreis eines Fahrrades werden die Kosten für Werkstoffe oder Löhne einkalkuliert.

ANDREA KÄSTNER: Richtig. Aber auch die Wertminderung unserer Sachanlagen wird in den Selbstkosten erfasst.

RICCARDO: Aha! Mit dem Verkauf eines jeden Fahrrads nimmt AK-Bikes durch die Umsatzerlöse einige Euro für die Abschreibung aller Sachanlagen ein.

ANDREA KÄSTNER: Dieses Geld wird angespart. Somit stehen nach sieben Jahren genügend flüssige Mittel zur Verfügung, um die alte CNC-Fräse durch eine neue zu ersetzen. Der Abschreibungskreislauf verdeutlicht dieses Prinzip. Ziel ist die **Selbstfinanzierung**, um die betriebliche Leistungserstellung durch die Sachanlagen sicherzustellen (**= Substanzerhaltung**). Eine Kreditaufnahme (= **Fremdfinanzierung**) soll somit vermieden werden.

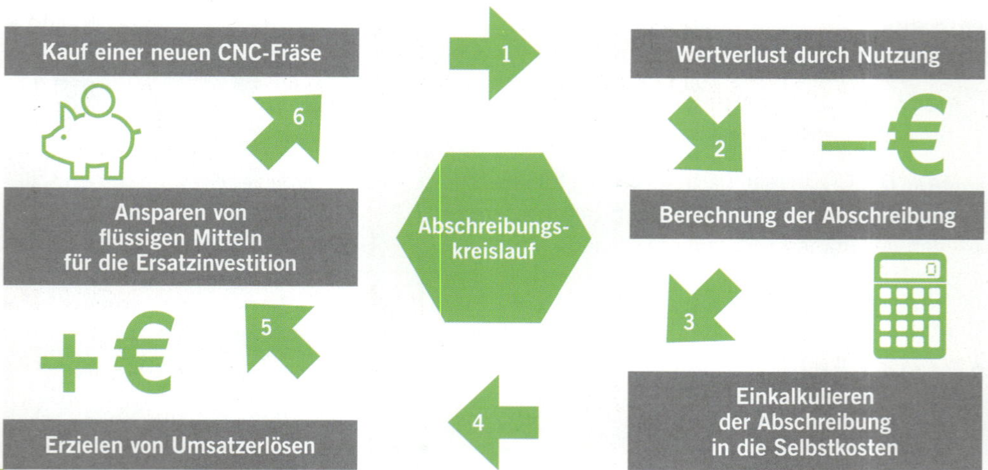

3/23
3/24
3/25

Steuerersparnis

Im Berufsschulunterricht erfährt Riccardo Genaueres über die Auswirkung der Abschreibung in steuerlicher Hinsicht:

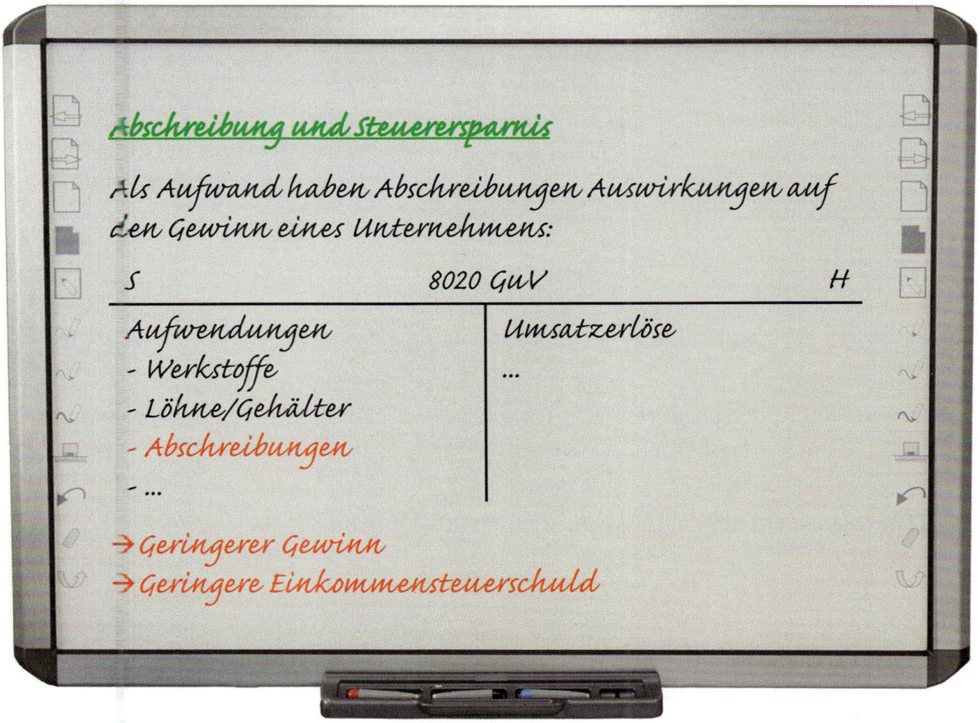

3.4 FINANZIERUNG

3.4.1 ZUSAMMENHANG INVESTITION UND FINANZIERUNG

RICCARDO: Frau Demirci, lassen sich die gesamten Investitionen von AK-Bikes durch Abschreibung finanzieren?

SELMA DEMIRCI: Leider ist dies nur bei Ersatzbeschaffungen möglich. Für andere Investitionszwecke oder zum Einkauf der Werkstoffe müssen **Finanzmittel** im Unternehmen vorhanden sein. Oftmals können diese nicht durch eigene Mittel in Form der **Eigenfinanzierung** zur Verfügung gestellt werden.

JULIA: Was sind Finanzmittel?

SELMA DEMIRCI: Finanzmittel können Bargeld, Bankguthaben oder ein Bankkredit sein. Es ist die Hauptaufgabe der **Finanzierung** finanzielle Mittel, also Kapital, bereitzustellen.

MAX: Aus der Berufsschule weiß ich: Kommen diese Finanzmittel von außerhalb des Unternehmens, z. B. durch Kredite von Banken, so bezeichnet man dies als **Fremdfinanzierung**.

SELMA DEMIRCI: Super Max, das hast du dir gut gemerkt!

Frau Demirci erklärt, dass **Investition** und **Finanzierung** zwei wichtige Teilbereiche der Betriebswirtschaftslehre (Finanzwirtschaft) sind, die zwar unterschiedliche Aufgaben erfüllen, jedoch eng miteinander zusammenhängen.

Die beiden Begriffe müssen klar voneinander abgegrenzt werden. Eine Investition stellt die Verwendung finanzieller Mittel im Unternehmen dar. **Die Finanzierung beschäftigt sich mit der Mittelherkunft.** Investition und Finanzierung stehen sich im Unternehmen somit spiegelbildlich gegenüber. Dies wird auch in der Bilanz des Unternehmens deutlich. Nur die Aktivseite zeigt die Mittelverwendung oder Investierung und die Passivseite die Mittelherkunft oder Finanzierung. Den Zusammenhang hat Max auf seinem Computer wie folgt dargestellt.

Zur Finanzierung von Investitionen (Fahrzeuge, Maschinen ...) und des laufenden Geschäftsbetriebes (Einkäufe von Werkstoffen ...) muss von Andrea Kästner das notwendige Kapital bereitgestellt werden. **Kapitalbeschaffung** (Finanzierung) ist kein einmaliger Vorgang, der nur bei der Gründung von AK-Bikes erforderlich war, sondern eine laufende Tätigkeit.

Wichtig ist die Sicherung der **Liquidität**. Dies ist die Fähigkeit, alle Zahlungsverpflichtungen termingerecht erfüllen zu können. Ist ein Unternehmen dazu nicht mehr in der Lage, bedeutet dies meist das Ende des Unternehmens.

AK-Bikes kann seine **Finanzierungsmaßnahmen** auf zwei Arten vornehmen:

EIGENFINANZIERUNG

Kapital wird von Andrea Kästner **selbst aufgebracht**

↓

Bereitstellung eigener Mittel

↓

Finanzierung durch Eigenkapital (keine Schuldenbildung)

FREMDFINANZIERUNG

Kapital wird AK-Bikes **von außen** zugeführt

↓

Kreditaufnahme bei Banken

↓

Finanzierung durch Fremdkapital (Schuldenbildung)

3/27

3.4.2 KREDITAUFNAHME UND SCHULDENDIENST

SELMA DEMIRCI: Zur Finanzierung der anstehenden Projekte müssen wir auch auf fremde Mittel zurückgreifen.

MAX: Dazu ist es erforderlich, Kontakt mit einer Bank aufzunehmen.

SELMA DEMIRCI: Korrekt, erster Ansprechpartner bei der Fremdfinanzierung ist unsere Hausbank, die Donaubank Ingolstadt.

Selma Demirci erläutert den Auszubildenden, dass ein Kredit die **zeitweilige Überlassung von Geld** (oder Sachgütern) ist. Dabei vertraut der Kreditgeber (Gläubiger) darauf, dass Andrea Kästner als Kreditnehmerin (Schuldnerin) den Kredit (von lat. „credere“ = vertrauen) zum vereinbarten Zeitpunkt zurückbezahlt. Andrea Kästner muss dem Kreditgeber für die zeitliche Überlassung des Geldes als Entgelt Zinsen (= Preis) zahlen. Diese werden als **Sollzinsen** bezeichnet. Für Guthaben erhält AK-Bikes vom Kreditinstitut **Habenzinsen**. Je nach Kreditart und Laufzeit variieren Zinsen und Rückzahlungsbedingungen. Im Rechnungswesen unterscheidet man zwischen **kurzfristigen Krediten** (Laufzeiten bis zu einem Jahr) und **langfristigen Krediten** (Laufzeiten über einem Jahr). Insbesondere die Banken sind Kreditgeber für AK-Bikes.

Die Bezeichnung **Kredit** gegenüber **Darlehen** ist der umfassendere Begriff für die Beschaffung von Fremdkapital. Das Darlehen ist eine Unterform des Kredits. Es bezieht sich in der Regel auf Kredite mit höheren Beträgen und längeren Laufzeiten im Vergleich zu Krediten, die meist kurzfristig aufgenommen werden.

DARLEHENSVERTRAG	Donaubank Ingolstadt
Darlehensnehmer	**AK-Bikes, Andrea Kästner Mountainbikes e. Kfr.**
Vertragsnummer	**0123456789**
Ihr Darlehensantrag vom	**05.01.20..**
Darlehensgeber	**Donaubank Ingolstadt** Goldene Gasse 25–29 85049 Ingolstadt Telefon: 0841/19283-0 Telefax: 0841/19283-999 Internet: www.donaubank-ingolstadt... E-Mail: info@donaubank-ingolstadt...
Darlehensnehmer und Bank schließen folgenden Vertrag:	
Verwendungszweck	**Kauf eines Schweißroboters**
Laufzeit	01.02.20..–30.11.20..
Darlehensbetrag	50.000,00 €
Sollzinssatz fest (Nominalzinssatz)	3,85 % p. a.
Auszahlung	100 %
Schuldendienst	zum jeweils 1. eines Monats zu leisten

Die Kreditaufnahme wird bei Banken schriftlich im **Kreditvertrag** geregelt. Vor Kreditgewährung muss Andrea Kästner einen Kreditantrag stellen, wobei das Kreditinstitut zwei Voraussetzungen prüft:

- Die **Kreditfähigkeit** ist die rechtliche Fähigkeit einen Kreditvertrag zu schließen. Diese wird durch die Geschäftsfähigkeit mit Vollendung des 18. Lebensjahres erreicht.
- Die **Kreditwürdigkeit** gibt Auskunft darüber, ob Andrea Kästner in der Lage ist, einen Kredit zurückzuzahlen. Dabei werden sachlich die GUV-Rechnung und die Bilanz von AK-Bikes geprüft, aber auch Persönliches wie Vertrauenswürdigkeit sowie die fachliche Qualifikation von Andrea Kästner.

Kreditinstitute holen bei der Prüfung auch Informationen von **Wirtschaftsauskunfteien** ein, die wirtschaftsrelevante Daten sammeln und weitergeben, z. B.:

schufa

Speicherung von Daten zu:
- 67,7 Millionen Verbrauchern
- 6 Millionen Unternehmen

SCHUFA ist die Abkürzung für **„Schutzgemeinschaft für allgemeine Kreditsicherung"**. Sie arbeitet nach dem Prinzip der **Gegenseitigkeit**: Vertragspartner tauschen über die Schufa Daten zum bisherigen Kreditverhalten von Verbrauchern aus. Diese müssen nach Art. 13/Art. 14 Datenschutz-Grundverordnung darüber informiert werden.

Kerngeschäft der SCHUFA ist es, kreditrelevante Informationen zu Privatpersonen und Unternehmen bereitzustellen. Dazu verarbeitet sie verschiedene Kategorien **personenbezogener Daten** (**Personendaten**, **Zahlungsverhalten** und **Vertragstreue**).

In der Regel fordern die Kreditinstitute von AK-Bikes auch **Sicherheiten**:

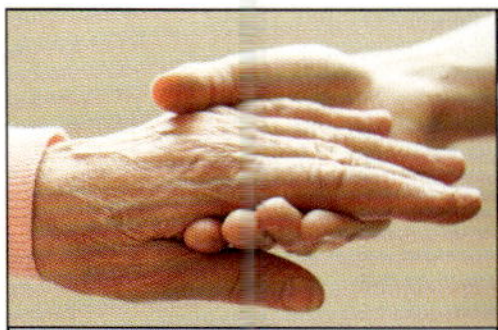			
Bürgschaft: Verpflichtung, für die Schulden eines Dritten gegenüber dessen Gläubiger einzustehen	**Zession:** Forderungen des Schuldners (z. B. Lohn/Gehalt) werden an den Gläubiger abgetreten	**Sicherungsübereignung:** Eigentum an beweglichen Sachen wird dem Gläubiger übertragen	**Grundschuld:** Belastung eines Grundstücks mit einer Geldsumme, die aus dem Grundstück zu zahlen ist

Schuldendienst

SELMA DEMIRCI: In unserem Kreditvertrag ist auch der **Schuldendienst** geregelt.

JULIA: Was ist damit genau gemeint?

MAX: Der Schuldendienst besteht aus zwei Vorgängen: Der **Tilgung** (**= Rückzahlung**) des Kredites während oder am Ende der Laufzeit sowie der Zahlung der **Zinsen** (**Sollzinsen**).

Kreditinstitut (Kreditgeber, Gläubiger) — **Kredit bzw. Darlehen** → **AK-Bikes** (Kreditnehmer, Schuldner) 3/28

← **Zinsen**
← **Tilgung** 3/29
Schuldendienst 3/30

3.5 ZINSRECHNUNG IM KREDITBEREICH

3.5.1 BERECHNUNGEN MIT DER ZINSFORMEL

SELMA DEMIRCI: Heute habe ich folgendes Kreditangebot im Internet entdeckt.

MAX: Klingt interessant. Allerdings müssen wir zunächst den Preis, nämlich die Zinsen, für das Angebot berechnen.

JULIA: Der Preis beträgt 4,75 %. Das bekomme ich mit der Prozentrechnung hin. Die Zinsen müssten 2.850,00 € betragen.

RICCARDO: Vorsicht! Der für die Verzinsung angegebene Zinssatz bezieht sich immer auf ein Jahr. Der Zusatz „p. a." bedeutet per annum (jährlich) bzw. per anno (für das Jahr). Somit würde deine Prozentrechnung nur zutreffen, wenn die Laufzeit genau ein Jahr beträgt.

MAX: Die Laufzeit für den Kredit ist aber wesentlich kürzer.

ANDREA KÄSTNER: Wir müssen die Zeit berücksichtigen und deshalb mit der Zinsrechnung arbeiten. Diese ist eine um die Zeit erweiterte Prozentrechnung. Zu den drei Rechengrößen der Prozentrechnung kommt die Größe Zeit (Zahl der Tage) als vierte Rechengröße hinzu.

Vergleich: Rechengrößen der Prozentrechnung und der Zinsrechnung

Prozentrechnung	Grundwert (GW)	Prozentsatz (PS)	Prozentwert (PW)	%
	↓	↓	↓	
Zinsrechnung	**Kapital (K)**	**Zinssatz (p)**	**Zinsen (Z)**	**Zeit (t)**

Deutsche Zinsmethode – Berechnung der Zinstage (Laufzeit)

Riccardo informiert Julia zunächst darüber, dass die Zinsen mit der deutschen (kaufmännischen) Zinsmethode ermittelt werden. Für seine Mitauszubildende hat Riccardo auf dem Flipchart die wichtigsten Informationen zur deutschen Zinstageberechnung dargestellt:

Mit Hilfe der folgenden Beispiele verdeutlicht Riccardo die **Berechnung der Zinstage** für Julia:

- **01.01. bis 01.04.**
  29 (Jan) + 30 (Feb) + 30 (Mär) + 1 (Apr) = **90 Tage**
- **04.06. bis 31.10.**
  26 (Jun) + 30 (Jul) + 30 (Aug) + 30 (Sep) + 30 (Okt) = **146 Tage**
- **01.11. bis 28.02.**
  29 (Nov) + 30 (Dez) + 30 (Jan) + 28 (Feb) = **117 Tage**

3/31

3/32

Berechnung der Zinsen

Anhand des Kreditangebotes der iBank über 60.000,00 € nehmen Riccardo und Julia die Zinsrechnung vor. In diesem Zusammenhang weist Riccardo darauf hin, dass bei einer Laufzeit von genau einem Jahr die Zinsrechnung der Prozentrechnung entspricht.

- **Berechnung der Jahreszinsen**

$$\text{Prozentwert} = \frac{\text{Grundwert} \cdot \text{Prozentsatz}}{100} \rightarrow \text{Zinsen} = \frac{\text{Kapital} \cdot \text{Zinssatz}}{100}$$

Zinsen für den Kredit bei einer Laufzeit von 1 Jahr:

$$\text{Zinsen in €} = \frac{60.000,00 \cdot 4,75}{100} = 2.850,00$$

Antwort: Die Zinsen für den Kredit betragen 2.850,00 € bei einer Laufzeit von 1 Jahr.

- **Berechnung der Tageszinsen**

Zinsen für den Kredit bei einer Laufzeit von 1 Tag:

$$\text{Zinsen in €} = \frac{60.000,00 \cdot 4,75 \cdot 1}{100 \cdot 360} = 7,92$$

Antwort: Die Zinsen für den Kredit betragen 7,92 € bei einer Laufzeit von 1 Tag.

Zinsen für den Kredit bei einer Laufzeit vom 01.06. bis 01.10.:

Zinstage = 29 (Jun) + 30 (Jul) + 30 (Aug) + 30 (Sep) + 1 (Okt) = **120 Tage**

$$\text{Zinsen in €} = \frac{60.000,00 \cdot 4,75 \cdot 120}{100 \cdot 360} = 950,00$$

Antwort: Die Zinsen für den Kredit betragen 950,00 € bei einer Laufzeit von 120 Tagen.

3/33
3/34

Tageszinsformel: $\text{Zinsen} = \frac{\text{Kapital} \cdot \text{Zinssatz} \cdot \text{Tage}}{100 \cdot 360}$

Berechnung von Kapital, Zinssatz und Zeit

MAX: Mit Hilfe der Zinsrechnung können nicht nur die Zinsen berechnet werden.

RICCARDO: Es können auch die Höhe des Kapitals und des Zinssatzes oder die Zeitdauer (in Tagen) rechnerisch ermittelt werden.

MAX: Durch Umformen der Tageszinsformel lassen sich die Formeln für die Rechengrößen Kapital, Zinssatz und Zeit ableiten. Sind drei Größen gegeben, kann die jeweils fehlende Größe berechnet werden.

Riccardo demonstriert die Berechnung der Größen mit Hilfe von Beispielen:

- **Berechnung des Kapitals (Kreditbetrag)**

AK-Bikes muss für einen Kredit 500,00 € Zinsen bezahlen. Der Zinssatz beträgt 4 % p. a. und die Laufzeit 150 Tage.

$$\text{Zinsen} = \frac{\textbf{Kapital} \cdot \text{Zinssatz} \cdot \text{Tage}}{100 \cdot 360} \rightarrow \text{Kapital} = \frac{\text{Zinsen} \cdot 100 \cdot 360}{\text{Zinssatz} \cdot \text{Tage}}$$

$$\text{Kapital in €} = \frac{500{,}00 \cdot 100 \cdot 360}{4 \cdot 150} = 30.000{,}00$$

Antwort: Der Kreditbetrag hat eine Höhe von 30.000,00 €.

K

- **Berechnung des Zinssatzes**

AK-Bikes hat einen Kredit über 60.000,00 € aufgenommen. Die Bank fordert 1.120,00 € Zinsen. Die Laufzeit beträgt 210 Tage.

$$\text{Zinsen} = \frac{\text{Kapital} \cdot \textbf{Zinssatz} \cdot \text{Tage}}{100 \cdot 360} \rightarrow \text{Zinssatz} = \frac{\text{Zinsen} \cdot 100 \cdot 360}{\text{Kapital} \cdot \text{Tage}}$$

$$\text{Zinssatz in \%} = \frac{1.120{,}00 \cdot 100 \cdot 360}{60.000{,}00 \cdot 210} = 3{,}20$$

Antwort: Die Höhe des Zinssatzes für den Kredit beträgt 3,20 % p. a.

p

- **Berechnung der Zinstage (Laufzeit)**

AK-Bikes hat einen Kredit in Höhe von 9.000,00 € aufgenommen. Die Bank fordert bei einem Zinssatz von 4,2 % p. a. 84,00 € Zinsen.

$$\text{Zinsen} = \frac{\text{Kapital} \cdot \text{Zinssatz} \cdot \textbf{Tage}}{100 \cdot 360} \rightarrow \text{Laufzeit (Tage)} = \frac{\text{Zinsen} \cdot 100 \cdot 360}{\text{Kapital} \cdot \text{Zinssatz}}$$

$$\text{Laufzeit in Tagen} = \frac{84{,}00 \cdot 100 \cdot 360}{9.000{,}00 \cdot 4{,}2} = 80$$

Antwort: Die Laufzeit des Kredites beträgt 80 Tage.

t

3/35
3/36
3/37
3/38
3/39

3.5.2 KREDITVERGLEICH MITHILFE DES EFFEKTIVEN ZINSSATZES

ANDREA KÄSTNER: Für den Neubau einer Lagerhalle benötigen wir einen Kredit in Höhe von 40.000,00 € für 288 Tage.

SELMA DEMIRCI: Da wir wirtschaftlich vorgehen, habe ich mir drei Angebote über 40.000,00 € von verschiedenen Banken zusenden lassen. Die Daten habe ich in der folgenden Tabelle übersichtlich dargestellt.

Kreditinstitut	Kreditbetrag	Laufzeit	Kreditkonditionen
Donaubank Ingolstadt	40.000,00 €	288 Tage	Zinssatz 3,10 % p. a., Disagio 0,5 %
iBank Frankfurt/Main	40.000,00 €	288 Tage	Zinssatz 2,10 % p. a., Disagio 1,5 %
Schanzer Privatbank GmbH, Ingolstadt	40.000,00 €	288 Tage	Zinssatz 3,80 % p. a.

MAX: Die drei Banken haben sehr unterschiedliche Kreditkonditionen.

RICCARDO: Der Zinssatz ist bei der iBank am geringsten.

SELMA DEMIRCI: Das ist zwar richtig, aber der angegebene **Nominalzinssatz** allein ist nicht aussagekräftig, da er keine weiteren Kreditkosten berücksichtigt. Er gibt nur den Zinssatz für den Kredit in Prozent auf den Nennwert an. Wir müssen bei einem Kreditvergleich neben den Zinsen auch weitere Kosten, wie z. B. das Disagio berücksichtigen.

JULIA: Was ist ein Disagio?

Disagio

Selma Demirci informiert die Auszubildenden darüber, dass es auf dem Kreditmarkt Kredite mit und ohne Disagio (bzw. Abgeld, Damnum) gibt. Das Disagio ist der **Unterschiedsbetrag zwischen dem vertraglich festgelegten Kreditbetrag und dem von der Bank ausgezahlten Betrag**.

Wird ein Disagio vereinbart, behält das Kreditinstitut (Kreditgeber) somit einen bestimmten Prozentanteil des vereinbarten Kreditbetrags ein und stellt nur den Auszahlungsbetrag zur Verfügung. Das Disagio gilt als **vorausbezahlter Zins**. Es wird entweder direkt als „3 % Disagio“ oder als Auszahlungsbetrag, beispielsweise „97 % vom Kreditbetrag“ oder „97 % Auszahlungskurs“, angegeben.

Tilgungsraten und Zinsen werden immer ausgehend vom vollen Kreditbetrag berechnet. Der Kredit muss trotz des Disagios vollständig inklusive Abschlag zurückgezahlt werden. Selma Demirci hat folgendes Beispiel für das Angebot der Donaubank Ingolstadt für die Auszubildenden erstellt:

Beispiel „Disagio":

	Kreditbetrag	40.000,00 €	100,0 %
–	Disagio	200,00 €	0,5 %
=	Auszahlungsbetrag	39.800,00 €	99,5 %

➔ Basis für die Kreditzinsen (3,10 %) ist der volle Kreditbetrag in Höhe von 40.000,00 €

➔ AK-Bikes müsste den vollen Kreditbetrag (40.000,00 €) zurückzahlen (tilgen) 3/40 3/41

MAX: Da Kreditangebote sehr verschieden sein können, müssen wir zum Vergleich immer den **effektiven Zinssatz** für die einzelnen Angebote der Banken berechnen.

SELMA DEMIRCI: Dieser berücksichtigt alle Kreditkosten (Zinsen, Disagio ...), die während der gesamten Laufzeit bezogen auf den Auszahlungsbetrag anfallen.

RICCARDO: Die Berechnung erfolgt somit nach der Formel für die Berechnung des Zinssatzes unter Berücksichtigung der tatsächlichen Kreditkosten und des Auszahlungsbetrages.

Riccardo erstellt die Formel zur Berechnung des effektiven Zinssatzes:

$$\text{Zinssatz} = \frac{\text{Zinsen} \cdot 100 \cdot 360}{\text{Kapital} \cdot \text{Tage}} \rightarrow \text{effektiver Zinssatz } (p_{eff}) = \frac{\text{tatsächliche Kreditkosten} \cdot 100 \cdot 360}{\text{Auszahlungsbetrag} \cdot \text{Tage}}$$

RICCARDO: Bevor wir mit der Formel den effektiven Zinssatz berechnen können, müssen wir den Auszahlungsbetrag und die Kreditkosten ermitteln. Die Berechnung des effektiven Zinssatzes erfolgt für das Angebot der iBank Frankfurt/Main in **drei Schritten**.

1. Ermittlung des Auszahlungsbetrages

	Kreditbetrag	40.000,00 €	100,0 %
–	Disagio	600,00 €	1,5 %
=	Auszahlungsbetrag	39.400,00 €	98,5 %

2. Ermittlung der tatsächlichen Kreditkosten

$$\text{Zinsen} = \frac{40.000,00 \cdot 2,10 \cdot 288}{100 \cdot 360} = 672,00\ €$$

	Zinsen	672,00 €
+	Disagio	600,00 €
=	tatsächliche Kreditkosten	1.272,00 €

3. Berechnung des effektiven Zinssatzes

$$\text{Effektiver Zinssatz in \%} = \frac{1.272,00 \cdot 100 \cdot 360}{39.400,00 \cdot 288} = 4,04$$

➔ effektiver Zinssatz: 4,04 %

Preisangabenverordnung (PangV)
§ 6 Verbraucherdarlehen

Bei Krediten an Verbraucher sind als Preis die Gesamtkosten des Verbraucherdarlehens für den Verbraucher, ausgedrückt als jährlicher Prozentsatz des Nettodarlehensbetrags, anzugeben und als effektiver Jahreszins zu bezeichnen.

Max hat zum Vergleich der Kreditangebote inzwischen mit einem Tabellenkalkulationsprogramm ein Tabellenblatt auf seinem Tablet erstellt:

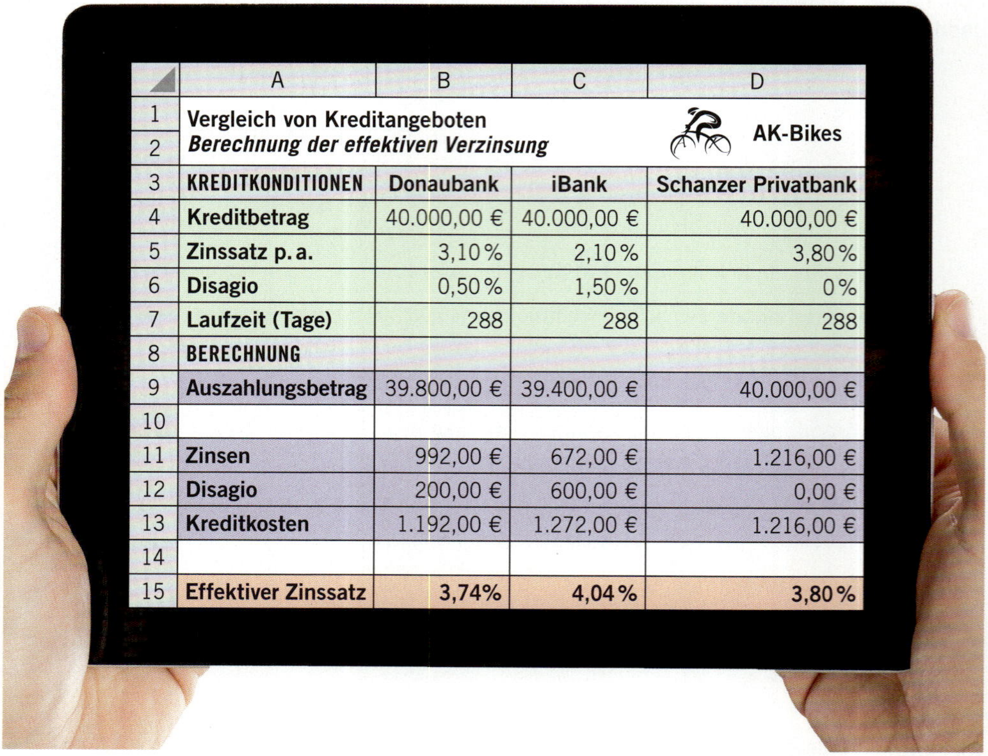

	A	B	C	D
1	**Vergleich von Kreditangeboten**			AK-Bikes
2	***Berechnung der effektiven Verzinsung***			
3	**KREDITKONDITIONEN**	**Donaubank**	**iBank**	**Schanzer Privatbank**
4	**Kreditbetrag**	40.000,00 €	40.000,00 €	40.000,00 €
5	**Zinssatz p. a.**	3,10 %	2,10 %	3,80 %
6	**Disagio**	0,50 %	1,50 %	0 %
7	**Laufzeit (Tage)**	288	288	288
8	**BERECHNUNG**			
9	**Auszahlungsbetrag**	39.800,00 €	39.400,00 €	40.000,00 €
10				
11	**Zinsen**	992,00 €	672,00 €	1.216,00 €
12	**Disagio**	200,00 €	600,00 €	0,00 €
13	**Kreditkosten**	1.192,00 €	1.272,00 €	1.216,00 €
14				
15	**Effektiver Zinssatz**	**3,74%**	**4,04 %**	**3,80 %**

MAX: Frau Kästner, mein Vergleich der effektiven Zinssätze zeigt, dass das Kreditangebot unserer Hausbank, der Donaubank Ingolstadt, mit 3,74 % am günstigsten ist.

ANDREA KÄSTNER: Ich werde mich deshalb für dieses Angebot entscheiden. Den
3/42 Prozentsatz sollten wir trotzdem **kritisch hinterfragen**, denn als Vergleichsmaßstab für unterschiedliche Kreditangebote besitzt der effektive Zinssatz nur eine **beschränkte**
3/43 **Aussagekraft**.

3/44 **SELMA DEMIRCI:** Das ist richtig, da von den Kreditinstituten oft **weitere Nebenkosten**
3/45 erhoben werden. Dies sind z. B. Kontoführungsgebühren, verpflichtende Kreditversicherungen oder Bereitstellungszinsen (für nicht abgerufene Kreditbeträge). Diese fließen
3/46 nicht in die Berechnung des Effektivzinses ein.
3/47

Wenige Tage später unterschreibt Andrea Kästner den Kreditvertrag bei der Donaubank Ingolstadt.

3.6 BUCHUNGSSÄTZE IM ZUSAMMENHANG MIT KREDITEN

SELMA DEMIRCI: Julia, für folgende drei Kontoauszüge, die im Zusammenhang mit der Kreditaufnahme bei der Donaubank Ingolstadt stehen, musst du noch die Buchungssätze bilden.

JULIA: Die Konten für die Aufnahme und Tilgung von Krediten kenne ich bereits. Bei den Buchungssätzen können mich Riccardo und Max unterstützen.

SELMA DEMIRCI: Bitte beachte auch die Laufzeit des Kredits. Denke daran, dass Kredite umsatzsteuerfrei sind. Somit wird auf den Kreditbetrag sowie die Sollzinsen keine Umsatzsteuer erhoben.

Kontoauszug 1:

DONAUBANK INGOLSTADT

IBAN DE72 7515 0080 4040 8080 20			Auszug/Jahr	23/20..
BIC DBNKDEFF			Blatt-Nr.	1
			Kontoauszug	Betrag in €
BuTag	**Wert**	**Vorgang**	**Alter Kontostand**	76.935,37 +
01.03.	01.03.	Donaubank Ingolstadt, KREDIT Nr. 00941506201923 abzüglich 0,5 % Disagio		39.800,00 +
			Neuer Kontostand	116.735,37 +

Andrea Kästner Mountainbikes e. Kfr. 85049 Ingolstadt

Ihre Servicebank	letzte Erstellung	27.02.20..
Homebanking bequem und günstig	Erstellungstag	02.03.20.. / 09:42

RICCARDO: Der Auszahlungsbetrag des Kredits von 39.800,00 € ist laut Kontoauszug am 01.03.20.. auf dem Geschäftsbankkonto gutgeschrieben worden. Vom Kreditbetrag in Höhe von 40.000,00 € werden von der Donaubank 0,5 % Disagio, also 200,00 €, einbehalten.

JULIA: Wir buchen die Gutschrift im aktiven Bestandskonto 2800 BK im Soll. Das Disagio ist ein vorausbezahlter Zins und wird im Soll des Kontos Zinsaufwendungen (7510 ZAW) erfasst. Die Kreditlaufzeit beträgt weniger als ein Jahr. Daher buchen wir den Kreditbetrag im passiven Bestandskonto 4200 KBKV im Haben.

Erforderliche Nebenrechnung:

	Kreditbetrag	❶	40.000,00 €	100,0 %
–	Disagio	❷	200,00 €	0,5 %
=	Auszahlungsbetrag	❸	39.800,00 €	99,5 %

Julia bildet den Buchungssatz für die Bereitstellung des Kredits abzüglich Disagio:

❸ 2800 BK	39.800,00 €			
❷ **7510 ZAW**	200,00 €	an	4200 KBKV	❶ 40.000,00 €

Kontoauszug 2:

DONAUBANK INGOLSTADT			
IBAN DE72 7515 0080 4040 8080 20 BIC DBNKDEFF		Auszug/Jahr Blatt-Nr.	52/20.. 1
		Kontoauszug	Betrag in €
BuTag	**Wert**	**Vorgang**	**Alter Kontostand** 39.597,64 +
01.09.	01.09.	Donaubank Ingolstadt Lastschrift Sollzinsen 09/20.. KREDIT Nr. 00941506201923	103,33 –
			Neuer Kontostand 39.494,31 +
Andrea Kästner Mountainbikes e. Kfr. 85049 Ingolstadt			
Ihre Servicebank Homebanking bequem und günstig		letzte Erstellung Erstellungstag	31.08.20.. 02.09.20.. / 11:15

JULIA: Die Donaubank belastet laut Kontoauszug unser Konto mit den monatlichen Sollzinsen in Höhe von 103,33 € für den Kredit.

RICCARDO: Die Zinsen werden als Aufwand im Konto 7510 ZAW im Soll gebucht.

Julia bildet den Buchungssatz für die monatlichen Sollzinsen für den Kredit:

7510 ZAW	103,33 €	an	2800 BK	103,33 €

Kontoauszug 3:

DONAUBANK INGOLSTADT			
IBAN DE72 7515 0080 4040 8080 20 BIC DBNKDEFF		Auszug/Jahr Blatt-Nr.	76/20.. 1
		Kontoauszug	Betrag in €
BuTag	**Wert**	**Vorgang**	**Alter Kontostand** 64.814,59 +
19.12.	19.12.	Donaubank Ingolstadt Lastschrift Rückzahlung KREDIT Nr. 00941506201923	40.000,00 –
			Neuer Kontostand 24.814,59 +
Andrea Kästner Mountainbikes e. Kfr. 85049 Ingolstadt			
Ihre Servicebank Homebanking bequem und günstig		letzte Erstellung Erstellungstag	15.12.20.. 19.12.20.. / 09:35

JULIA: Wie vereinbart zahlen wir den aufgenommenen Kredit in einer Summe am Laufzeitende über das Geschäftsbankkonto zurück. Die Tilgung bewirkt eine Verringerung der Schulden. Gebucht wird auf der Sollseite des passiven Bestandskontos 4200 KBKV.

3/48
3/49
3/50 **Julia bildet den Buchungssatz für die Rückzahlung des Kredits am Laufzeitende:**
3/51

4200 KBKV	40.000,00 €	an	2800 BK	40.000,00 €

3.7 ERKUNDUNG EINES KREDITINSTITUTS

In der Berufsschule steht für Riccardo eine Praxismaßnahme an: Die Abläufe in einer Bank sollen genauer untersucht werden. Diese Erkundung läuft in **drei Schritten** ab:

❶	**Vorbereitung** • Der Lehrer stellt die Bank vor, die erkundet werden soll. • Die Schülerinnen und Schüler klären die Erwartungen, die sie an die Bankerkundung haben. • In Gruppen werden Fragen an die Mitarbeiter erarbeitet.	
❷	**Durchführung** • Mit einer Begrüßung durch den Klassensprecher/die Klassensprecherin beginnt der Bankbesuch. • Ein Verantwortlicher der Bank stellt sich vor. • Bei der Führung durch die einzelnen Bereiche werden Informationen vermittelt. • Schülerinnen und Schüler stellen Fragen. • Gegebenenfalls können Fotos gemacht werden. • Der/die Klassensprecher/Klassensprecherin bedankt sich im Namen der Klasse für den Besuch und verabschiedet sich.	
❸	**Auswertung** In der Nachbereitung sind folgende Fragen zu klären: • Welche Informationen haben wir über den Aufbau und die Aufgaben der Bank erhalten? • Hat die Bankerkundung unsere Erwartungen erfüllt? • In welcher Form sollen wir die Auswertung darstellen? (z. B. Plakate, Ausstellung in der Aula, Homepage, Schülerzeitung, Jahresbericht, Lokalpresse)	

3/52

3/53

TIPPS FÜR EINE GELUNGENE BANKERKUNDUNG

- Sei höflich und freundlich, du bist Gast.
- Habe Mut, Fragen zu stellen.
- Nur überlegt gestellte Fragen verhelfen zu den gewünschten Ergebnissen.
- Frage nur das, was du selbst nicht sehen kannst.
- Sprich klar und deutlich.
- Bleibe bei deiner Gruppe.
- Halte dich an die Anweisungen.
- Bitte bei Einsatz eines Fotos erst um Erlaubnis.
- Vergiss nicht zu danken.
- **Erinnere dich im Unterricht immer wieder an diese Praxisbegegnung!**

3/54

Alles Klar?

ANLAGENBEREICH

- **Investitionsarten**

Investition = Einsatz finanzieller Mittel, um Sachanlagen zu erwerben		
Erweiterungsinvestition	**Ersatzinvestition**	**Rationalisierungsinvestition**
zur Steigerung der Produktionsmenge	zum Austausch abgenutzter/ veralteter Anlagen	zur Einsparung von Kosten

- **Anschaffungskosten:** Kosten, um ein Sachanlagegut zu erwerben und es in einen betriebsbereiten Zustand zu versetzen. Sie werden auf dem entsprechenden Sachanlagenkonto **aktiviert**, z. B. Buchungssatz beim Zielkauf einer Maschine:

0700 MA	*Anschaffungskosten*			
2600 VORST	*Steuerbetrag*	an	4400 VE	*Rechnungsbetrag*

- **Anlagenkarte** enthält folgende Informationen:

Anlagegegenstand	Anlagenkonto	Anschaffungsdatum
Anschaffungskosten	Nutzungsdauer	Wertminderung pro Jahr

- **Wertminderung**

Beispiele für mögliche Gründe		
Natürlicher Verschleiß (Alterung/Abnutzung)	Neuerungen (technischer Fortschritt)	Außerordentliche Umstände (Unfall, Unwetterschaden)
Gesetzliche Regelung		
im HGB: Abschreibung	im EStG: **AfA** = **A**bsetzung **f**ür **A**bnutzung	

- **Lineares Abschreibungsverfahren**

Merkmale	**Berechnung**
• Abschreibung erfolgt von den Anschaffungskosten • Abschreibungsbeträge jährlich gleichbleibend • Buchwert sinkt gleichmäßig auf 0,00 €	$\text{AfA-Betrag} = \frac{\text{Anschaffungskosten}}{\text{Nutzungsdauer}}$

Buchungssatz:
Erfassung der Wertminderung bei Maschinen als vorbereitende Abschlussbuchung

6520 ABSA	*AfA-Betrag*	an	Sachanlagenkonto	*AfA-Betrag*

- **Betriebswirtschaftliche Bedeutung der Abschreibung**

Selbstfinanzierung	**Steuerersparnis**
Abschreibungsgegenwerte werden in die Selbstkosten einkalkuliert, fließen über die Umsatzerlöse zurück ins Unternehmen und können zur **Substanzerhaltung** verwendet werden	Abschreibungen sind Aufwendungen, die den Gewinn mindern

FINANZIERUNG

- **Finanzierungsarten**

Finanzierung = Maßnahmen zur Beschaffung und Bereitstellung von Finanzmitteln (Kapital), die zur Erfüllung der betrieblichen Aufgaben notwendig sind	
Eigenfinanzierung	**Fremdfinanzierung**
Bereitstellung eigener Mittel	Kreditaufnahme bei Banken

- **Fremdfinanzierung**

Kredit	**Zinsen**	**Schuldendienst**
zeitweilige Überlassung von Geld	Entgelt/Preis für den Kredit	Tilgung (Kreditrückzahlung) + Zahlung der Zinsen

- **Zinsrechnung** nach der deutschen Zinsmethode: (Zinsjahr: 360 Zinstage und Zinsmonat: 30 Zinstage)

$\textbf{Zinsen} = \frac{\text{Kapital} \cdot \text{Zinssatz} \cdot \text{Tage}}{100 \cdot 360}$	$\textbf{Kapital} = \frac{\text{Zinsen} \cdot 100 \cdot 360}{\text{Zinssatz} \cdot \text{Tage}}$
$\textbf{Zinssatz} = \frac{\text{Zinsen} \cdot 100 \cdot 360}{\text{Kapital} \cdot \text{Tage}}$	$\textbf{Laufzeit (Tage)} = \frac{\text{Zinsen} \cdot 100 \cdot 360}{\text{Kapital} \cdot \text{Zinssatz}}$

- **Effektiver Zinssatz** berücksichtigt für den Kreditvergleich **alle Kreditkosten** (Zinsen, Disagio ...) während der gesamten Laufzeit bezogen auf den Auszahlungsbetrag; er wird in drei Schritten ermittelt:

Schritt 1	**Schritt 2**
Kreditbetrag − Disagio = Auszahlungsbetrag	Zinsen + Disagio = tatsächliche Kreditkosten
Schritt 3	
$\textbf{Effektiver Zinssatz } (p_{eff}) = \frac{\text{tatsächliche Kreditkosten} \cdot 100 \cdot 360}{\text{Auszahlungsbetrag} \cdot \text{Tage}}$	

- **Buchungen** für die Aufnahme von Bankkrediten und für den Schuldendienst:

	Konto
Aufnahme/Tilgung eines kurzfristigen Kredites (bis 1 Jahr)	4200 KBKV
Aufnahme/Tilgung eines langfristigen Kredites/Darlehens (> 1 Jahr)	4250 LBKV
Sollzinsen	7510 ZAW

Beispielbuchungssatz:

Gutschrift eines Darlehens auf dem Geschäftsbankkonto unter Einbehaltung von **Disagio**:

2800 BK	*Auszahlungsbetrag*			
7510 ZAW	***Disagio***	an	4250 LBKV	*Kreditbetrag*

3.8 ANWENDUNGSAUFGABEN

3/1 Riccardo und seine Mitauszubildende Julia fliegen in den Urlaub und warten am Flughafen. Da beide schon immer Flugzeug-Fans sind, erstellen sie eine Mind-Map mit den betrieblichen Produktionsfaktoren (4 Ms) eines Flugzeugherstellers.

Finde jeweils konkrete Beispiele für jeden Produktionsfaktor. Präsentiere die Ergebnisse deinem Banknachbarn.

3/2 Lies folgenden Auszug aus dem HGB.

> **§ 247 HGB Inhalt der Bilanz**
>
> (1) In der Bilanz sind das Anlage- und das Umlaufvermögen, das Eigenkapital, die Schulden sowie die Rechnungsabgrenzungsposten gesondert auszuweisen und hinreichend aufzugliedern.
>
> (2) Beim Anlagevermögen sind nur die Gegenstände auszuweisen, die bestimmt sind, dauernd dem Geschäftsbetrieb zu dienen.

1. Beschreibe die Besonderheit, die Anlagevermögen und Umlaufvermögen unterscheidet.
2. Suche im Kontenplan die entsprechende Kontenklasse, in welcher alle Sachanlagen erfasst sind.
3. Finde acht konkrete Beispiele für Sachanlagen im Unternehmen AK-Bikes und gib jeweils an, auf welchen Konten die Anlagegüter gebucht werden.

3/3 Gib für die folgenden Sachverhalte den Fachbegriff für die beschriebene Investitionsart an.

A	Um die Leistungsfähigkeit bei der Herstellung von Mountainbikes zu erhalten, soll im Unternehmen AK-Bikes die bisherige Spritzgussmaschine ausgemustert und dafür eine neue angeschafft werden.
B	Neben dem Wechsel des Stromanbieters will AK-Bikes durch Investitionen in energiesparende Geräte in Zukunft weitere Kosten einsparen.
C	AK-Bikes beabsichtigt, für eine defekte Bandschleifmaschine eine neue mit gleicher Leistung zu beschaffen.
D	Für die Vergrößerung des firmeneigenen Fuhrparks hat AK-Bikes ein angrenzendes Grundstück als Parkplatz gekauft.

3/4 Es liegt dir folgender Gesetzesauszug vor.

> **§ 255 HGB Anschaffungs- und Herstellungskosten**
>
> (1) Anschaffungskosten sind die Aufwendungen, die geleistet werden, um einen Vermögensgegenstand zu erwerben und ihn in einen betriebsbereiten Zustand zu versetzen [...].

Ergänze sinnvoll die Lücken in folgendem Text.

Die genaue Bezeichnung des Gesetzes, aus dem der oben stehende Textauszug entnommen ist, lautet: **A**. Anschaffungskosten entstehen, um ein Anlagegut in einen **B** Zustand zu versetzen. Die Anschaffungskosten werden buchhalterisch im jeweiligen Sachanlagenkonto erfasst. Dies nennt man in der Fachsprache **C**. Die beim Kauf berechnete **D** zählt nicht zu den Anschaffungskosten, da Unternehmen wie AK-Bikes diese vom **E** zurückfordern können.

Selma Demirci legt Riccardo folgende fünf Belege vor. Hilf ihm und bilde jeweils den Buchungssatz. **3/5**

Beleg 1:

Bayerische Maschinenbau AG

Bayerische Maschinenbau AG – Industriestraße 12 – 86899 Landsberg

Firma
Andrea Kästner Mountainbikes e. Kfr.
Stammsrieder Weg 50
85049 Ingolstadt

Bayerische Maschinenbau AG
Industriestraße 12
86899 Landsberg

Telefon: 08191 03728
Telefax: 08191 03700
E-Mail: info@maschinenbau...
Internet: www.maschinenbau...

Landsberg, 07.01.20..

Rechnung Nr. 81275

Für die Lieferung am 05.01.20.. stellen wir Ihnen in Rechnung:

Position	Art-Nummer	Bezeichnung	Gesamtpreis in €
1	7571-92348	Schleifmaschine	55.000,00
Netto		**USt (19 %)**	**Rechnungsbetrag**
55.000,00 €		10.450,00 €	**65.450,00 €**

Vielen Dank für Ihren Auftrag. Zahlbar innerhalb von 60 Tagen rein netto.
Bis zur vollständigen Bezahlung bleibt die Ware Eigentum der Maschinenbau AG.

Beleg 2:

Quittung
Nr. 018457

Netto	€	6.500	Cent	00
+ 19 % USt.	€	1.235	Cent	00
Gesamt	€	7.735	Cent	00

Gesamtbetrag € in Worten
siebentausendsiebenhundertfünfunddreißig Cent wie oben

von Andrea Kästner Mountainbikes e. Kfr., 85049 Ingolstadt
für Elektro-Gabelstapler E2040
richtig erhalten zu haben, bestätigt

Nutzfahrzeuge
Max Schnell e. K.
Industriestraße 18
85049 Ingolstadt

Ort Ingolstadt Datum 10.01.20..

Buchungsvermerke

Stempel/Unterschrift des Empfängers
Max Schnell

Beleg 3:

Büro-Ausstattung Huber e. K.

Ihr Muss fürs Büro!

Büro-Ausstattung Huber e. K. | Gewerbestraße 4 | 89407 Dillingen

Firma
Andrea Kästner Mountainbikes e. Kfr.
Stamsrieder Weg 50
85049 Ingolstadt

Büro-Ausstattung Huber e. K.
Gewerbestraße 4
89407 Dillingen

Tel.: 01234 98765
Fax: 01234 98765-1
Mail: info@buerohuber...
Web: www.buero-huber...

Dillingen, 19.01.20..

Rechnung Nr. 81238

Lieferdatum: 19.01.20..
Wir lieferten Ihnen frei Haus:

Pos.	Menge	Art.-Nr.	Artikel	Einzelpreis	Gesamtpreis
1	2	10278	Büro-Drehstuhl „Flack Di Nei“	990,00 €	1.980,00 €
			Warenwert netto		1.980,00 €
			Umsatzsteuer 19 %		376,20 €
			Rechnungsbetrag		**2.356,20 €**

Zahlungsziel 30 Tage rein netto

Die gelieferte Ware bleibt bis zur vollständigen Bezahlung unser Eigentum.

Beleg 4:

OFFICE-express GmbH
Kaufingerstr. 281, 80331 München

KASSENBON

23.01.20.. 13:20:53 354/213

Aktenvernichter „Schretter-Maxi“

1x 1.309,00 1.309,00

TOTAL EUR BAR 1.309,00

Netto	USt (19 %)	Brutto
1.100,00	209,00	1.309,00

Wir bringen Ihr Büro in Ordnung!

OFFICE-express GmbH

USt-IdNr. DE 471221077
Registergericht München HRB 7612

Beleg 5:

COMPU-expert GmbH
Manchingerstr. 35, 85049 Ingolstadt

KARTENZAHLUNG

28.01.20.. 15:40:12 123/246

Tablet PC „Appelt CX35“

2x 1.428,00 2.856,00

TOTAL EUR 2.856,00

Netto	USt (19 %)	Brutto
2.400,00	456,00	2.856,00

Girocard-Lastschrift

Vorgangs-Nr.: 78131 TA-NR.: 347411
IBAN: DE7275############8020
BIC: DBNKDEFF
Karte gültig bis: 12/...
Betrag: 2.856,00 €
Karte akzeptiert

Ihr Experte fürs Büro!

COMPU-expert GmbH

USt-IdNr.: DE 489387080
Registergericht Ingolstadt HRB 8664

Dir liegt eine Urkunde zum Kauf einer Immobilie vor: 3/6

URKUNDE
zum Kaufvertrag einer Immobilie

NOTAR
DR. ROLAND RÜRIG

8054[illegible] Ingolstadt • Gerichtsweg 113
Tel. 0841 02999
Fax 0841 03999
E-Mail: Info@Notar-Rürig...

URNr. B 039/74 — Beglaubigte Abschrift

Kaufvertrag

Heute, den 25.05.20.. sind gleichzeitig
vor mir anwesend:
1. Martin Hinteregger
2. Andrea Kästner
(Die Anwesenden wiesen sich aus durch amtliche Lichtbildausweise)

I. Grundbuchstand

Im Grundbuch des Amtsgerichtes Ingolstadt ist eingetragen:
Gemarkung: Grundstück mit Lagerhalle
Flurnummer 23478/123
Eigentümer: Martin Hinteregger

II. Vertragsgegenstand

Herr **Martin Hinteregger** verkauft mit allen Rechten an Frau **Andrea Kästner, AK-Bikes** den in Ziffer I bezeichneten Grundbesitz

III. Kaufpreis

1. Der Kaufpreis beträgt
   für das Grundstück 90.000,00 Euro
   für die Lagerhalle 30.000,00 Euro
2. Der Kaufpreis von 120.000,00 Euro muss innerhalb von zwei Wochen dem Verkäuferkonto gutgeschrieben sein.

1. Recherchiere, warum beim Kauf einer Immobilie ein Notar hinzugezogen werden muss.
2. Bilde den Buchungssatz für den Immobilienkauf laut Urkunde.
3. Bilde den Buchungssatz für die Banküberweisung des Kaufpreises an den Verkäufer Martin Hinteregger.

3/7

<table>
<tr><td colspan="2">Inventar-Nr.: 92352</td><td colspan="3">Bezeichnung der Anlage: LKW</td><td colspan="2">Baujahr: 20..</td></tr>
<tr><td colspan="2">Anlagenkonto: 0840</td><td colspan="3">Bestellnummer: 14879</td><td colspan="2">Anschaffungsdatum: 02.01.20..</td></tr>
<tr><td colspan="5">Lieferer: Autohaus Rasant GmbH, Ingolstadt</td><td colspan="2">Gewährleistung: 2 Jahre</td></tr>
<tr><td colspan="4">Voraussichtliche Nutzungsdauer: 9 Jahre</td><td colspan="3">Voraussichtlicher Schrottwert: –</td></tr>
<tr><td colspan="4">Anschaffungskosten: 137.000,00 €</td><td colspan="3">Versicherungswert: 137.000,00 €</td></tr>
<tr><td colspan="4">Wertminderungen/Abschreibungen</td><td colspan="3">Reparaturen</td></tr>
<tr><td>...</td><td>...</td><td>...</td><td>...</td><td>Art</td><td>Tag</td><td>Euro</td></tr>
<tr><td>...</td><td>...</td><td>...</td><td>...</td><td>...</td><td>...</td><td>...</td></tr>
</table>

Entnimm folgende Informationen aus der Anlagenkarte:

a)	b)	c)	d)	e)
Anlagegegenstand	Anlagenkonto	Anschaffungsdatum	Anschaffungskosten	Nutzungsdauer

3/8 Riccardo kennt sich im Sachanlagenbereich bereits gut aus. Er überlegt z. B., vor wie vielen Jahren er sein Notebook gekauft hat und wie lange es noch nutzbar ist.

Finde drei Gegenstände (z. B. Smartphone, Computer, Familien-PKW, ...) in deinem privaten Umfeld. Erstelle für jeden Anlagegegenstand eine Anlagekarte mit folgenden Angaben:

- Anschaffungs-datum/-jahr
- Verkäufer
- Gewährleistungszeit
- Anschaffungskosten
- Voraussichtliche Nutzungsdauer

Meine Anlagenkarte	**Gegenstand:** ...	Zuhause	
Anschaffungsdatum:	...	Gesetzliche Gewährleistung:	...
Verkäufer:	...		
Anschaffungskosten:	...	Geschätzte Nutzungsdauer:	... Jahre

3/9 Entscheide, ob die folgenden Aussagen richtig oder falsch sind. Stelle die falschen Aussagen richtig.

A	Die Kontenklasse 0 enthält das Sachanlagevermögen.
B	Die Anlagenkarte enthält auch technische Angaben über das Anlagegut.
C	Auch Werkstoffe werden in Anlagenkarten inventarisiert.
D	Alle Anlagegüter dienen kurzfristig dem Geschäftsbetrieb.

3/10 Auf dem Weg zur Mittagspause betrachtet Riccardo mehrere Anlagegegenstände bei AK-Bikes. Er überlegt, wodurch diese Gegenstände über die Jahre hinweg an Wert verloren haben.

Ordne folgenden Sachanlagen jeweils einen möglichen Grund für die Wertminderung zu.

Computeranlage	Produktionsmaschine	Lastkraftwagen

3/11 Erkläre dem Praktikanten:

1. Bei welchen Anlagegütern es für gewöhnlich keine Wertminderung gibt.
2. Welche Gründe eintreten können, dass sich der Wert der Anlagegüter aus Nr. 1 dennoch verändern kann.

Prüfe, ob folgende Sachverhalte eine Auswirkung auf den Wert des betreffenden Sachanlagegutes haben. Begründe deine Antwort. 3/12

A	Ein neues Gesetz schreibt strengere Umweltauflagen für Heizanlagen vor.
B	Die Sicherheitsvorschriften für die Schutzbekleidung von Mitarbeitern werden verschärft.
C	Der PKW des Außendienstmitarbeiters von AK-Bikes wird durch einen Hagelschaden beschädigt.
D	Der Gabelstapler im Lager von AK-Bikes zeigt erste Roststellen.
E	Auf einer Fachmesse wird eine neue Lackiermaschine vorgestellt, die den Lackverbrauch reduziert.
F	Die Stadt Ingolstadt erhöht den örtlichen Hebesatz für die Grundsteuer.

Lies die angegebenen Paragraphen des Handels- und Steuerrechts auf Seite 132 und entscheide, ob folgende Aussagen richtig oder falsch sind. Verbessere falsche Aussagen. 3/13

A	Im Handelsrecht wird die Wertminderung durch den Begriff „Absetzung für Abnutzung" definiert.
B	Bei Wirtschaftsgütern, deren Nutzungsdauer über einem Jahr liegt, wird die Absetzung für Abnutzung in gleichen Jahresbeträgen erfasst.
C	Laut HGB müssen die Abschreibungen von den Anschaffungskosten des Vermögensgegenstandes abgezogen werden.

Berechne die fehlenden Werte ohne Taschenrechner. 3/14

	Anschaffungskosten	Nutzungsdauer	Jährlicher Abschreibungsbetrag
1	24.000,00 €	8 Jahre	???
2	60.000,00 €	???	12.000,00 €
3	144.000,00 €	12 Jahre	???
4	???	40 Jahre	5.000,00 €
5	???	4 Jahre	30.000,00 €
6	42.000,00 €	???	14.000,00 €

3/15 Riccardo muss für die Berufsschule einen Abschreibungsplan für zwei Anlagegegenstände in seinem Ausbildungsbetrieb erstellen.

1. Er wählt hierfür den PKW. Hilf ihm dabei. Übernimm hierzu Riccardos begonnenen Abschreibungsplan und vervollständige diesen bis zum 6. Nutzungsjahr.

Anschaffungskosten	30.000,00 €	
– Abschreibung	5.000,00 €	(30.000,00 € : 6 Jahre)
= Restbuchwert	25.000,00 €	
– Abschreibung	…	
…	…	

2. Erstelle einen Abschreibungsplan für einen PC mit Bildschirm und Drucker mit Anschaffungskosten von 1.125,00 € und einer Nutzungsdauer von 3 Jahren.

3/16 AK-Bikes kauft im Januar einen Kopierer für die Verwaltungsabteilung für netto 1.610,00 € (geplante Nutzungsdauer: 7 Jahre).

1. Bilde den Buchungssatz für den Zielkauf.
2. Berechne den Buchwert am Ende des zweiten Nutzungsjahres.

3/17 Die Nutzungsdauer für die Solaranlage von AK-Bikes wurde auf 10 Jahre festgelegt (Anschaffung im Januar). Der Buchwert beträgt zu Beginn des 6. Jahres 15.000,00 €.

1. Ermittle rechnerisch den jährlichen Abschreibungsbetrag.
2. Berechne die Höhe der Anschaffungskosten.

3/18 Diskutiere mit deinem Banknachbarn die Vorteile und den Nachteil des linearen Abschreibungsverfahrens. Haltet eure Ergebnisse schriftlich fest.

3/19 AK-Bikes kauft am 28.01.20.. durch Girocard-Bezahlung ein Regalsystem zur Aktenarchivierung für 1.183,00 € netto.

1. Bilde den Buchungssatz für die Anschaffung.
2. Berechne den jährlichen Abschreibungsbetrag, wenn die betriebsgewöhnliche Nutzungsdauer für Büromöbel auf 13 Jahre angesetzt ist.
3. Bilde den Buchungssatz für die vorbereitende Abschlussbuchung am 31.12.
4. Begründe, warum die Buchung der Wertminderung in Nr. 3 vorzunehmen ist.

Im Rahmen der Vorbereitung auf seine Zwischenprüfung an der Berufsschule bearbeitet Riccardo folgende Übungsaufgaben. Hilf ihm bei der Lösung. 3/20

1. Die Anschaffungskosten einer Schleifmaschine betrugen 180.000,00 € netto (Anschaffung im Januar). Es wird von einer Nutzungsdauer von 15 Jahren ausgegangen.
   1.1 Berechne den Abschreibungsbetrag im 1. Nutzungsjahr.
   1.2 Bilde den Buchungssatz zur Erfassung der Abschreibung am 31.12. des ersten Nutzungsjahres.
   1.3 Bilde den Buchungssatz zum Abschluss des Kontos Maschinen am 31.12. des ersten Nutzungsjahres.
   1.4 Berechne den Restbuchwert am Ende des 3. Nutzungsjahres.
   1.5 Bilde den Buchungssatz zur Erfassung der Abschreibung am 31.12. des 3. Nutzungsjahres.
2. Für einen Klein-LKW (Anschaffung im Januar) liegt folgende unvollständige Grafik vor:

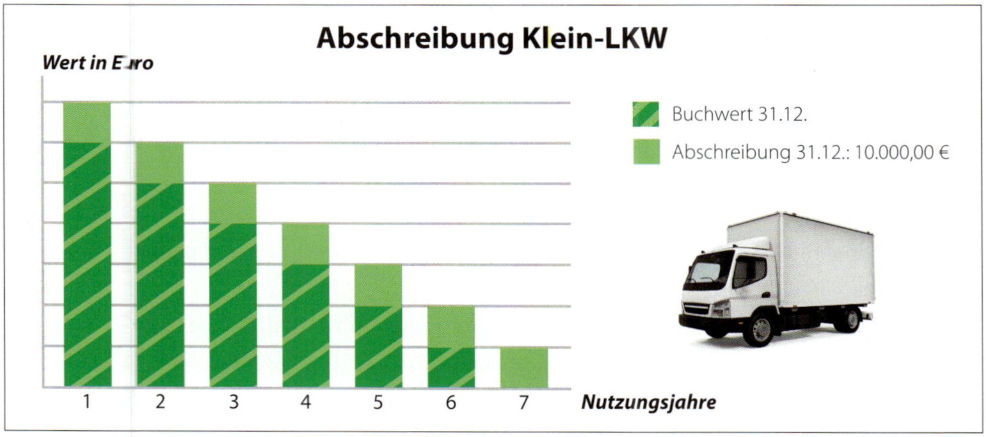

   2.1 Berechne die Anschaffungskosten des Klein-LKWs.
   2.2 Bilde den Buchungssatz für den Zielkauf des LKWs.
   2.3 Bilde den Buchungssatz zur Erfassung der Wertminderung am 31.12. des 1. Nutzungsjahres.
   2.4 Bilde den Buchungssatz zum Abschluss des Kontos Fuhrpark am 31.12. des 1. Nutzungsjahres.
   2.5 Bilde den Buchungssatz zum Abschluss des Kontos Fuhrpark am 31.12. des 4. Nutzungsjahres.

Am 31.12.20.. wurde in der Buchhaltung von AK-Bikes folgender Buchungssatz erstellt: 3/21

6520 ABSA	14.000,00 €	an	0700 MA	14.000,00 €

1. Formuliere den Geschäftsfall, der diesem Buchungssatz zugrunde liegt.
2. Die Anschaffungskosten für die Maschine beliefen sich auf 168.000,00 € netto. Berechne die geplante Nutzungsdauer.

3/22 In seinem BwR-Buch der Berufsschule findet Riccardo folgendes Quiz. Fülle die 12 Lücken (Umlaute so schreiben: Ä, Ö, Ü) im Text, trage diese ein und finde das Lösungswort (von unten nach oben lesbar).

			1	?	?	?	?	?	?	?	?	?	?	?	?	?							
		2	?	?	?	?	?	?	?	?	?												
								3	?	?	?	?											
								4	?	?	?	?	?	?	?	?	?						
						5	?	?	?	?	?	?	?										
								6	?	?	?	?	?	?	?	?	?	?	?	?	?		
									7	?	?	?	?	?	?								
		8	?	?	?	?	?	?	?	?	?												
							9	?	?	?	?	?	?	?	?								
10	?	?	?	?	?	?	?	?	?	?	?	?	?	?	?	?	?	?	?	?	?	?	?
				11	?	?	?	?	?	?	?	?											
				12	?	?	?	?	?	?	?	?	?	?	?	?	?	?	?	?	?	?	

1. Zur Berechnung des Abschreibungsbetrages beim linearen Abschreibungsverfahren werden die Anschaffungskosten gleichmäßig über die ... verteilt.
2. Im Steuerrecht wird für die Abschreibung der Begriff „... für Abnutzung“ verwendet.
3. Beim linearen Abschreibungsverfahren endet der Buchwert des Anlagegutes am Ende der Nutzungsdauer bei ... €.
4. Grundstücke brauchen zum 31.12. nicht abgeschrieben werden, da sie nicht ... sind.
5. Kennzeichen des linearen Abschreibungsverfahrens sind jährlich ... Abschreibungsbeträge.
6. Natürlicher Verschleiß und Neuerungen führen bei allen Anlagegütern zu einer ... .
7. Ein Beispiel für die Wertminderung bei Metallen ist das ... .
8. Ein außerordentlicher Umstand für eine Wertminderung ist z. B. ... .
9. Die Abschreibung verringert den ... eines Anlagegegenstandes.
10. Die Regelungen zur Berechnung der Wertminderung finden sich im § 7 des ... .
11. Buchhalterisch wird die Wertminderung im Konto ... (Kontonummer und Abkürzung) erfasst.
12. Die Abschreibungsbeträge beim linearen Abschreibungsverfahren werden von den ... berechnet.

3/23 In der Berufsschule hört Riccardo folgende Aussage: „Der Kunde trägt die Kosten der Wertminderung!“

1. Diskutiere diese Aussage mit deinem Banknachbarn mit Hilfe des Abschreibungskreislaufs.
2. Definiere die Begriffe „Selbstfinanzierung“, „Fremdfinanzierung“ und „Substanzerhaltung“.
3. Für das Funktionieren des Abschreibungskreislaufs muss eine Voraussetzung vorliegen. Nenne diese.

Entscheide, welche Aussagen richtig oder falsch sind. Stelle die falschen Aussagen richtig. **3/24**

A	Die Abschreibungen vermindern die Aufwendungen eines Unternehmens.
B	Bei der Kalkulation der Verkaufspreise werden die Abschreibungen als Kosten eingesetzt.
C	Aus dem Anlagevermögen fließen die Abschreibungsbeträge über die Umsatzerlöse in das Umlaufvermögen und von dort wieder in das Anlagevermögen zurück.
D	Neuanschaffungen werden ausschließlich durch Abschreibungsrückflüsse finanziert.
E	Durch den Verkauf von Fertigerzeugnissen erhält das Unternehmen liquide Mittel von Kunden, mit denen man Neuinvestitionen tätigen kann. Man nennt das Fremdfinanzierung.
F	Abschreibungen stellen betriebliche Aufwendungen dar, die als Kostenbestandteil in die Preisberechnung eingehen.

Setze die fehlenden Begriffe aus dem Wortspeicher in den folgenden Text richtig ein. **3/25**

In der (A) der Verkaufspreise der Mountainbikes werden die Abschreibungen als (B) eingesetzt. Über die (C) fließen die einkalkulierten Abschreibungsbeträge in Form von (D) (Geld) in das Unternehmen von Andrea Kästner (E). Diese Mittel stehen wiederum für (F) zur Verfügung. AK-Bikes finanziert somit die Anschaffung von Sachanlagegütern in erster Linie aus (G). Die Abschreibung stellt damit ein bedeutendes (H) dar.

Abschreibungen bewegen sich in einem Kreislauf. Aus dem (I) fließen sie über die Umsatzerlöse in das Umlaufvermögen (Bank) und von dort aus durch (J) in das Anlagevermögen zurück.

Wortspeicher:

zurück	Kalkulation	Anlagevermögen	Abschreibungsrückflüssen	Mittel der Finanzierung
Investitionen	Kosten	Umsatzerlöse	Neuanschaffungen	liquiden Mitteln

Nimm Stellung zu folgender Aussage von Selma Demirci. **3/26**

3/27 Im Unternehmen AK-Bikes muss eine betriebsinterne Schulung von dir vorbereitet werden. Bearbeite dazu die folgenden Aufgaben.

1. Erkläre mit eigenen Worten den Begriff „Finanzierung".
2. „Ausreichende Liquidität ist für ein Unternehmen das, was für den Menschen die Luft zum Atmen ist." Erläutere diese Aussage.
3. Folgende Tabelle muss ergänzt werden:

Mittelverwendung oder ???	**Mittelherkunft oder** ???
???	???
???	???
???	???

3.1 Gib je drei Bilanzposten der Mittelverwendung und der Mittelherkunft an.

3.2 Nenne alternative Begriffe für die jeweilige Überschrift.

3/28 Julia hat in der Berufsschule folgende Aufgabe zu lösen und benötigt Unterstützung. Arbeite mit deinem Banknachbarn.

Kaufmännische Berufsschule Ingolstadt

Bearbeiten Sie bitte die Arbeitsaufträge bis zur nächsten Unterrichtsstunde.

Das Thema „Kredit" spielt auch in Zitaten und Sprichwörtern eine Rolle. Sie drücken Erfahrungen, Meinungen oder Anschauungen aus und vermitteln meist bestimmte lebenspraktische Regeln. Die Bedeutung erschließt sich allerdings häufig nicht unmittelbar aus dem im Satz mitgeteilten Sachverhalt. Wählen Sie zwei der nachfolgenden Zitate bzw. Sprichwörter aus und erläutern Sie diese.

Kredit ist schlummerndes Misstrauen.
Thomas Paine, einer der Gründerväter der Vereinigten Staaten (1737–1809)

Wenn du den Wert des Geldes kennenlernen willst,
versuche, dir welches zu leihen.
Benjamin Franklin, einer der Gründerväter der Vereinigten Staaten (1706–1790)

Sie wollen einen Kredit?
Zeigen Sie uns, dass Sie ihn nicht benötigen und Sie bekommen ihn.
Henry Ford, amerikanischer Unternehmer (1863–1947)

Auf Kredit kaufen heißt, die Ernte des nächsten Jahres berauben.
Sprichwort aus den USA

Geld braucht man, wenn man es nicht hat.
Kredit hat man, wenn man ihn nicht braucht.
Unbekannt

Andrea Kästner legt dir folgendes Rätsel vor. Finde die zutreffenden Begriffe und Angaben (Umlaute so schreiben: Ä, Ö, Ü). Das Lösungswort ergibt einen Begriff aus der Buchführung. 3/29

			1	?	?	?	?	?	?	?	?						
	2	?	?	?	?	?	?	?									
				3	?	?	?	?	?	?	?	?	?	?	?	?	?
4	?	?	?	?	?	?	?	?	?	?	?	?					
	5	?	?	?	?	?	?	?	?	?							
						6	?	?	?	?							
					7	?	?	?	?								
						8	?	?	?	?	?	?	?				
					9	?	?	?	?								
						10	?	?	?	?	?	?	?				
					11	?	?	?	?	?	?	?	?				
						12	?	?	?	?							

1. Zeit, in der der Kredit bzw. das Darlehen vollständig zurückbezahlt wird
2. Lateinisches Wort, aus dem sich der Begriff Kredit ableitet
3. Schriftliches Dokument, das bei Aufnahme eines Kredits unterzeichnet wird
4. Bezeichnung für einen Bankkredit, aber auch für Bargeld oder Bankguthaben
5. Bezeichnung für Kreditnehmer
6. Konto (Abkürzung), das Bankkredite mit einer Laufzeit bis zu einem Jahr erfasst
7. Name des Kontos, auf dem die Gutschrift des Kredites erfolgt
8. Bilanzseite, auf der die Kredite eines Unternehmens erfasst werden
9. Entgelt bzw. Preis des Kredites
10. Fachbegriff für die Rückzahlung des Kredites
11. Bezeichnung für Kredite mit einer längeren Laufzeit und höheren Beträgen
12. Konto (Abkürzung), das Bankkredite mit einer Laufzeit über einem Jahr erfasst

„Außenseiter gesucht": Begründe, welcher dieser Begriffe nicht in die jeweilige Reihe gehört. 3/30

1. Kredit – Tilgung – Habenzins – Laufzeit
2. Fremdfinanzierung – Kredit – Eigenkapital – Darlehen
3. KBKV – FO – LBKV – VE

Ermittle für AK-Bikes die Zinstage nach der deutschen (kaufmännischen) Zinsmethode. 3/31

1. Berechne die Zinstage schriftlich und ohne Taschenrechner für folgende Kreditlaufzeiten:

1.1 05.03. bis 30.06.
1.2 01.03. bis 16.11.
1.3 12. Januar bis 14. Juli
1.4 01.04. bis 30.09.
1.5 10. Februar bis 31. Mai
1.6 10.12. bis 15.02.

2. Ermittle die Zinstage mit einem Zinstagerechner (Internet) für folgende Kreditlaufzeiten:

2.1 27.01. bis 16.04.
2.2 14.03. bis 15.12.
2.3 1. August bis 1. Dezember
2.4 15. April bis 24. September

3/32 Im Fach Informationstechnologie hast du dich bereits mit einem Tabellenkalkulationsprogramm auseinandergesetzt. Erstelle nun am Computer deinen persönlichen Zinstagerechner. Überprüfe nach der Erstellung die Lösungen der Aufgabe 3/31 mit Hilfe deines Rechenblattes bzw. Zinstagerechners.

Vorgehensweise:

- Erstelle das nachfolgende Rechenblatt in einem Tabellenkalkulationsprogramm:

	A	B	C	D
1	**ZINSTAGERECHNER**			
2	Dt. Zinsmethode			
3	**Anfangsdatum**	**Enddatum**	**LAUFZEIT**	
4				
5				
6				

- Formatiere die Zellen „Anfangsdatum" und „Enddatum" mit dem entsprechenden Datumsformat.
- Verwende zur Berechnung der Laufzeit die Funktion „TAGE360".
  Die Formel lautet dementsprechend für die Zelle zur Berechnung der Laufzeit:
  =TAGE360(Ausgangsdatum; Enddatum; [Methode])
- Gib in der Formel bei Anfangsdatum und Enddatum die entsprechende Zelle an. Achtung: Beim dritten Argument muss die europäische Methode („WAHR") verwendet werden. Dies bewirkt, dass jedes Ausgangs- und Enddatum, das auf den 31. eines Monats fällt, zum 30. desselben Monats wird.

Tipp: Bei Schwierigkeiten kannst du dich an deine Mitschüler bzw. bei Bedarf sicher auch an deine BwR- oder IT-Lehrkraft wenden. Aber auch im Internet kannst du entsprechende Hinweise bzw. Anleitungen finden.

3/33 Berechne jeweils die Zinsen für folgende Kredite mit Hilfe der Zinsformel.

	Kreditbetrag	Zinssatz p. a.	Laufzeit
1	15.000,00 €	3,5 %	26.05.–05.11.
2	22.500,00 €	8 %	09.09.–30.11.
3	75.000,00 €	3 %	240 Tage
4	82.850,00 €	2,5 %	330 Tage

3/34 Berechne jeweils die Zinsen für folgende Kredite auf die angegebene Weise.

1. Ermittle durch Kopfrechnen die Höhe der Jahreszinsen in der Tabelle ❶.
2. Berechne mit Hilfe der Zinsformel die Höhe der Zinsen in der Tabelle ❷ schriftlich, ohne Taschenrechner. Vergleiche die Ergebnisse mit deinem Banknachbarn.

❶	Kreditbetrag	Zinssatz p. a.
1.1	40.000,00 €	5 %
1.2	20.000,00 €	7 %
1.3	50.000,00 €	3 %

❷	Kreditbetrag	Zinssatz p. a.	Laufzeit
2.1	72.000,00 €	5 %	100 Tage
2.2	180.000,00 €	2 %	250 Tage
2.3	9.000,00 €	4 %	200 Tage

Hilf Julia bei den Hausaufgaben für die Berufsschule. Berechne jeweils die fehlenden Werte. Die Aufgaben können auch mit Hilfe eines Tabellenkalkulationsprogramms gelöst werden. **3/35**

	Kreditbetrag	**Zinssatz p. a.**	**Zinsen**	**Laufzeit**
1	???	2,5 %	568,75 €	182 Tage
2	30.000,00 €	3 %	300,00 €	???
3	8.550,00 €	???	285,00 €	200 Tage
4	12.000,00 €	3,5 %	???	03.04.–08.12.
5	???	7 %	21,00 €	15 Tage
6	65.000,00 €	4,5 %	2.876,25 €	???
7	14.400,00 €	???	209,00 €	190 Tage

Andrea Kästner hat einen Kredit über 75.000,00 € zu 4,75 % p. a. aufgenommen. Am Ende der Laufzeit muss sie einschließlich Zinsen 76.187,50 € an das Kreditinstitut zurückzahlen. Berechne die Laufzeit des Kredites in Tagen. **3/36**

AK-Bikes erhielt am 14. März einen Kredit in Höhe von 50.000,00 €. Am 14. August wurde er einschließlich Zinsen mit 50.625,00 € zurückgezahlt. Berechne den Zinssatz für den Kredit. **3/37**

Im Unternehmen AK-Bikes müssen folgende Geschäftsfälle von dir bearbeitet werden. **3/38**

1. Andrea Kästner hat einen Kredit über 15.000,00 € zu 5,50 % p. a. aufgenommen. Der Kredit muss am Ende der Laufzeit einschließlich Zinsen mit 15.550,00 € zurückgezahlt werden. Berechne die Laufzeit in Tagen.
2. Im Unternehmen AK-Bikes wird ein Kredit in Höhe von 36.000,00 € nach 270 Tagen einschließlich Zinsen mit 37.026,00 € zurückgezahlt. Berechne den Zinssatz für den Kredit.
3. Ein Kredit in Höhe von 27.000,00 € wird bei der Donaubank Ingolstadt zu einem Zinssatz von 5,2 % p. a. von AK-Bikes aufgenommen. Der Kredit wird vom 15.01. bis 15.07. benötigt. Berechne die Höhe der Zinsen für diesen Kredit.
4. Frau Kästner muss für einen Kredit der iBank Frankfurt/Main 1.440,00 € Zinsen bezahlen. Mit der Bank wurden eine Laufzeit von 216 Tagen und ein Zinssatz von 3,2 % p. a. vereinbart. Berechne den Kreditbetrag (Kapital).

Am 18. Mai hat Andrea Kästner von ihrer Bank einen Kredit zu 4,2 % p. a. erhalten. Sie zahlte ihn am 15. September einschließlich 614,25 € Zinsen zurück. Berechne die Höhe des Kredits. **3/39**

Hilf Riccardo bei der Berechnung des Auszahlungsbetrages für folgende zwei Kreditangebote. **3/40**

1. AK-Bikes nimmt bei der Donaubank Ingolstadt ein Darlehen mit einer Laufzeit von 4 Jahren in Höhe von 80.000,00 € auf. 2,5 % des Kreditbetrags werden als Disagio einbehalten. Der Nominalzinssatz beträgt 1,99 % p. a. für diesen Kredit.
2. Von der iBank (Frankfurt) erhält AK-Bikes folgendes Angebot für einen Kredit: Kreditbetrag 120.000,00 €, Laufzeit 10 Jahre, Zinssatz 2,25 % p. a., Auszahlungskurs 98,5 %

3/41 AK-Bikes benötigt zur Finanzierung einer Maschine 46.680,00 €. Die Donaubank Ingolstadt überweist den Kreditbetrag nach Abzug von 2,75 % Disagio auf das Geschäftsbankkonto des Unternehmens. Berechne den Kreditbetrag laut Kreditvertrag.

3/42 Andrea Kästner liegen folgende Kreditangebote für den Kauf einer neuen Maschine vor:

Kreditinstitut	Kreditbetrag	Laufzeit	Kreditkonditionen
Donaubank Ingolstadt	75.000,00 €	292 Tage	Zinssatz 3,50 % p. a., Disagio 0,75 %
iBank Frankfurt	75.000,00 €	292 Tage	Zinssatz 2,75 % p. a., Disagio 1,25 %
Bayernbank München	75.000,00 €	292 Tage	Zinssatz 4,60 % p. a.

Ermittle mit Hilfe des effektiven Zinssatzes das günstigste Kreditangebot.

3/43 Im Fach Informationstechnologie hast du dich bereits mit einem Tabellenkalkulationsprogramm auseinandergesetzt. Erstelle am Computer ein Rechenblatt zum Vergleich von Kreditangeboten mit Hilfe des effektiven Zinssatzes. Löse Aufgabe 3/42 mit Hilfe deines Rechenblattes.

Vorgehensweise:

- Erstelle das nachfolgende Rechenblatt in einem Tabellenkalkulationsprogramm:

	A	B	C	D
1	**Vergleich von Kreditangeboten – Berechnung der effektiven Verzinsung**			
2				
3	**KREDITKONDITIONEN**			
4	**Kreditbetrag**			
5	**Zinssatz p. a.**			
6	**Disagio**			
7	**Laufzeit (Tage)**			
8	**BERECHNUNG**			
9	**Auszahlungsbetrag**			
10				
11	**Zinsen**			
12	**Disagio**			
13	**Kreditkosten**			
14				
15	**Effektiver Zinssatz**			

- Gib die Konditionen der Kreditangebote in die Zellen ein. Achte auf richtige Formatierung der Zellen.
- Gib zur Berechnung der Werte die jeweiligen Formeln in die Zellen ein.

3/44 AK-Bikes benötigt einen Kredit (Laufzeit: 330 Tage) über 35.000,00 € für den Kauf eines LKWs.

Angebot der Donaubank Ingolstadt	Zinssatz 3,25 % p. a., Disagio 0,75 %
Angebot der Bayernbank München	Zinssatz 3,80 % p. a., Disagio 0,10 %

Ermittle durch Rechnung in übersichtlicher Gegenüberstellung das günstigste Kreditangebot.

AK-Bikes möchte in eine neue Lackieranlage investieren. Die Anschaffungskosten betragen 176.000,00 €. Andrea Kästner kann davon 126.750,00 € selbst aufbringen. Der Rest wird über ein Darlehen der Donaubank Ingolstadt finanziert. Die Darlehenslaufzeit beträgt 345 Tage. Die Donaubank legt folgendes Angebot vor: Auszahlungskurs 98,5 %, Sollzinssatz 2,75 % p. a. 3/45

1. Ermittle die Höhe des Darlehens, das bei der Donaubank beantragt werden muss.
2. Berechne die effektive Verzinsung für das Darlehen.

Gib für die Aussagen an, ob sie richtig oder falsch sind und berichtige falsche Behauptungen. 3/46

A	Kreditinstitute berechnen auch bei Vereinbarung eines Disagios die Tilgungsraten und Zinsen immer auf den vollen Kreditbetrag.
B	Der Nominalzinssatz gibt den Zinssatz für den Kredit in Prozent auf den Nennwert pro Kalenderjahr an.
C	Ein Disagio wird meist in Verbindung mit einem höheren Sollzinssatz vereinbart.
D	Der effektive Zinssatz berücksichtigt alle Kreditkosten (Zinsen, Disagio ...) während der gesamten Laufzeit bezogen auf den Kreditbetrag.
E	Als Disagio wird die Differenz zwischen dem Kreditbetrag und dem Auszahlungsbetrag bezeichnet.

Im Unternehmen AK-Bikes macht Andrea Kästner bei einer Besprechung in der Abteilung Rechnungswesen folgende Bemerkung: 3/47

„Die Aussagekraft des effektiven Zinssatzes muss beim Vergleich von Kreditangeboten kritisch hinterfragt werden. Zur Bewertung der Kreditangebote sind weitere Informationen notwendig."

Nimm zusammen mit deinem Banknachbarn Stellung zu dieser Aussage.

Bei AK-Bikes müssen für folgende Geschäftsfälle die Buchungssätze erstellt werden. 3/48

1. Die Donaubank Ingolstadt schreibt AK-Bikes einen Kredit über 5.000,00 € mit einer Laufzeit von 60 Tagen auf dem Geschäftsbankkonto gut.
2. Das Geschäftsbankkonto wird von der Oberlandbank Ingolstadt mit Sollzinsen für einen kurzfristigen Kredit in Höhe von 23,50 € belastet.
3. AK-Bikes nimmt bei der Schanzer Privatbank ein Darlehen in Höhe von 32.000,00 € auf. Bei Auszahlung auf das Geschäftsbankkonto wird ein Disagio von 1,2 % von der Darlehenssumme abgezogen.
4. Banklastschrift durch die iBank Frankfurt für Sollzinsen in Höhe von 46,00 € und Tilgung in Höhe von 1.200,00 € für einen Kredit mit einer Laufzeit von 540 Tagen.
5. Die Donaubank Ingolstadt gewährt AK-Bikes ein Darlehen in Höhe von 125.000,00 € (Laufzeit: 5 Jahre). Die Bank schreibt den Kreditbetrag auf dem Geschäftsbankkonto gut.
6. Andrea Kästner überweist 5.000,00 € an die iBank Frankfurt zur Tilgung eines Kredites mit einer Laufzeit von 4 Jahren.
7. Bei der Direktbank X-EUR nimmt AK-Bikes einen Kredit mit einer Laufzeit von 8 Monaten auf. Nach Abzug von 0,8 % Disagio vom Kreditbetrag werden als Auszahlungsbetrag 51.088,00 € auf dem Geschäftsbankkonto von AK-Bikes gutgeschrieben.

3/49 Bilde für die beiden Vorgänge auf dem Kontoauszug jeweils den Buchungssatz.

DONAUBANK INGOLSTADT			
IBAN DE72 7515 0080 4040 8080 20 BIC DBNKDEFF		Auszug/Jahr Blatt-Nr.	11/20.. 1
		Kontoauszug	Betrag in €
BuTag Wert Vorgang		**Alter Kontostand**	68.477,58 +
12.02. 12.02.	Lastschrift - Sollzinsen Kreditnummer 72751500809000401915		42,36 -
12.02. 12.02.	Tilgung - Darlehen Darlehensnr. 72751500809300501726		35.000,00 -
		Neuer Kontostand	33.435,22 +
Andrea Kästner Mountainbikes e. Kfr. 85049 Ingolstadt			
Ihre Servicebank Homebanking bequem und günstig		letzte Erstellung Erstellungstag	10.02.20.. 13.02.20.. / 07:58

3/50 Formuliere für AK-Bikes zu den Buchungen im Konto Bank die Geschäftsfälle. Vergleiche deine Ergebnisse mit deinem Banknachbarn und besprecht danach die Ergebnisse in der Klasse.

S	**2800 BK**		H
AB	31.540,20 €	1. ZAW	78,00 €
2. KBKV	15.000,00 €	3. LBKV	1.200,00 €

3/51 Der Kreditbetrag für eine Investition im Unternehmen AK-Bikes hat eine Höhe von 74.000,00 €.

Angebot der Donaubank Ingolstadt	**Angebot der Bayernbank München**
Zinssatz 4,00 % p. a., Disagio 0,50 %, Laufzeit 285 Tage	Zinssatz 3,95 % p. a., Auszahlung 99,25 %, Laufzeit 285 Tage

1. Berechne die effektive Verzinsung für die beiden Kreditangebote.
2. Neben den Kreditkosten, die bei der Berechnung der effektiven Verzinsung berücksichtigt werden, können noch zusätzliche Kosten anfallen. Gib zwei Beispiele an.
3. Die Kreditaufnahme wird beim günstigsten Anbieter vorgenommen. Bilde den Buchungssatz für die Gutschrift des Bankkredits auf dem Geschäftsbankkonto von AK-Bikes unter den gegebenen Bedingungen.
4. Am Laufzeitende erfolgt die Tilgung vom gesamten Kreditbetrag. Bilde den Buchungssatz.

3/52 Bereits vor eurem Besuch wollt ihr das zu erkundende Kreditinstitut näher kennenlernen. Gestalte mit deinem Banknachbarn einen Steckbrief z. B. mit folgenden Informationen und Fotos:

Name, Art (Genossenschaftsbank, öffentlich-rechtliches Kreditinstitut bzw. Geschäftsbank; recherchiere ggf. diese Fachbegriffe), Zahl der Filialen/Standorte, Zahl der Mitarbeiter, ...

3/53 Bildet für die Bankerkundung Gruppen, z. B. entsprechend den Aufgabenbereichen Schalter, Tresor, Kredite, Geldanlage etc. Formuliert für euren Bereich Fragen, die von den Mitarbeitern beantwortet werden sollen. Achtet darauf, dass eure Fragen mit einem W-Wort beginnen, z. B. „Warum“ oder „Wie viel“. Erstellt anschließend einen Fragebogen, der euch mit den erhaltenen Antworten als Grundlage für die Auswertung dient (z. B. Präsentation der Ergebnisse auf der Schulhomepage oder in der Aula auf Plakaten).

BwR-Partnerabfrage zum Thema „Finanzierung“ 3/54

Du testest deinen Banknachbarn mit den folgenden Aufgaben, dein Partner nimmt die Fragen der Folgeseite, um dich zu testen.

Selbstverständlich kannst du die Fragen auch im Rahmen der Portfolioarbeit zur Selbstkontrolle nutzen. Decke einfach die Lösungen mit einem Blatt ab und schon kann der Selbsttest starten ...

Blatt für Partner 1	
Fragen an Partner 2	**Lösung Partner 2**
1. Erkläre den Begriff „Investition“.	Verwendung finanzieller Mittel im Unternehmen (z. B. Anlagevermögen)
2.	
3. Nenne das Konto zur Aufnahme/Tilgung eines langfristigen Kredites.	4250 LBKV
4.	
5. Gib die zwei grundsätzlichen Finanzierungsmöglichkeiten an.	Finanzierung mit Eigenkapital oder Fremdkapital
6.	
7. Nenne drei Konten, die dem Fremdkapital zugeordnet werden.	4250 LBKV, 4200 KBKV, 4400 VE, (4800 UST)
8.	
9. Erläutere den Begriff „Darlehen“.	Kreditform, meist mit höheren Beträgen und längeren Laufzeiten
10.	
11. Nenne das Konto zur Erfassung der Sollzinsen in der Buchführung.	7510 Zinsaufwendungen (ZAW)
12.	
13. Gib die Tageszinsformel an.	$\text{Zinsen} = \frac{\text{Kapital} \cdot \text{Zinssatz} \cdot \text{Tage}}{100 \cdot 360}$
14.	
15. Erkläre den Zusatz „p. a.“ beim Zinssatz.	per annum (jährlich) bzw. per anno (für das Jahr); Zinssatz bezieht sich auf ein Jahr
16.	
17. Nenne die Anzahl der Zinstage eines Zinsjahres/Zinsmonats (dt. Zinsmethode).	Zinsjahr: 360 Zinstage Zinsmonat: 30 Zinstage
18.	
19. Gib den Fachbegriff für den Differenzbetrag von Kredit- und Auszahlungsbetrag an.	Disagio
20.	

Blatt für Partner 2

Fragen an Partner 1	Lösung Partner 1
1.	
2. Erläutere den Begriff „Finanzierung“.	Maßnahmen zur Beschaffung und Bereitstellung von Kapital (Mittelherkunft)
3.	
4. Erkläre den Begriff „Liquidität“.	Fähigkeit, alle Zahlungsverpflichtungen termingerecht zu erfüllen
5.	
6. Nenne die Bilanzseite, die die Finanzierung des Unternehmens zeigt.	Passivseite
7.	
8. Nenne das Konto zur Aufnahme eines kurzfristigen Kredites.	4200 KBKV
9.	
10. Erkläre den Begriff „Kreditwürdigkeit“.	Fähigkeit des Schuldners einen Kredit zurückzahlen zu können
11.	
12. Gib den Fachbegriff für die Rückzahlung eines Kredites an.	Tilgung
13.	
14. Erläutere den Begriff „Schuldendienst“.	Tilgung des Kredites und die Zahlung der Zinsen
15.	
16. Erläutere den Unterschied zwischen der Prozentrechnung und der Zinsrechnung.	Die Zinsrechnung ist eine um die Zeit erweiterte Prozentrechnung.
17.	
18. Erkläre den Begriff „Effektiver Zinssatz“.	Der effektive Zinssatz berücksichtigt alle Kreditkosten.
19.	
20. Nenne Kosten von Krediten, die nicht beim effektiven Zinssatz berücksichtigt werden.	Kreditversicherungen, Kontoführungsgebühren, Bereitstellungszinsen

3.9 KOMPETENZCHECK

Der Kompetenzcheck ist ein Fragebogen zur Selbsteinschätzung deiner im Unterricht erworbenen Kompetenzen. Hier geht es darum, dass du deine fachlichen Kompetenzen zum Lernbereich 3 (Anlagen und Finanzierung) bewertest. Schätze dich selber ein. Gehe vom aktuellen Stand deiner Kompetenz aus. Drucke den Selbsteinschätzungsbogen aus (www.ak-bookes.bayern). Fülle diesen aus, indem du in jeder Zeile ehrlich einen Haken ✓ setzt. Die von dir bearbeiteten Anwendungsaufgaben helfen dir, dich richtig einzuschätzen.

stimmt, stimmt teilweise, stimmt nicht.

Wiederhole die Inhalte des Lernbereichs, in denen du dich noch nicht so richtig kompetent fühlst. Führe danach den Kompetenzcheck erneut durch. So kannst du deinen Lernfortschritt überprüfen.

Ich kann ...	**Lernbereich**	**Aufgaben**
... die Bedeutung von Sachanlagen für den Produktionsprozess erklären.	**3.1**	3/1–3/3
... Anschaffungskosten berechnen und den Kauf von Sachanlagen buchhalterisch erfassen.	**3.2.1 3.2.2 3.2.3**	3/4–3/9
... Gründe für die Wertminderung von Sachanlagen benennen.	**3.3.1**	3/10–3/12
... mit dem linearen Abschreibungsverfahren den Abschreibungsbetrag berechnen.	**3.3.2**	3/13–3/18
... die Abschreibung buchhalterisch erfassen.	**3.3.3**	3/19–3/22
... die Auswirkung von Abschreibungen erklären.	**3.3.4**	3/23–3/26
... den Begriff Finanzierung erläutern.	**3.4.1**	3/27, 3/54
... die Kreditaufnahme sowie den Schuldendienst darstellen.	**3.4.2**	3/28–3/30 3/54
... die Zinsrechnung im Kreditbereich anwenden.	**3.5.1**	3/31–3/39 3/54
... die gesamten Kosten von Bankkrediten durch Berechnung des effektiven Zinssatzes ermitteln und Kreditvergleiche durchführen.	**3.5.2**	3/40–3/47 3/54
... die Buchungssätze für die Aufnahme von Bankkrediten und für den Schuldendienst bilden.	**3.6**	3/48–3/51 3/54
... eine Bankerkundung vorbereiten und auswerten.	**3.7**	3/52, 3/53

3.10 ALLES KLAR!

In der Abteilung Rechnungswesen des Unternehmens AK-Bikes fallen im Bereich Investition und Finanzierung eine Reihe von Aufgaben an. Da Selma Demirci außer Haus ist, benötigen die Auszubildenden deine Unterstützung!

1. Der alte Elektro-Gabelstapler soll bei AK-Bikes im Januar durch ein neues Modell ausgetauscht werden.

1.1 Nenne den Fachbegriff für die beschriebene Art von Investition. Begründe deine Antwort.

1.2 Für die Anschaffung des neuen Elektro-Gabelstaplers hat Selma Demirci Angebote für das Modell „Stapel-King 21-E“ eines bekannten Herstellers bei zwei Händlern eingeholt.

Entscheide dich für ein Angebot und nenne zwei Gründe, warum der neue Elektro-Gabelstapler bei diesem Anbieter gekauft werden sollte.

Angebot 1 der Firma Nutzfahrzeuge Tobias Bauer KG, Manching (Auszug):

Nutzfahrzeuge
Tobias Bauer KG

Nutzfahrzeuge Tobias Bauer KG – Bayernring 25 – 85077 Manching

Nutzfahrzeuge Tobias Bauer KG
Bayernring 25
85077 Manching

Telefon: 08459 09548
Telefax: 08459 09550
E-Mail: info@nutzfahrzeuge-bauer...
Internet: www.nutzfahrzeuge-bauer...

Firma
Andrea Kästner Mountainbikes e. Kfr.
Stamsrieder Weg 50
85049 Ingolstadt

Manching, 03.01.20..

Angebot
Ihre Anfrage vom: 19.12.20.. Kunden-Nr.: 4567

Zu Ihrer Anfrage unterbreiten wir Ihnen folgendes Angebot:

Artikel	Gesamtpreis (EUR)
Elektro-Gabelstapler „Stapel-King 21-E“ einschließlich Anbaugerät und Überführung	48.000,00
zuzüglich Umsatzsteuer 19 %	9.120,00
Gesamtbetrag brutto	**57.120,00**

Der Kundendienst wird durch unsere Werkstatt in Manching bei Ingolstadt ausgeführt.
Verlängerung gesetzliche Gewährleistungsfrist: nicht vorgesehen
Lieferzeit: 3 Wochen

Angebot 2 der Firma Nutzfahrzeug-Center Max Frey GmbH, Frankfurt/Main (Auszug):

Nutzfahrzeug-Center
Max Frey GmbH

Nutzfahrzeug-Center Max Frey GmbH – Stadtstraße 31 – 60488 Frankfurt am Main

Nutzfahrzeug-Center Max Frey GmbH
Stadtstraße 31
60488 Frankfurt am Main

Telefon: 069 089898
Telefax: 069 089899
E-Mail: info@nutzfahrzeug-center...
Internet: www.nutzfahrzeug-center...

Firma
Andrea Kästner Mountainbikes e. Kfr.
Stamsrieder Weg 50
85049 Ingolstadt

Frankfurt/Main, 04.01.20..
Ihre Anfrage vom 19.12.20..
Kunden-Nr. 4321

Angebot-Nr. 16/20

Artikel	Gesamtpreis (€)
Elektro-Gabelstapler „Stapel-King 21-E" einschließlich Anbaugerät und Überführung	46.900,00
Umsatzsteuer 19 %	8.911,00
Gesamtbetrag brutto	**55.811,00**

Lieferzeit: 8 Wochen
Verlängerung gesetzliche Gewährleistungsfrist: um 2 Jahre
Der Kundendienst erfolgt von unserer Niederlassung in Frankfurt/Main.

2. Zur Finanzierung des Elektro-Gabelstaplers gibt es verschiedene Möglichkeiten.

2.1 AK-Bikes versucht, die Zinsbelastung durch Kredite zu vermeiden. Hierfür müssen neue Sachanlagen wie der Elektro-Gabelstapler mit eigenen Mitteln finanziert werden. Erkläre, wie eine Selbstfinanzierung durch Abschreibungen möglich ist.

2.2 Recherchiere im Internet Vor- und Nachteile von Eigen- und Fremdfinanzierung und stelle sie gegenüber.

2.3 Die anstehende Investition kann zunächst nicht mit eigenen Mitteln finanziert werden. Ein Kredit muss aufgenommen werden.

Ordne zum Thema „Kredite" die folgenden Begriffe (Kennbuchstaben) den Karteikarten mit den entsprechenden Erklärungen (Ziffern) zu.

A Darlehen	C Kredit	E Schuldendienst	G Finanzierung
B Zinsen	D Effektiver Zinssatz	F Tilgung	H Kreditwürdigkeit

1 Zeitweilige Überlassung von Geld gegen Entgelt

3 Preis für die zeitweilige Überlassung von Geld

5 Beschaffung/Bereitstellung von Finanzmitteln (Kapital)

7 Tilgung des Kredits und Zahlung der Zinsen für diesen

2 Rückzahlung eines Kredits

4 Prüfung der wirtschaftlichen und persönlichen Verhältnisse eines Kreditnehmers

6 Zinssatz der alle Kreditkosten (Zinsen, Disagio ...) berücksichtigt

8 Kredite mit längeren Laufzeiten und höheren Beträgen

2.4 Verfasse eine E-Mail an die Auszubildenden des Unternehmens AK-Bikes, in der du die Aussage von Frau Demirci zur Liquidität für das Unternehmen AK-Bikes kurz erläuterst.

3. Andrea Kästner hat sich inzwischen entschieden, den Gabelstapler beim Händler Nutzfahrzeuge Tobias Bauer KG in Manching zu kaufen.

Außerdem wurde nach einem Kreditvergleich ein Kreditvertrag mit der Hausbank (Donaubank Ingolstadt) abgeschlossen:

Laufzeit: 270 Tage
Disagio: 1,2 % vom Kreditbetrag
Zinssatz: 2,4 % p. a.

3.1 Bei dem im Kreditvertrag genannten Hinweis auf den Zinssatz steht der Zusatz „p. a.“. Erkläre, was die Angabe „p. a.“ bedeutet.

3.2 Gib an, welche Aussage zum Disagio richtig ist. Begründe, warum die anderen Behauptungen falsch sind.

A	Das Disagio mindert die Kosten eines Kredits.
B	Das Disagio ist umsatzsteuerpflichtig.
C	Das Disagio ist eine Art vorausbezahlter Zins.

3.3 Argumentiere, weshalb zum Vergleich von Kreditangeboten der effektive Zinssatz herangezogen werden muss.

3.4 Berechne den effektiven Zinssatz für das vorliegende Kreditangebot der Donaubank Ingolstadt.

3.5 „Der effektive Zinssatz zeigt nicht den tatsächlichen Preis des Kredites.“
Nimm Stellung zu dieser Kritik.

3.6 Bilde die Buchungssätze für folgende Geschäftsfälle:

3.6.1 Kreditgutschrift durch die Donaubank Ingolstadt auf dem Geschäftsbankkonto von AK-Bikes

3.6.2 Kauf des Elektro-Gabelstaplers bei Nutzfahrzeuge Tobias Bauer KG in Manching gegen Rechnung

3.6.3 Zinszahlung (Banklastschrift) nach 30 Tagen

3.6.4 Belastung des Geschäftsbankkontos von AK-Bikes nach 270 Tagen mit der Tilgung des Kredites

4. Für den neuen Elektro-Gabelstapler wurde folgende Anlagenkarte erstellt, die allerdings noch nicht vollständig ist:

Anlagenkarte	**Inventar-Nr.:** **92348**	**AK-Bikes** AK-Bikes, Stamsrieder Weg 50, 85049 Ingolstadt	
Bezeichnung:	Elektro-Gabelstapler „Stapel-King 21-E"	**Gewährleistung:**	2 Jahre
Anlagenkonto:	0840 FP	**Anschaffungsdatum:**	29.01.20..
Lieferer:	Nutzfahrzeuge Tobias Bauer KG, Bayernring 25, 85077 Manching		
Anschaffungskosten:	48.000,00 €	**Versicherungsdaten:**	
Nutzungsdauer:	???	Versicherung:	Insurance AG
		Versicherungsnummer:	9147982345
		Ansprechpartner:	Herr Heisterkam
		Tel.:	08123/234812
Jahr	**Wertminderung/Abschreibung pro Jahr**		**Restbuchwert 31.12.**
1		6.000,00 €	42.000,00 €
2		...	...

4.1 Erkläre, weshalb AK-Bikes über alle Anlagegegenstände in Form der Anlagenkartei genauestens Buch führt.

4.2 In der Anlagenkarte wird unter anderem die jährliche Wertminderung von Sachanlagen erfasst.

Beschreibe verschiedene Ursachen für Wertminderungen.

4.3 Gib die ausführliche Bezeichnung für „AfA" an und nenne das Gesetz, in dem dieser Fachbegriff verwendet wird.

4.4 Berechne die geplante Nutzungsdauer des Elektro-Gabelstaplers.

4.5 Bilde den Buchungssatz zur Erfassung der Wertminderung zum 31.12. im ersten Nutzungsjahr.

4.6 Berechne den Restbuchwert zu Beginn des 5. Nutzungsjahres.

4.7 Die drei Auszubildenden haben bereits begonnen, den Abschreibungsverlauf für den Elektro-Gabelstapler in einem Säulendiagramm darzustellen.

Zeichne das begonnene Säulendiagramm in dein Heft und vervollständige es anschließend. Vergiss nicht, die beiden Achsen zu beschriften und eine Legende anzulegen, welche über die beiden Beträge in jeder Säule Auskunft gibt.

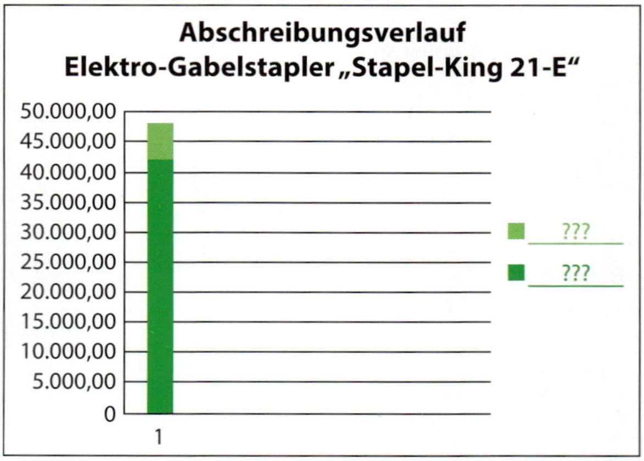

4.8 Entnimm deinem Säulendiagramm wichtige Eigenschaften der linearen Abschreibungsmethode.

Zusatzaufgabe „Lernen durch Lehren“

Erstelle mit deinem Banknachbarn ein Erklärvideo mit einem geeigneten Programm z. B. zu Abschreibungen, zur Zinsberechnung oder zur Kreditfinanzierung.

Methode: Erklärvideo	
	**Schritt 1: Thema festlegen** Zunächst legst du das Thema deines Erklärvideos genau fest.
	**Schritt 2: Drehbuch erstellen** Hier gliederst du das Thema in sinnvolle Abschnitte. Dabei sollte eine Hauptperson im Mittelpunkt deiner Geschichte stehen. Überlege, vor welchem Problem die Person steht und wie sie das Problem lösen kann.
	**Schritt 3: Storyboard entwickeln** Jetzt geht es darum, den Inhalt deines Themas in einzelne Szenen umzusetzen. Dazu fertigst du Skizzen an und ergänzt diese durch den Text, der in jeder Szene gesprochen werden soll.
	**Schritt 4: Details festlegen** Steht das Storyboard, gehst du an die Festlegung der Details. Du suchst die Hintergrundmusik sowie einen Sprecher aus und erstellst die ersten Illustrationen. Außerdem wird der zeitliche Ablauf genau fixiert.
	**Schritt 5: Video produzieren** Im letzten Schritt erstellst du das Video (zeichnen, filmen, animieren und schneiden). Die Bilder werden durch den Sprecher und die Musik ergänzt.

Lösungen Selbstcheck-Aufgaben

3/16 – Lösung

1. 0860 BM 1.610,00 €
   2600 VORST 305,90 € an 4400 VE 1.915,90 €

2. jährlicher Abschreibungsbetrag in € = $\frac{1.610,00}{7}$ = 230,00

Anschaffungskosten	1.610,00 €
– Abschreibung 1. Nutzungsjahr	230,00 €
– Abschreibung 2. Nutzungsjahr	230,00 €
= Restbuchwert	1.150,00 €

3/22 – Lösung

1. NUTZUNGSDAUER
2. ABSETZUNG
3. NULL
4. ABNUTZBAR
5. GLEICHE
6. WERTMINDERUNG
7. ROSTEN
8. DIEBSTAHL
9. BUCHWERT
10. EINKOMMENSTEUERGESETZES
11. §520ABSA
12. ANSCHAFFUNGSKOSTEN

3/29 – Lösung

1. LAUFZEIT
2. CREDERE
3. KREDITVERTRAG
4. FINANZMITTEL
5. SCHULDNER
6. KBKV
7. BANK
8. PASSIVA
9. ZINS
10. TILGUNG
11. DARLEHEN
12. LBKV

3/31 – Lösung

1.1 115 Tage	1.3 182 Tage	1.5 110 Tage	2.1 79 Tage	2.3 120 Tage
1.2 255 Tage	1.4 179 Tage	1.6 65 Tage	2.2 271 Tage	2.4 159 Tage

3/44 – Lösung

	Donaubank		Bayernbank	
	Betrag	Prozent	Betrag	Prozent
Kreditbetrag	35.000,00 €	100,00 %	35.000,00 €	100,00 %
– Disagio	262,50 €	0,75 %	35,00 €	0,10 %
= Auszahlungsbetrag	34.737,50 €	99,25 %	34.965,00 €	99,90 %
Zinsen	1.042,71 €		1.219,17 €	
+ Disagio	262,50 €		35,00 €	
= tatsächliche Kreditkosten	1.305,21 €		1.254,17 €	
effektiver Zinssatz		**4,10 %**		**3,91 %**

Antwort: Da der effektive Zinssatz bei der Bayernbank am niedrigsten ist, bietet sie uns den günstigsten Kredit an.

3/46 – Lösung

A: richtig
B: richtig
C: falsch, mit einem **geringeren** Sollzinssatz
D: falsch, bezogen auf den **Auszahlungsbetrag**
E: richtig

ÜBER DIESE KOMPETENZEN VERFÜGST DU BALD:

- eine Verdienstabrechnung auswerten und die Höhe des Nettoentgelts berechnen
- die Problematik der Personalzusatzkosten erläutern
- auf der Grundlage von Lohn- und Gehaltslisten den monatlichen Personalaufwand buchhalterisch erfassen
- die Notwendigkeit eines angemessenen Unternehmerlohns in einem Einzelunternehmen begründen
- Privatentnahmen und Privateinlagen des Unternehmers buchhalterisch erfassen
- am Ende des Geschäftsjahres das Privatkonto über das Konto Eigenkapital abschließen

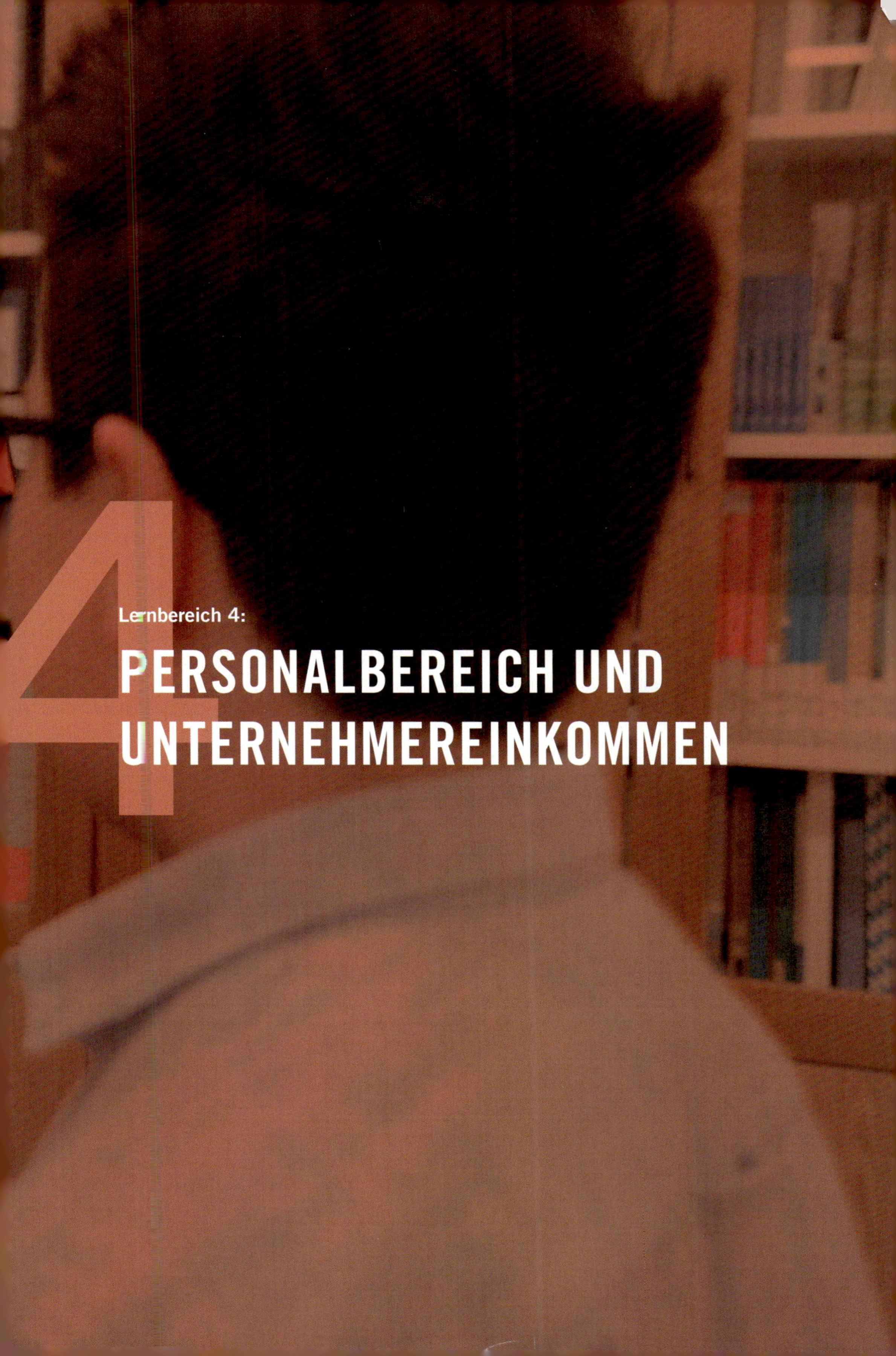

Lernbereich 4:

PERSONALBEREICH UND UNTERNEHMEREINKOMMEN

4.1 AUSWERTUNG EINER ENTGELTABRECHNUNG

Max Lindner hat bereits zwei Monate vor Ausbildungsende von Frau Demirci einen Arbeitsvertrag erhalten. Aufgrund seines hohen Einsatzes während der Ausbildungszeit sowie der guten Leistungen in der Berufsschule wird er von AK-Bikes übernommen und kann auch nach seiner Ausbildung weiter im Unternehmen beschäftigt bleiben.

MAX: Endlich ist es so weit, ich bekomme mein erstes Gehalt als ausgelernter Industriekaufmann: 2.200,00 € im Monat! Das ist viel mehr Geld als die Ausbildungsvergütung, die ich bisher erhalten habe. Ich habe mir schon genau überlegt, was ich mir von meinem ersten richtigen Gehalt alles leisten werde!

Nick, der während seines Betriebspraktikums bei AK-Bikes gerade die Rechnungswesenabteilung besucht, ist überrascht von der Höhe des Einkommens von Max:

NICK: Über 2.000,00 € im Monat? Wahnsinn!

MAX: Achtung, 2.200,00 € verdiene ich brutto im Monat. Netto sieht es nicht mehr so gut aus. Lohn- und Gehaltsabrechnungen sind nämlich immer nach folgendem Abrechnungsschema aufgebaut: Bruttogehalt minus gesetzliche Abzüge ergibt das Nettogehalt. Und nur das bekomme ich auf mein Konto überwiesen.

NICK: Und wie viel wird vom Bruttogehalt abgezogen?

MAX: Das ist unterschiedlich und kann fast die Hälfte des Bruttogehalts ausmachen.

Max und die Ausbildungsleiterin Selma Demirci erklären dem Praktikanten Nick nun Schritt für Schritt die Gehaltsabrechnung.

Abrechnungsschema einer Entgeltabrechnung

Andrea Kästner Mountainbikes e. Kfr.
Stamsrieder Weg 50
85049 Ingolstadt

LOHN-/GEHALTSABRECHNUNG

Abrechnungsmonat: August 20..

Name, Vorname	Straße	PLZ/Ort
Lindner, Max	Am Lerchensteig 12	85080 Gaimersheim

Personalnr.	Geburtsdatum	Eintrittsdatum	Steueridentifikationsnr.
45032-47	01.04.20..	01.08.20..	8159639562934

Lohnsteuerklasse	Kinderfreibetrag	Religion	Bankverbindung
Eins	0	röm.-kath.	Handelsbank Ingolstadt
			IBAN:
			DE71 7906 9000 0001 2612 15

Steuerpflichtiges Bruttogehalt		**2.200,00 €**
Lohnsteuer	218,66 €	
Solidaritätszuschlag	12,03 €	
Kirchensteuer	17,49 €	
Steuerabzüge gesamt		*248,18 €*
Krankenversicherung	171,60 €	
Pflegeversicherung	33,55 €	
Rentenversicherung	204,60 €	
Arbeitslosenversicherung	27,50 €	
Sozialversicherungsabzüge gesamt		*437,25 €*
Summe der gesetzlichen Abzüge		**685,43 €**
Nettogehalt (Auszahlungsbetrag)		**1.514,57 €**

2.200,00 € muss AK-Bikes monatlich für die Arbeitsleistung von Max bezahlen.

AK-Bikes überweist dieses Geld an drei Empfänger:

Finanzamt

Krankenkasse

Max

Vom Bruttogehalt werden von AK-Bikes Steuern an das zuständige Finanzamt und Sozialversicherungsbeiträge an die Krankenkasse von Max Lindner überwiesen. Die Krankenkasse leitet davon die entsprechenden Beträge an die anderen Sozialversicherungsträger weiter. Nur den Rest, das sogenannte Nettogehalt, erhält Max Lindner auf seinem Girokonto gutgeschrieben.

Zur Berechnung der Höhe der gesetzlichen Abzüge für die Lohn-/Gehaltsabrechnung benötigt die Buchhaltung von AK-Bikes folgende Informationen:

❶	❷	❸
Persönliche Informationen von Max: • Steuerklasse • Anzahl der Kinderfreibeträge • Religion	eine aktuelle **Lohnsteuertabelle**	die aktuellen **Beitragssätze der Sozialversicherungen**

1 Persönliche Informationen

AK-Bikes kann als Arbeitgeber alle steuerlich relevanten Daten für seine Arbeitnehmer, die sogenannten ELStAM (**E**lektronischen **L**ohn**St**euer-**A**bzugs**M**erkmale), direkt beim Bundeszentralamt für Steuern abrufen. Dazu benötigt AK-Bikes die dreizehnstellige Steuer-Identifikationsnummer von Max.

Jeder in Deutschland gemeldete Bürger hat eine eigene Steuer-Identifikationsnummer (ID oder auch Steuer-ID). Sie wird von Geburt an vergeben, ist ein Leben lang gültig und muss zu Beginn einer Tätigkeit dem Arbeitgeber mitgeteilt werden.

Andrea Kästner Mountainbikes e. Kfr.
Stamsrieder Weg 50
85049 Ingolstadt

LOHN-/GEHALTSABRECHNUNG

Abrechnungsmonat: August 20..

Name, Vorname	Straße	PLZ/Ort
Lindner, Max	Am Lerchensteig 12	85080 Gaimersheim

Personalnr.	Geburtsdatum	Eintrittsdatum	Steueridentifikationsnr.
45032-47	01.04.20..	01.08.20..	8159639562934

Lohnsteuerklasse	Kinderfreibetrag	Religion	Bankverbindung
Eins	0	röm.-kath.	Handelsbank Ingolstadt
			IBAN:
			DE71 7906 9000 0001 2612 15

Max Lindner

- ist der Lohnsteuerklasse I zugeordnet
- hat keine Kinderfreibeträge
- ist römisch-katholisch

Diese Lohnsteuerabzugsmerkmale sind notwendig, um die Höhe der Lohnsteuer exakt ermitteln zu können.

Max Lindner ist ledig und somit der Lohnsteuerklasse I zugeordnet. Insgesamt gibt es sechs unterschiedliche Lohnsteuerklassen, in die Arbeitnehmer vom Finanzamt eingeordnet werden. Die Steuerklasse ist entscheidend dafür, wie viel Lohnsteuer im Monat gezahlt werden muss. Ehepaare haben die Wahl zwischen zwei Kombinationen:

Steuerklasse I	**Steuerklasse II**	**Steuerklassen III, IV, V**	**Steuerklasse VI**
Ledig, verwitwet, ... (kinderlos)	Alleinerziehende	Verheiratete	für die zweite und jede weitere Arbeitsstelle

Steuerklassen III und V	**Steuerklassen IV und IV**
bei unterschiedlich hohen Einkommen	bei ähnlich hohen Einkommen

4/1
4/2

❷ Steuerabzüge laut Lohnsteuertabelle

Die Lohnsteuertabelle gibt die Höhe der Steuerabzüge an, die vom Bruttoentgelt vom Arbeitgeber einbehalten werden. Je nach Bruttoentgelt und Lohnsteuerklasse unterscheidet sich die Höhe der Lohnsteuer erheblich.

Steuerpflichtiges Bruttogehalt	
Lohnsteuer	218,66 €
Solidaritätszuschlag	12,03 €
Kirchensteuer	17,49 €
Steuerabzüge gesamt	

- **Lohnsteuer** wird auf Einkünfte aus nicht selbstständiger Arbeit erhoben; Höhe hängt von Bruttoentgelt und Steuerklasse ab
- **Solidaritätszuschlag** ist eine Ergänzungsabgabe zur Lohnsteuer und beträgt 5,5 % der zu zahlenden Lohnsteuer (Stand 2020; weitgehende Abschaffung ab 2021 geplant)
- **Kirchensteuer** beträgt in Bayern 8 % der Lohnsteuer

SELMA DEMIRCI: Nick, um die Höhe der Steuerabzüge zu ermitteln, benutzen wir in der Personalabteilung Lohnsteuertabellen. Hier habe ich einen Auszug für dich.

NICK: Das ist der falsche Auszug. Das Bruttogehalt von 2.200,00 € ist nicht aufgeführt.

SELMA DEMIRCI: Doch, doch, der Auszug stimmt! Es können nicht alle Einkommen einzeln aufgelistet werden. Für das Einkommen von 2.200,00 € sind die Steuersätze der Gehaltsstufe ab 2.199,00 € anzusetzen.

NICK: Da Max in Steuerklasse I eingeordnet ist, muss er 218,66 € Lohnsteuer bezahlen.

SELMA DEMIRCI: Genau. Die Höhe des Solidaritätszuschlags und der Kirchensteuer ist dagegen davon abhängig, ob er Kinder hat oder nicht. Beachte daher den Kinderfreibetrag und überprüfe die Werte mit den Abzügen in der Gehaltsabrechnung.

Kinderfreibetrag			0		0,5		1	
ab €	**Stk**	**Steuer**	SolZ	KiStr	SolZ	KiStr	SolZ	KiStr
2.199,00								
	1	218,66	12,03	17,49	7,39	10,75	–	4,51
	2	176,83	–	–	2,83	7,61	–	2,02
	3	19,66	–	1,57	–	–	–	–
	4	218,66	12,03	17,49	9,67	14,06	7,39	10,75
	5	469,00	25,80	37,52	–	–	–	–
	6	500,16	27,51	40,01	–	–	–	–
2.202,00								
	1	219,33	12,06	17,55	7,42	10,80	–	4,56

Nick erkennt, dass genau die in der Lohnsteuertabelle angegebenen Werte in der Gehaltsabrechnung vom Bruttolohn als Steuerabzüge aufgeführt sind. **4/3**

Neben dieser Methode kann zur exakten Ermittlung der Steuerabzüge auch der Lohnsteuerrechner vom Finanzamt verwendet werden (z. B. https://www.bmf-steuerrechner.de).

3 Sozialversicherungsabzüge

Zusätzlich zu den Steuern muss Max Beiträge zur Sozialversicherung bezahlen. Die gesetzliche Sozialversicherung ist eine Pflichtversicherung, die Max vor finanzieller Not bei Erwerbsunfähigkeit durch Alter, Krankheit, Arbeitslosigkeit oder Pflegebedürftigkeit absichert.

Die Beiträge werden in der Regel zur Hälfte von Max als Arbeitnehmer und Andrea Kästner als Arbeitgeberin getragen.

Andrea Kästner Mountainbikes e. Kfr.
Stamsrieder Weg 50
85049 Ingolstadt

LOHN-/GEHALTSABRECHNUNG

Abrechnungsmonat: August 20..

Name, Vorname	Straße	PLZ/Ort
Lindner, Max	Am Lerchensteig 12	85080 Gaimersheim

Krankenversicherung	171,60 €	
Pflegeversicherung	33,55 €	
Rentenversicherung	204,60 €	
Arbeitslosenversicherung	27,50 €	
Sozialversicherungsabzüge gesamt		*437,25 €*

- Diese vier Versicherungen gehören zu den gesetzlichen Sozialversicherungen.
- Die Höhe der Beiträge ist abhängig von der Höhe des Bruttoentgelts.

MAX: Woher weiß ich, wie viel Geld ich für die Sozialversicherung abführen muss?

SELMA DEMIRCI: Im Internet oder bei deiner Krankenkasse kannst du die Beitragssätze abrufen. Sie ändern sich von Zeit zu Zeit. Die aktuellen Werte kannst du der folgenden Übersicht entnehmen.

Stand 2020	Beitragshöhe gesamt	Anteil Arbeitnehmer	Anteil Arbeitgeber
Krankenversicherung	14,6 % + kassenindividueller Zusatzbeitrag	7,3 % + $\frac{1}{2}$ Zusatzbeitrag	7,3 % + $\frac{1}{2}$ Zusatzbeitrag
Pflegeversicherung	3,05 % + 0,25 % Zuschlag für Kinderlose mit Vollendung des 23. Lebensjahres	1,525 % evtl. + 0,25 % Zuschlag	1,525 %
Rentenversicherung	18,6 %	9,3 %	9,3 %
Arbeitslosenversicherung	2,5 %	1,25 %	1,25 %

- Der jeweils angegebene Prozentsatz bezieht sich immer auf das Bruttoentgelt als Grundwert.
- Der Zusatzbeitrag zur **Krankenversicherung** unterscheidet sich leicht je nach Krankenkasse. Im Durchschnitt liegt er 2020 bei 1,1 %.
- Der Zuschlag zur **Pflegeversicherung** beträgt 0,25 % und muss von kinderlosen Arbeitnehmern, die das 23. Lebensjahr vollendet haben, bezahlt werden.

NICK: Nach den Angaben in der Tabelle werden die Beiträge aufgeteilt.

SELMA DEMIRCI: Richtig. Der Arbeitnehmer muss die Beiträge zur Sozialversicherung nicht alleine zahlen. Nahezu die Hälfte davon zahlen wir als Arbeitgeber.

NICK: Oh, das überrascht mich. Warum machen Arbeitgeber das?

SELMA DEMIRCI: Das ist ein Grundprinzip unserer Sozialversicherung und gilt schon sehr lange. Beachte jedoch, dass die Sozialversicherung nicht alle erdenklichen Kosten übernehmen kann. Lediglich eine Grundversorgung wird immer gewährleistet. Willst du aber beispielsweise ein Einbettzimmer im Krankenhaus, solltest du zusätzlich privat vorsorgen.

Nick, nun bist du bestens informiert. Rechne jetzt doch einmal anhand der Prozentangaben die einzelnen Beiträge aus und überprüfe dabei, ob unsere Abrechnung für Max stimmt!

Für seine Berechnungen legt Nick den Bruttolohn von Max in Höhe von 2.200,00 € zu Grunde:

	Anteil Max **(Arbeitnehmer)**	Anteil AK-Bikes **(Arbeitgeber)**	
	Betrag	Betrag	
Krankenversicherung (mit einem Zusatzbeitrag von z. B. 1 %)	171,60 €	171,60 €	
Pflegeversicherung	33,55 €	33,55 €	
Rentenversicherung	204,60 €	204,60 €	4/4
Arbeitslosenversicherung	27,50 €	27,50 €	4/5
Gesamtanteil Sozialversicherung	**437,25 €**	**437,25 €**	4/6 4/7

4.2 PERSONALZUSATZKOSTEN

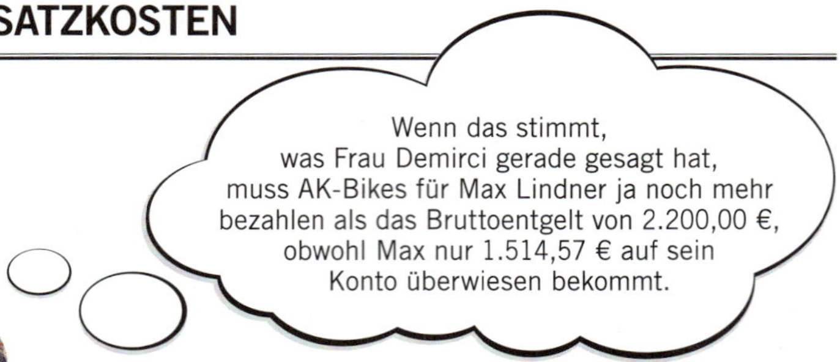

Tatsächlich sind im Jahr 2018 die gesamten Arbeitskosten, die Unternehmen in Deutschland für ihre Mitarbeiter monatlich bezahlen müssen, durchschnittlich um ca. 28 % höher als das Bruttoentgelt. Max Lindner kostet dem Unternehmen AK-Bikes demnach monatlich 2.816,00 €.

SELMA DEMIRCI: Max interessiert natürlich nur, was er monatlich netto auf sein Konto überwiesen bekommt. Für uns als Arbeitgeber ist dagegen entscheidend, wie viel uns ein Arbeitnehmer insgesamt kostet.

NICK: Das Nettoentgelt ist für Sie also völlig uninteressant?

SELMA DEMIRCI: Ja. Wir wollen wissen, wie hoch die gesamten Arbeitskosten für Max sind. Dabei müssen wir uns z. B. die folgenden Fragen stellen:

- Wie viel kosten uns seine Urlaubs-, Krankheits- oder Fortbildungstage?
- Was müssen wir ihm als **Direktentgelt** für seine tatsächlich geleistete Arbeit zahlen?
- Wie hoch sind für uns die Unfall- oder Sozialversicherungsbeiträge?
- Welche weiteren Kosten entstehen, wenn wir Max bei uns beschäftigen?

Die Arbeitskosten unseres Fertigungsleiters Herrn Graw haben sich im letzten Jahr folgendermaßen zusammengesetzt:

75 %	Entgelt für geleistete Arbeit (Direktentgelt)		38.250,00 €
	+ Vergütung arbeitsfreier Tage (Urlaub, bezahlte Krankheitstage, bezahlte Feiertage)	8.670,00 €	
	+ Sonderzahlungen (Nachtarbeitszuschlag, 13. Monatsgehalt, Vermögensbildung)	4.080,00 €	
100 %	Bruttoentgelt		51.000,00 €
+ 27 %	+ Sozialversicherung (Arbeitgeberanteil), Unfallversicherung, betriebliche Altersvorsorge	10.965,00 €	
	+ sonstige Personalzusatzkosten	2.805,00 €	
127 %	Arbeitskosten		64.770,00 €

Für Andrea Kästner als Unternehmerin sind diejenigen Kosten interessant, die insgesamt für einen Mitarbeiter entstehen. Für Herrn Graw muss AK-Bikes jährlich 64.770,00 € aufbringen. Zusätzlich zum Bruttolohn in Höhe von 51.000,00 € muss Andrea Kästner also 13.770,00 € **Personalzusatzkosten** (auch **Lohnnebenkosten** genannt) für Herrn Graw bezahlen. Die Personalzusatzkostenquote (bezogen auf das Bruttoentgelt) beträgt damit 27 %.

Lediglich 38.250,00 € der Arbeitskosten betreffen die Entlohnung der unmittelbar geleisteten Arbeit von Herrn Graw bei AK-Bikes. Die übrigen Zahlungen sind entweder gesetzliche Vorgaben oder Andrea Kästner leistet sie freiwillig für ihre Angestellten. Ein Teil dieser Zusatzkosten ist bereits im Bruttoentgelt enthalten. Im Wesentlichen sind dies bezahlte Krankheits-, Urlaubs- oder Feiertage sowie das 13. Monatsgehalt.

PERSONALZUSATZKOSTEN	
Gesetzlich vorgeschrieben	**Tariflich/betrieblich vereinbart**
• Arbeitgeberanteil zur Sozialversicherung • Beiträge zur Berufsgenossenschaft (Unfallversicherung) • Leistungen nach dem Mutterschutzgesetz • Lohnfortzahlung im Krankheitsfall • bezahlte Abwesenheit (Urlaub, Feiertage, Fortbildung)	• betriebliche Altersversorgung • Gewinnbeteiligung • 13. Monatsgehalt (Urlaubs-/Weihnachtsgeld) • Zuschüsse zur Vermögensbildung (z. B. Bausparvertrag) • Zahlungen bei besonderen Anlässen (Heirat, Geburt, Jubiläum)

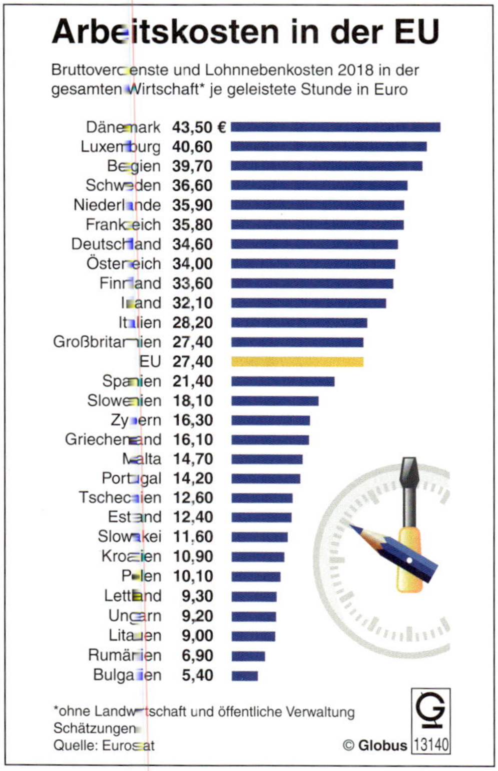

Für die **Wettbewerbsfähigkeit** eines Landes spielen die Arbeitskosten eine wichtige Rolle.

Um Personalkosten zu sparen, schließen deutsche Unternehmen daher oftmals ihren Standort in Deutschland und verlagern ihn nach Ost- oder Südosteuropa. Dies führt in Deutschland zum Abbau von Arbeitsplätzen. Die hohen Arbeitskosten erschweren außerdem die Ansiedlung ausländischer Unternehmen in Deutschland. Zudem können sie hierzulande zu Schwarzarbeit führen.

Hohe Arbeitskosten müssen für einen Industriestandort wie Deutschland aber nicht zwangsläufig von Nachteil sein. Sind mit höheren Arbeitskosten eine bessere Qualität der hergestellten Produkte oder eine höhere Fertigungsgeschwindigkeit verbunden, so kann der Kostennachteil
ausgeglichen werden. Man spricht in die- 4/8
sem Zusammenhang auch von einer bes- 4/9
seren **Produktivität**.

4.3 BUCHHALTERISCHE ERFASSUNG DES PERSONALAUFWANDS

SELMA DEMIRCI: Am Ende jeden Monats zahlt AK-Bikes die Löhne und Gehälter an seine Mitarbeiter aus. Diesen Vorgang müssen wir buchen.

NICK: Verdienstabrechnungen, wie die von Max, werden sicherlich nicht einzeln buchhalterisch erfasst.

SELMA DEMIRCI: Das wäre viel zu aufwendig. Zum Buchen der Löhne und Gehälter bei AK-Bikes fassen wir die gesamten Personalausgaben zusammen.

Als Grundlage für die Buchungen im Personalbereich dient die Lohn-/Gehaltsliste oder das **Lohn-/Gehaltsjournal** als Sammelbeleg:

Gehaltsjournal
Monat August 20..

Andrea Kästner Mountainbikes e. Kfr.

Arbeitnehmer	Bruttobezug	Steuern	Soz.-Vers.-AN	Nettobezug	Soz.-Vers.-AG
Lohnsteuer-abzugsmerkmale		Lohnsteuer Soli.zuschl. Ki-Steuer	RV KV AV PV		RV KV AV PV
Hubert III/1/rk	4.500,00 €	575,05 €	903,38 €	3.021,57 €	903,38 €
Staller II/1/–	2.800,00 €	384,81 €	555,10 €	1.860,09 €	555,10 €
Lindner I/0/rk	2.200,00 €	248,18 €	437,25 €	1.514,57 €	437,25 €
...	...	...	...	...	...
Summe	100.035,00 €	15.463,50 €	19.846,94 €	64.724,56 €	19.846,94 €
	1	2	3	4	5

Schritt 1

SELMA DEMIRCI: Die Buchung der Löhne und Gehälter erfolgt in drei Schritten. Die Personalausgaben stellen für AK-Bikes Aufwendungen dar. Zuerst bilden wir die Buchungssätze, die diesen Personalaufwand erfassen.

NICK: Das sind hauptsächlich die Bruttobezüge.

SELMA DEMIRCI: Gut erkannt! Daneben sind auch die Arbeitgeberanteile zur Sozialversicherung Aufwendungen für AK-Bikes. Diese müssen ebenso gebucht werden.

Praktikant Nick fasst die **Aufwendungen** zusammen, die dem Unternehmen AK-Bikes entstehen:		**Sollseite**	**Habenseite**
❶ Bruttobezüge	Die Bruttobezüge in Höhe von 100.035,00 € stellen für AK-Bikes einen Aufwand dar. Sie werden auf dem Aufwandskonto Löhne und Gehälter (6200 LG) im Soll gebucht.	**6200 LG**	
❷ Steuerabzüge	Zum einen zieht AK-Bikes die abzuführenden Steuern vom Bruttoverdienst ab. Bis zur Überweisung an das Finanzamt werden sie im passiven Bestandskonto Verbindlichkeiten gegenüber dem Finanzamt (4830 VFA) im Haben erfasst.		**4830 VFA**
❸ Sozialversicherungsbeiträge des AN	Zum anderen zieht AK-Bikes den Arbeitnehmeranteil zur Sozialversicherung vom Bruttolohn ab. Bis zur Überweisung an die Krankenkasse werden diese im passiven Bestandskonto Verbindlichkeiten gegenüber Sozialversicherungsträgern (4840 VSV) im Haben erfasst.		**4840 VSV**
❹ Nettobezüge	Die Nettobezüge werden über das Geschäftsbankkonto an die einzelnen Arbeitnehmer überwiesen. Dies wird im Haben des aktiven Bestandskontos Bank (2800 BK) gebucht.		2800 BK

Nick denkt auch daran, den Anteil zur Sozialversicherung zu berücksichtigen, der von AK-Bikes als Arbeitgeber zu tragen ist. **Beide Buchungssätze gehören zusammen!**		**Sollseite**	**Habenseite**
❺ Sozialversicherungsbeiträge des AG	Der Arbeitgeberanteil zur Sozialversicherung von 19.846,94 € erhöht den Personalaufwand von AK-Bikes. Daher wird er auf dem Aufwandskonto Arbeitgeberanteil zur Sozialversicherung (6400 AGASV) buchhalterisch im Soll erfasst.	**6400 AGASV**	
	Wie der Arbeitnehmeranteil verbleibt auch der Arbeitgeberanteil zur Sozialversicherung als Verbindlichkeit im Unternehmen, bis die Überweisung an das Finanzamt erfolgt. Die Buchung erfolgt im Haben.		4840 VSV

Nick bildet daraus die **Buchungssätze**:

❶	**6200 LG**	100.035,00 €	an	❹ 2800 BK	64.724,56 €	
				❷ **4830 VFA**	15.463,50 €	4/10
				❸ **4840 VSV**	19.846,94 €	4/11
❺	**6400 AGASV**	19.846,94 €	an	**4840 VSV**	19.846,94 €	

Selma Demirci und ihr Praktikant Nick besprechen das Vorgehen für den zweiten Schritt:

Schritt 2

SELMA DEMIRCI: Nun überweisen wir die Sozialversicherungsbeiträge an die jeweilige Krankenkasse unserer Mitarbeiter. Diese verteilt die Beträge weiter, z. B. an die Rentenversicherungsanstalt.

NICK: Gibt es einen Termin, bis zu dem dies erledigt sein muss?

SELMA DEMIRCI: Ja, die Überweisung der Sozialversicherungsbeiträge muss bis zum drittletzten Bankarbeitstag im Monat erfolgen.

Frau Demirci bereitet in ihrem Finanzbuchhaltungsprogramm eine sogenannte Sammelüberweisung vor. Darunter versteht man die zeitgleiche Überweisung an mehrere Zahlungsempfänger mit einem einzigen Auftrag.

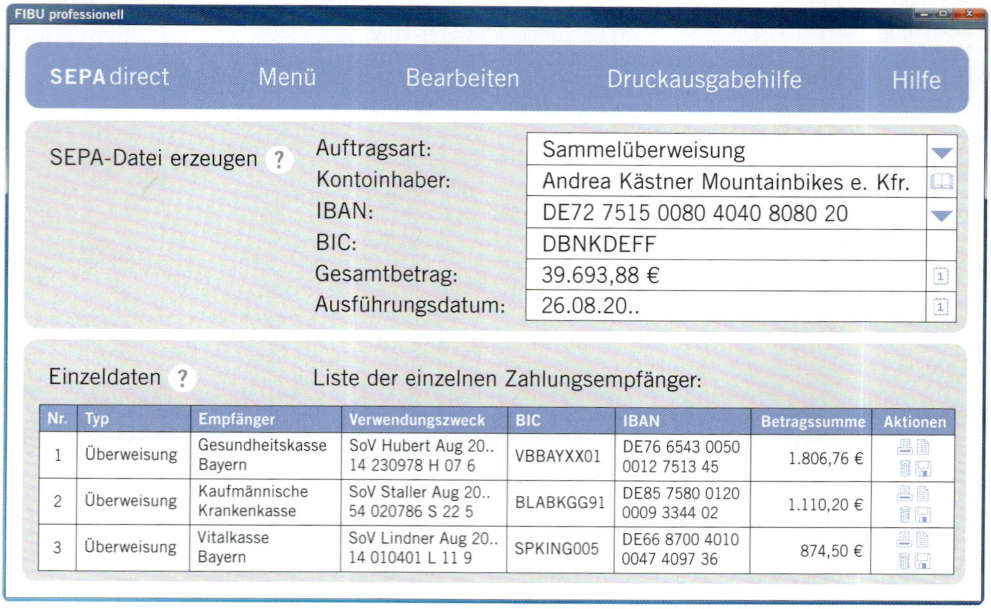
FIBU professionell

SEPA direct | Menü | Bearbeiten | Druckausgabehilfe | Hilfe

SEPA-Datei erzeugen ?

Auftragsart:	Sammelüberweisung
Kontoinhaber:	Andrea Kästner Mountainbikes e. Kfr.
IBAN:	DE72 7515 0080 4040 8080 20
BIC:	DBNKDEFF
Gesamtbetrag:	39.693,88 €
Ausführungsdatum:	26.08.20..

Einzeldaten ?

Liste der einzelnen Zahlungsempfänger:

Nr.	Typ	Empfänger	Verwendungszweck	BIC	IBAN	Betragssumme	Aktionen
1	Überweisung	Gesundheitskasse Bayern	SoV Hubert Aug 20.. 14 230978 H 07 6	VBBAYXX01	DE76 6543 0050 0012 7513 45	1.806,76 €	
2	Überweisung	Kaufmännische Krankenkasse	SoV Staller Aug 20.. 54 020786 S 22 5	BLABKGG91	DE85 7580 0120 0009 3344 02	1.110,20 €	
3	Überweisung	Vitalkasse Bayern	SoV Lindner Aug 20.. 14 010401 L 11 9	SPKING005	DE66 8700 4010 0047 4097 36	874,50 €	

NICK: Der Überweisungsbetrag von insgesamt 39.693,88 € taucht aber gar nicht in unserem Gehaltsjournal auf.

SELMA DEMIRCI: Indirekt schon. Beachte, dass wir den Arbeiternehmeranteil und den Arbeitgeberanteil zur Sozialversicherung addieren müssen. Das ergibt dann den Betrag von 39.693,88 €.

Nick bildet den **Buchungssatz** für die Banküberweisung der einbehaltenen Sozialversicherungsbeiträge an die Krankenkasse:

4/12	**4840 VSV**	39.693,88 €	an	2800 BK	3 + 5	39.693,88 €
					AN-Anteil + AG-Anteil (19.846,94 € + 19.846,94 €)	

Im Zusammenhang mit den Personalbuchungen liegt noch folgender Kontoauszug vor:

DONAUBANK INGOLSTADT

IBAN DE72 7515 0080 4040 8080 20			Auszug/Jahr	99/20..
BIC DBNKDEFF			Blatt-Nr.	1
			Kontoauszug	Betrag in €
BuTag	**Wert**	**Vorgang**	**Alter Kontostand**	18.789,15 +
10.09.	10.09.	Finanzamt Ingolstadt Lohnst., SolZ., Kirchenst. Mitarbeiter Andrea Kästner Mountainbikes e. Kfr. für Monat August 20..		15.463,50 −
			Neuer Kontostand	3.325,65 +

Andrea Kästner Mountainbikes e. Kfr. 85049 Ingolstadt

Ihre Servicebank Homebanking bequem und günstig	letzte Erstellung 07.09.20.. Erstellungstag 11.09.20../15:01

Auch hier klären Selma Demirci und Praktikant Nick vor der Buchung den Vorgang auf dem Kontoauszug:

Schritt 3

NICK: Jetzt in Schritt 3 erfolgt die Banküberweisung der einbehaltenen Steuerabzüge der Arbeitnehmer an das Finanzamt.

SELMA DEMIRCI: Das hast du sehr gut aus dem Beleg herausgelesen.

NICK: Warum hat AK-Bikes dies nicht schon zusammen mit den Beiträgen zur Sozialversicherung getan?

SELMA DEMIRCI: Mit der Überweisung an das Finanzamt können wir uns etwas länger Zeit lassen. Als Arbeitgeber bin ich verpflichtet, die einbehaltenen Steuern spätestens bis zum 10. des Folgemonats abzuführen.

Nick bildet nun auch den **Buchungssatz** zur Überweisung der einbehaltenen Steuern an das Finanzamt: 4/13

4830 VFA 15.463,50 € an ② 2800 BK 15.463,50 € 4/14

4.4 ANGEMESSENER UNTERNEHMERLOHN

NICK: Beim Blick in das Lohn-/Gehaltsjournal ist mir aufgefallen, dass Frau Kästner nicht in der Liste aufgeführt war.

SELMA DEMIRCI: Das hast du richtig bemerkt! Der Unternehmerlohn für die Inhaberin wird nicht wie die Löhne und Gehälter der Mitarbeiter als Personalaufwand buchhalterisch erfasst. Das Entgelt für die Arbeitsleistung unserer Chefin Frau Kästner ist als Bestandteil im Gewinn ihres Unternehmens AK-Bikes enthalten.

NICK: Bedeutet dies, dass Frau Kästner nicht der komplette Gewinn als Unternehmerlohn zusteht?

SELMA DEMIRCI: Es ist nicht sinnvoll, den Gewinn in voller Höhe als Unternehmerlohn zu entnehmen. Warum das so ist, erkläre ich dir. Lies dir zuerst die Informationen auf folgender Internetseite durch.

4/15

http://www.bwr-hilfen.xy/unternehmerlohn

KURZ UND BÜNDIG – DER UNTERNEHMERLOHN

- Im Vergleich zu Kapitalgesellschaften (z. B. GmbH) erhalten mitarbeitende Inhaber eines Einzelunternehmens keine Löhne bzw. Gehälter, sondern einen **Anteil am Gewinn**.
- Der Gewinnanteil richtet sich nach dem **marktüblichen Gehalt von Führungskräften** mit vergleichbarer Tätigkeit und Verantwortung in Kapitalgesellschaften.
- Für die Arbeitsleistung des Einzelunternehmers ist ein entsprechender Kostenbetrag (= Unternehmerlohn) angesetzt und wird **in die Preise für die Erzeugnisse mit einkalkuliert**, ähnlich wie der Rabatt oder Skonto.

➔ Aus diesem Grund wird vom sogenannten **kalkulatorischen Unternehmerlohn** gesprochen.

4/16

NICK: Und wie hoch ist denn genau der Betrag, der als Unternehmerlohn in die Verkaufspreise von AK-Bikes einkalkuliert wird?

SELMA DEMIRCI: Das kann uns am besten Frau Kästner selbst erklären.

ANDREA KÄSTNER: Bei der erstmaligen Berechnung des Unternehmerlohns habe ich mir zwei entscheidende Fragen gestellt:

- Wie hoch setze ich persönlich die Kosten für meine private Lebensführung an?
- In welcher Höhe kann ich meinem Unternehmen Kapital entziehen, ohne es in wirtschaftliche Schwierigkeiten zu bringen?

Die Kosten für die private Lebensführung können ähnlich dem Haushaltsplan berechnet werden. Mittel- bis langfristig müssen die gesamten privaten Lebenshaltungskosten gedeckt sein. Mit einer Vorlage des Bundesministeriums für Wirtschaft und Energie erstellte Andrea Kästner folgende beispielhafte Berechnung (https://www.existenzgruender.de):

			pro Monat
	Einnahmen außerhalb der Selbstständigkeit		
	Nettogehalt/-lohn Ehepartner (Rechtsanwalt)		3.200,00 €
	Kindergeld		408,00 €
	Rentenzahlungen		–
	Einkünfte aus Vermietung und Verpachtung		50,00 €
	Einkünfte aus Kapitalerträgen		75,00 €
+	Sonstige Einkünfte		–
	Summe der Einnahmen außerhalb der Selbstständigkeit		**3.733,00 €**
	Privatausgaben		
	Miete (inkl. Nebenkosten und Strom)		1.300,00 €
	Kranken- und Pflegeversicherung		520,00 €
	Rentenversicherung/Altersvorsorge		180,00 €
	Arbeitslosenversicherung		90,00 €
	Unfallversicherung		35,00 €
	Haftpflichtversicherung		28,00 €
	Sonstige Versicherungen (Lebens-, Kfz-, Rechtsschutzversicherung usw.)		210,00 €
	Telefon/Internet/GEZ		45,00 €
	Beiträge zu Vereinen/Verbänden		50,00 €
	Kosten des täglichen Bedarfs (Lebensmittel, Kleidung usw.)		1.200,00 €
	Rücklagen für Reparaturen, Urlaub, Ausbildung der Kinder, Freizeit usw.		500,00 €
	Zinsen und Tilgung von privat aufgenommenen Krediten		800,00 €
	Rücklagen für Einkommensteuer inkl. Soli-Zuschlag und ggf. Kirchensteuer		530,00 €
	Ausgaben für Geld- und Sachvermögen (z. B. Sparverträge)		350,00 €
+	Sonstiges		–
	Summe der Privatausgaben		**5.838,00 €**
	Erforderlicher Unternehmerlohn		**2.105,00 €**

Ausgehend von dem dargestellten Beispiel ergibt sich ein erforderlicher Unternehmerlohn von 2.105,00 € für Frau Kästner.

Die Höhe des Unternehmerlohns sollte großzügig berechnet werden. So können unvorhergesehene Ereignisse wie Beitragssteigerungen bei Versicherungen, Unfälle oder längere Krankheiten abgefangen werden. In wirtschaftlich schwierigen Zeiten kann darüber nachgedacht werden, den Unternehmerlohn zu begrenzen. Dagegen kann bei steigenden Umsätzen der
4/17 Unternehmerlohn erhöht werden.

NICK: Jetzt bin ich ein wenig verwundert über den recht niedrigen Betrag des Unternehmerlohns. Ich bin davon ausgegangen, dass Unternehmer ein Vermögen verdienen. Sogar Max mit seinem Einstiegsnettogehalt von rund 1.500,00 € ist nicht weit davon entfernt.

ANDREA KÄSTNER: Wir haben in unserer Rechnung zunächst nur die Mindestkosten für meine private Lebensführung ermittelt. Dabei ging es mir um die Existenzsicherung für meine Familie und mich.

SELMA DEMIRCI: Im zweiten Schritt erfolgt noch ein Vergleich mit dem **marktüblichen Geschäftsführergehalt** einer Kapitalgesellschaft. Dementsprechend kann die Höhe des Unternehmerlohns angepasst werden.

ANDREA KÄSTNER: Und außerdem müssen noch die Zinslage auf dem Kapitalmarkt sowie das Unternehmerrisiko im Unternehmerlohn berücksichtigt werden.

NICK: Das müssen Sie mir genauer erklären.

ANDREA KÄSTNER: Das in mein Unternehmen eingebrachte Kapital hätte ich auch anderweitig, z. B. in Aktien oder Immobilien, anlegen können. Dafür hätte ich Dividenden oder Mieten bekommen. Deshalb sollte der Unternehmerlohn als Ausgleich zur Verzinsung des eingesetzten Eigenkapitals auch einen **Eigenkapitalzins** enthalten.

NICK: Und wie ist das mit dem Unternehmerrisiko?

SELMA DEMIRCI: Frau Kästner übernimmt als Einzelunternehmerin erhebliche Wagnisse. Sie haftet sogar mit ihrem Privatvermögen. Daher sollte ihr Unternehmerlohn auch
4/18 eine entsprechende **Risikoprämie** abdecken.

Risikoprämie
als Ausgleich eines möglichen Verlustrisikos bei der unternehmerischen Tätigkeit

Beispiele:

Betriebsunterbrechungen
(z. B. Personalausfall oder Störungen)

IT-Störungen
(z. B. Netzstörungen)

Marktentwicklungen
(z. B. rückgängiger Marktanteil)

Unwetter-Risiko
(z. B. Schäden durch Hochwasser)

Maschinenausfallrisiko
(z. B. Stillstand aufgrund von Fehlbedienungen)

4/19

NICK: Mir ist noch unklar, wie der Unternehmerlohn in die Berechnung der Verkaufspreise für die Erzeugnisse einkalkuliert wird.

SELMA DEMIRCI: Werfen wir dazu einen Blick in meinen Notizblock.

SELMA DEMIRCI: Der Selbstkostenpreis gibt Auskunft darüber, welche Kosten für uns als Unternehmen bei der Produktion der Mountainbikes anfallen.

NICK: Ein Verkauf zu diesem Preis wäre aber nicht sinnvoll, schließlich wollen wir mit unseren Erzeugnissen einen Gewinn erzielen.

SELMA DEMIRCI: Genau! Aus diesem Grund schlagen wir einen bestimmten Prozentsatz als Gewinn auf, in dem auch der Unternehmerlohn als Bestandteil steckt. Dies ist auch der Grund dafür, dass vom kalkulatorischen Unternehmerlohn die Rede ist.

NICK: Mir ist jetzt klar: Bei jedem Verkauf eines Mountainbikes verdient Frau Kästner einen Teil ihres Unternehmerlohns mit. 4/20

Gewinn	**Unternehmerlohn**	Arbeitsentgelt Unternehmer
		Eigenkapitalzins
		Risikoprämie
	Gewinnrest	verbleibt im Unternehmen, z. B. für Realisierung von Investitionen oder neuen Geschäftsideen

4.5 PRIVATENTNAHMEN UND PRIVATEINLAGEN

Andrea Kästners Kinder Neele und Yannick planen den nächsten Sommerurlaub:

YANNICK: Neele und ich haben das perfekte Angebot für unsere seit Jahren versprochene Mittelmeer-Kreuzfahrt gefunden.

ANDREA: Wenn ich die Kosten überschlage, komme ich für unsere vierköpfige Familie auf einen Betrag von rund 4.000,00 €. Das Geld aus der Haushaltskasse unserer Familie reicht dazu nicht aus.

NEELE: Aber du hast doch gesagt, dass dein Unternehmen AK-Bikes wieder einen Gewinn erwirtschaften wird. Von diesem Geld könnten wir uns doch die Reise leisten.

Andrea Kästner als Inhaberin des Unternehmens AK-Bikes muss aufgrund der Rechtsformwahl zwischen dem Betriebs- und Privatbereich unterscheiden. Nur so lässt sich eine klare und übersichtliche Buchhaltung garantieren.

Zur Finanzierung der privaten Urlaubsreise ist es Frau Kästner möglich, im Vorgriff auf den zu erwartenden Gewinn Geld aus ihrem Betrieb zu entnehmen (**= private Entnahme**). Andererseits kann sie auch Geld und Sachwerte (z. B. ein Grundstück) in das Unternehmen einbringen (**= private Einlage**).

Privatentnahmen und -einlagen stehen in keinem Zusammenhang mit den Erfolgsvorgängen bei der Herstellung von Mountainbikes. Privatvorgänge sind daher **erfolgsneutral**. Dennoch ändert sich das Konto Eigenkapital: Privatentnahmen mindern das Eigenkapital, Privateinlagen erhöhen es. Aus Gründen der Übersichtlichkeit wird das **Unterkonto 3001 P („Privatkonto“)** eingeführt. Es stellt ein **Bindeglied zwischen dem privaten und dem betrieblichen Bereich** dar.

4.5.1 PRIVATENTNAHMEN

ANDREA: Neele und Yannick, ich habe eine Überraschung für euch. Schaut euch mal den Kontoauszug an!

DONAUBANK INGOLSTADT

IBAN DE72 7515 0080 4040 8080 20		Auszug / Jahr	34 / 20..
BIC DBNBDEFF		Blatt-Nr.	1
		Kontoauszug	Betrag in €
BuTag **Wert** **Vorgang**		**Alter Kontostand**	12.235,40 +
12.05. 12.05. Reisen mit Hansen und Jansen GmbH Rechnung 5481357 v. 04.05.20..			4.185,00 –
		Neuer Kontostand	8.050,40 +
Andrea Kästner Mountainbikes e. Kfr. 85049 Ingolstadt			
Ihre Servicebank		letzte Erstellung	10.05.20..
Homebanking bequem und günstig		Erstellungstag	13.05.20.. / 10:34

NEELE: Yannick, Mama hat eine Rechnung von „Reisen mit Hansen und Jansen GmbH" über das Betriebskonto beglichen.

YANNICK: Das war doch der Anbieter für die Kreuzfahrt. Hurra, wir fahren in den Urlaub!

Geschäftsfall:
Andrea Kästner begleicht die Rechnung für eine Urlaubsreise durch Überweisung von 4.185,00 € vom Geschäftsbankkonto.

Konten?	3001 P	2800 BK
Kontenart?	P	A
Veränderung?	–	–
Kontoseite?	S	H

Andrea Kästner bildet den **Buchungssatz**:

3001 P	4.185,00 €	an	2800 BK	4.185,00 €

Hinweis: Werden Privatrechnungen (z. B. die Rechnung für die Urlaubsreise) mittels des Betriebsvermögens beglichen, hat die auf der Rechnung ausgewiesene Umsatzsteuer nichts mit der betrieblichen Erfassung der Vorsteuer zu tun. Der Unternehmer handelt als Endverbraucher. Die Umsatzsteuer wird in solchen Fällen also nicht gebucht. 4/21 4/22

Es können sich noch weitere Fälle für Privatentnahmen ergeben:

Quittung für Kassenentnahmen

Betrag: *500,00 €* Datum: *29.06.20..*

Betrag € in Worten: *fünfhundert*

☒ entnommen und ausgehändigt an ~~Herrn~~/Frau *Andrea Kästner*

Selma Demirci (Abt. Buchhaltung)
Unterschrift Kassenkraft

☒ erhalten *Andrea Kästner*
Unterschrift Empfänger/in

Grund: *Private Zwecke*

Andrea Kästner Mountainbikes e. Kfr., Stamsrieder Weg 50, 85049 Ingolstadt

Geschäftsfall:
Andrea Kästner entnimmt für private Zwecke (z. B. zur Bestreitung des Lebensunterhalts) 500,00 € aus der Geschäftskasse.

Frau Demirci bildet den **Buchungssatz:**

3001 P	500,00 €	an	2880 KA	500,00 €

Überweisungen vom Geschäftsbankkonto für Privatzwecke und private Entnahmen aus der Geschäftskasse dienen der privaten Absicherung. Es können damit jederzeit unvorhergesehe-
4/23 ne Belastungen im Privatbereich abgefedert werden. Auch **Spendenzahlungen** erfolgen über
4/24 das Privatkonto.

Zahlungen für die Einkommen- und Kirchensteuer des Unternehmers werden ebenso über das Privatkonto abgewickelt. Frau Kästner als Inhaberin eines Einzelunternehmens unterliegt keiner Lohnsteuer, sie ist jedoch verpflichtet, eine Einkommensteuererklärung beim Finanzamt einzureichen. Dort wird die Steuererklärung geprüft und die Einkommensteuer und der Solidaritätszuschlag sowie gegebenenfalls die Kirchensteuer mittels Steuerbescheid festgesetzt.

Erst kürzlich hat Frau Kästner einen Bescheid im Briefkasten entdeckt, der auszugsweise vorliegt:

F e s t s e t z u n g

Art der Steuerfestsetzung
Der Bescheid ist nach § 165 Abs. 1 Satz 2 AO teilweise vorläufig.

	Einkommensteuer €	Solidaritätszuschlag €
Festgesetzt werden	16.797,00	923,84
ab Steuerabzug vom Lohn	15.850,50	871,78
verbleibende Steuer	946,50	52,06
A b r e c h n u n g (Stichtag 10.07.20..)		
bereits getilgt	0,00	0,00
mithin sind zu wenig entrichtet	946,50	52,06

Den Gesamtbetrag 998,56 € zahlen Sie bitte bis zum angegebenen Fälligkeitstag auf eines der angeführten Konten.

Die Überweisung der festgesetzten Einkommensteuer und des Solidaritätszuschlags nimmt Andrea Kästner vom Geschäftsbankkonto vor:

SEPA-Überweisung

Für Überweisungen in Deutschland, in andere EU-/EWR-Staaten und in die Schweiz in Euro.

Name und Sitz des überweisenden Kreditinstituts	Donaubank Ingolstadt
BIC	DBNKDEFF
Angaben zum Zahlungsempfänger: Name, Vorname/Firma (max. 27 Stellen, bei maschineller Beschriftung max. 35 Stellen)	FINANZAMT INGOLSTADT
IBAN	DE24 7000 0000 0072 1014 32
BIC des Kreditinstituts/Zahlungsdienstleisters (8 oder 11 Stellen)	MARKDEF1701
Betrag: Euro, Cent	998,56
Kunden-Referenznummer - Verwendungszweck, ggf. Name und Anschrift des Zahlers	IdNr. 52647388133
noch Verwendungszweck (insgesamt max. 2 Zeilen à 27 Stellen, bei maschineller Beschriftung max. 2 Zeilen à 35 Stellen)	Steuernummer 137/382/39204
Angaben zum Kontoinhaber: Name, Vorname/Firma, Ort (max. 27 Stellen, keine Straßen- oder Postfachangaben)	ANDREA KAESTNER
IBAN	DE72 7515 0008 0404 0808 020
	16
Datum	22.07.20..
Unterschrift(en)	A. Kästner

Andrea Kästner bildet folgenden **Buchungssatz**: 4/25

3001 P	998,56 €	an	2800 BK	998,56 €

4.5.2 PRIVATEINLAGEN

Andrea Kästner hat ein Schreiben vom Amtsgericht Ingolstadt erhalten:

Amtsgericht Ingolstadt
Abteilung für Nachlasssachen

3/3

Amtsgericht Ingolstadt
Abteilung für Nachlasssachen

2/3

Amtsgericht Ingolstadt
Abteilung für Nachlasssachen

Amtsgericht Ingolstadt · Gerichtsweg 90 · 85049 Ingolstadt

1/3

Parteiverkehr
Montag–Freitag: 08.00–12.00 Uhr
Mittwoch: 13.30–16.00 Uhr

Geschäftsstelle
Telefon: 0841 011345
Telefax: 0841 011346
Internet: www.amtsgericht-ingolstadt...
E-Mail: mail@amtsgericht...
Geschäftszeichen: 777 IX 123/20

Frau
Andrea Kästner
Stamsrieder Weg 50
85049 Ingolstadt

Ingolstadt, 29.09.20..

In Sachen
Keck Alfons, † 04.09.20..
wg. Nachlassverfahren

Sehr geehrte Frau Kästner,

in dem oben bezeichneten Nachlassverfahren teilen wir Ihnen mit:

Durch die Verfügungen von Todes wegen steht Ihnen laut Testament ein Betrag von 13.340,00 € zu.

Andrea Kästner nimmt die Erbschaft ihres verstorbenen Onkels an. Sie überlegt, den Geldbetrag in Höhe von 13.340,00 € aus ihrem Privatvermögen in ihren Betrieb einzubringen.

Privateinlagen werden aus Investitionsgründen oder bei Zahlungsschwierigkeiten (Liquiditätsengpässen) vorgenommen. Dies kann in Form von Geldeinlagen oder Sacheinlagen geschehen. Bei Sacheinlagen ist darauf zu achten, dass zum Zeitpunkt der privaten Anschaffung
4/26 des Anlageguts bereits die Umsatzsteuer von der Privatperson als Endverbraucher beglichen wurde.

4.5.3 ABSCHLUSS DES PRIVATKONTOS

Die Auszubildenden Julia und Riccardo werden am Ende des Geschäftsjahres beauftragt, das Privatkonto 3001 P als Unterkonto über das zugehörige Hauptkonto 3000 EK (Eigenkapital) abzuschließen. Es handelt sich um eine **vorbereitende Abschlussbuchung**.

Ausbilderin Selma Demirci weist darauf hin, dass zwei Möglichkeiten zu unterscheiden sind, die sich am Ende des Jahres zum 31.12. im Konto 3001 P ergeben können.

1. Möglichkeit: **Entnahmen < Einlagen**

3001 P

S			H
2. KA	324,00 €	1. BK	20.000,00 €
3. KA	250,00 €	4. KA	500,00 €
5. BK	6.251,50 €	6. FP	15.000,00 €
7. KA	300,00 €	9. BK	5.000,00 €
8. BK	3.650,50 €		
10. BK	1.500,00 €		
EK	**28.224,00 €**		
	40.500,00 €		40.500,00 €

Julia merkt an, dass in diesem Fall die Privateinlagen überwiegen. Der Saldo beträgt 28.224,00 € und ist auf der Sollseite mit dem entsprechenden Gegenkonto 3000 EK einzutragen. Julia bildet den vorbereitenden Abschlussbuchungssatz:

3001 P	28.224,00 €	an	3000 EK	28.224,00 €

2. Möglichkeit: **Entnahmen > Einlagen**

3001 P

S			H
2. KA	324,00 €	1. BK	2.000,00 €
3. KA	250,00 €	4. KA	500,00 €
5. BK	6.251,50 €	6. FP	3.500,00 €
7. KA	300,00 €	9. BK	1.000,00 €
8. BK	3.650,50 €	**EK**	**5.276,00 €**
10. BK	1.500,00 €		
	12.276,00 €		12.276,00 €

Riccardo stellt fest, dass diesmal die Privatentnahmen höher sind. Der Saldo beträgt 5.276,00 € und ist auf der Habenseite mit dem Gegenkonto 3000 EK zu buchen. Riccardo 4/30
bildet den vorbereitenden Abschlussbuchungssatz: 4/31

3000 EK	5.276,00 €	an	3001 P	5.276,00 €	4/32

Schließlich halten die Auszubildenden auf einem Notizzettel fest:

> Das Eigenkapital eines Unternehmens wird nicht nur durch Gewinn oder Verlust am Jahresende verändert, sondern auch durch Privateinlagen und Privatentnahmen.

Alles Klar?

ENTGELTABRECHNUNG

- **Abrechnung aus Sicht des ARBEITNEHMERS**

  Bruttoentgelt
  – Steuerabzüge
  – Sozialversicherungsabzüge
  = Nettoentgelt

- **Abzüge**

Steuerabzüge:	Die **Höhe der Steuerabzüge** ist abhängig von:	**Sozialversicherungsabzüge:**
• Lohnsteuer • Solidaritätszuschlag • Kirchensteuer	• der Höhe des Bruttoentgelts • der Steuerklasse (I, II, III, IV, V oder VI) • dem Kinderfreibetrag • der Religionszugehörigkeit	• Krankenversicherung • Pflegeversicherung • Rentenversicherung • Arbeitslosenversicherung

- **Abrechnung aus Sicht des ARBEITGEBERS**

  Entgelt für geleistete Arbeit (Direktentgelt)
  \+ Vergütung arbeitsfreier Tage/Sonderzahlungen
  = Bruttoentgelt
  + Personalzusatzkosten
  = Arbeitskosten

BUCHHALTERISCHE ERFASSUNG DES PERSONALAUFWANDS

- **Schritt 1** — Buchungssätze zur Erfassung des gesamten Personalaufwands mit Auszahlung per Banküberweisung:

6200 LG	*Bruttoverdienst*	an	**2800 BK**	*Nettoverdienst*
			4830 VFA	*einbehaltene Steuern*
			4840 VSV	*AN-Anteil SoV*
6400 AGASV	*AG-Anteil SoV*	an	**4840 VSV**	*AG-Anteil SoV*

- **Schritt 2** — Buchungssatz für die Banküberweisung der einbehaltenen **Sozialversicherungsbeiträge** an die **Krankenkasse**:

4840 VSV	*AN+AG-Anteil SoV*	an	**2800 BK**	*AN+AG-Anteil SoV*

- **Schritt 3** — Buchungssatz für die Banküberweisung der einbehaltenen **Steuern** an das **Finanzamt**:

4830 VFA	*einbehaltene Steuern*	an	**2800 BK**	*einbehaltene Steuern*

UNTERNEHMERLOHN

- **Angemessener Unternehmerlohn**

Einzelunternehmer erhält Gewinnanteil unter Berücksichtigung ...

... der **privaten Lebenshaltungskosten** als Mindestanteil

... **marktüblicher Gehälter von Führungskräften** in Kapitalgesellschaften

... eines Zinsbetrages für den im Unternehmen belassenen Gewinn (**Eigenkapitalzins**)

... einer **Risikoprämie** als Ausgleich für die unternehmerische Tätigkeit

→ Unternehmerlohn als Kostenbestandteil der Verkaufskalkulation **(kalkulatorischer Unternehmerlohn)** ←

Gewinn
– Unternehmerlohn
– Eigenkapitalzins
– Risikoprämie
= Eigentlicher Gewinn → **Privatentnahmen möglich!**

- **Privatentnahmen und Privateinlagen**

Privatentnahmen	**Privateinlagen**
z. B.: **3001 P** *Betrag* an **2800 BK** *Betrag* **Beispiele:** • Überweisungen für Privatzwecke über das Geschäftsbankkonto • Entnahmen aus der Geschäftskasse • Spendenzahlungen • Bezahlung der Einkommen-, Kirchensteuer des Unternehmers	• **Geldeinlagen** aus einer Erbschaft oder einem Gewinnspiel: z. B.: **2880 KA** *Betrag* an **3001 P** *Betrag* • **Sacheinlagen**, PKW, Grundstück, etc.: z. B.: **0840 FP** *Betrag* an **3001 P** *Betrag*
Beachte: • Privatvorgänge sind erfolgsneutral • die Umsatzsteuer wird nicht gebucht	

- **Abschluss des Privatkontos**

Entnahmen < Einlagen	**Entnahmen > Einlagen**
3001 P *Saldo* an **3000 EK** *Saldo*	**3000 EK** *Saldo* an **3001 P** *Saldo*

4.6 ANWENDUNGSAUFGABEN

4/1 Prüfe die folgenden Aussagen zur Lohn-/Gehaltsabrechnung von Max. Gib jeweils an, ob die Aussage richtig oder falsch ist und berichtige die falschen Aussagen.

A	Das Bundeszentralamt für Steuern (BZSt) verwaltet alle Steuer-Identifikationsnummern, die dazugehörigen Daten wie den vollständigen Namen, den Geburtstag, den Geburtsort, die aktuelle Anschrift und alle weiteren elektronischen Lohnsteuerabzugsmerkmale.
B	ELStAM ist die Abkürzung für Elektronische Lohnsteuer-Abzugsmaske.
C	Eltern müssen die Identifikationsnummer für ihr Baby sofort nach der Geburt beantragen.
D	ID steht für Identifikationsnummer. Diese elf Ziffern sind für jeden Deutschen ein Leben lang unveränderlich und eindeutig.
E	Max kann bei Antritt seiner neuen Arbeitsstelle seine Steuerklasse auswählen.
F	Für die Höhe des Lohnsteuerabzugs ist die Steuerklasse entscheidend.
G	Vom Bruttogehalt muss Max sofort nach der Gutschrift des Gehalts auf seinem Girokonto Steuern an das Finanzamt und Versicherungsbeiträge an die Krankenkasse überweisen.

4/2 Verschaffe dir mit Hilfe der Übersicht von Seite 184 einen Überblick über die sechs Lohnsteuerklassen und entscheide anschließend, welcher Lohnsteuerklasse die Mitarbeiter A–J zugeordnet sind.

A	Frau Ott ist verheiratet und hat zwei Kinder. Ihr Ehemann ist Steuerklasse V zugeordnet.
B	Herr Braun ist ledig und kinderlos.
C	Herr Jung ist verheiratet und hat drei Kinder. Seine Ehefrau ist Steuerklasse III zugeordnet.
D	Frau Wurm ist verheiratet, hat ein Kind und ihr Ehemann ist Steuerklasse IV zugeordnet.
E	Herr Fleißig ist verwitwet, hat zwei Kinder und ist im zweiten Arbeitsverhältnis tätig. Sein erstes Arbeitsverhältnis ist in einem anderen Unternehmen.
F	Frau Wagner ist geschieden und hat keine Kinder.
G	Herr König hat drei Kinder mit seiner Ehefrau, die Steuerklasse IV zugeordnet ist.
H	Frau Franzl ist geschieden und hat drei Kinder im eigenen Haushalt.
I	Herr Horn ist verheiratet und hat ein Kind. Seine Ehefrau ist Steuerklasse III zugeordnet.
J	Frau Baier ist alleinerziehende Mutter von einer 7-jährigen Tochter.

Dir liegt ein Auszug aus einer Lohnsteuertabelle vor:

Kinderfreibetrag			0		0,5		1		1,5		2		2,5		3	
ab €	Stk	Steuer	SolZ	KiStr	SolZ	KiStr	SolZ	KiStr	SolZ	KiStr	SolZ	KiStr	SolZ	KiStr	SolZ	KiStr
2.958,00																
	1	408,91	22,49	32,71	17,35	25,24	12,49	18,18	7,93	11,54	–	5,34	–	0,55	–	–
	2	361,50	–	–	14,88	21,65	10,17	14,80	4,73	8,37	–	2,71	–	–	–	–
	3	166,50	0,90	13,32	–	7,64	–	2,90	–	–	–	–	–	–	–	–
	4	408,91	22,49	32,71	19,88	28,92	17,35	25,24	14,89	21,66	12,49	18,18	10,18	14,81	7,93	11,54
	5	725,75	39,91	58,06	–	–	–	–	–	–	–	–	–	–	–	–
	6	762,08	41,91	60,96	–	–	–	–	–	–	–	–	–	–	–	–
2.961,00																
	1	409,66	22,53	32,77	17,39	25,30	12,53	18,23	7,97	11,59	–	5,39	–	0,58	–	–
	2	362,25	–	–	14,92	21,70	10,21	14,86	4,86	8,42	–	2,74	–	–	–	–
	3	167,16	1,03	13,37	–	7,68	–	2,93	–	–	–	–	–	–	–	–
	4	409,56	22,53	32,77	19,92	28,98	17,39	25,30	14,92	21,71	12,53	18,23	10,21	14,86	7,97	11,59
	5	726,83	39,97	58,14	–	–	–	–	–	–	–	–	–	–	–	–
	6	763,08	41,96	61,04	–	–	–	–	–	–	–	–	–	–	–	–
2.964,00																
	1	410,50	22,57	32,84	17,43	25,35	12,57	18,29	8,00	11,64	–	5,44	–	0,62	–	–
	2	363,00	–	–	14,96	21,76	10,25	14,91	4,98	8,47	–	2,78	–	–	–	–
	3	167,83	1,16	13,42	–	7,72	–	2,97	–	–	–	–	–	–	–	–
	4	410,50	22,57	32,84	19,96	29,04	17,43	25,35	14,96	21,77	12,57	18,29	10,25	14,91	8,00	11,64
	5	727,91	40,03	58,23	–	–	–	–	–	–	–	–	–	–	–	–
	6	764,16	42,02	61,13	–	–	–	–	–	–	–	–	–	–	–	–

Kirchensteuer: 8 % der Lohnsteuer in Bayern und Baden-Württemberg und 9 % in den übrigen Bundesländern

1. Lies die zutreffenden Steuerabzüge (Lohn- und Kirchensteuer, Solidaritätszuschlag) für die Mitarbeiter einer EDV-Abteilung heraus und berechne die gesamten Steuerabzüge:

	Adler	Boll	Conrad	Drews	Ertl
Bruttogehalt	2.962,00 €	2.962,00 €	2.962,00 €	2.962,00 €	2.962,00 €
Steuerklasse	I/0	II/3	III/1	V/0	IV/2
Konfession	evangelisch	röm.-kath	röm.-kath	ohne Bekenntnis	evangelisch

2. Trotz des gleichen Bruttogehalts fallen die Steuerabzüge bei den Mitarbeitern sehr unterschiedlich aus. Gib an, in welchen familiären Situationen die Steuerabzüge besonders niedrig sind. Kannst du dir denken, weshalb der Staat so agiert? Gib eine begründete Antwort.

3. Werte die obige Lohnsteuertabelle aus und gib an, ob die folgenden Aussagen richtig oder falsch sind. Berichtige die falschen Aussagen.

A	Je höher der Kinderfreibetrag, desto geringer fällt die zu zahlende Kirchensteuer aus.
B	Je niedriger der Kinderfreibetrag ist, desto geringer ist auch der zu zahlende Solidaritätszuschlag.
C	Arbeitnehmer in Steuerklasse II verdienen so wenig, dass sie bei einem Kinderfreibetrag von 0 weder Kirchensteuer noch Solidaritätszuschlag zahlen müssen.
D	Ein Arbeitnehmer, der bei einem Bruttoverdienst von 2.963,00 € einen Solidaritätszuschlag von 12,53 € zahlen muss, hat keine Kinder.
E	Betrachtet man die Systematik der ersten Spalte der Tabelle (ab €) so ist zu erkennen, dass sich die Reihe mit einem Bruttoverdienst in Höhe von 2.967,00 € fortsetzen würde.
F	Die Abzüge für Lohnsteuer, Solidaritätszuschlag und Kirchensteuer sind in der Steuerklasse 6 höher als in jeder anderen Steuerklasse.
G	Um die Kirchensteuer in Bayern richtig zu berechnen, muss der Lohnsteuerbetrag mit dem Faktor 0,08 multipliziert werden.
H	Je höher die Steuerklasse, desto höher sind auch die abzuführenden Steuerabzüge.

4/4 Zu den Mitarbeitern Müller, Schneider und Zimmermann liegen folgende Informationen vor:

	Müller (I/0)	Schneider (III/1)	Zimmermann (IV/2)
Alter in Jahren	45	22	39
Bruttogehalt	2.962,00 €	1.962,00 €	2.060,00 €
Beitragssatz zur Krankenversicherung	14,6 % + 1 % Zusatzbeitrag	14,6 % + 0,5 % Zusatzbeitrag	14,6 % + 1 % Zusatzbeitrag
Weitere Beitragssätze	siehe Seite 186		

1. Ermittle, nach Möglichkeit mit Hilfe eines Tabellenkalkulationsprogramms, für die drei Mitarbeiter den Arbeitnehmeranteil der gesetzlichen Abzüge ...

   a) zur Krankenversicherung.

   b) zur Pflegeversicherung.

   c) zur Rentenversicherung.

   d) zur Arbeitslosenversicherung.

2. Berechne jeweils den Arbeitgeberanteil der Abzüge zur Pflegeversicherung.

4/5 Ordne den vier bekannten Sozialversicherungszweigen die korrekte Aussage zu.

A	Bei dieser Sozialversicherung fällt der höchste Beitragssatz an.
B	Leistungen erhält, wer gesundheitlich beeinträchtigt und auf fremde Hilfe angewiesen ist.
C	Die Beitragssätze können vom jeweiligen Träger unterschiedlich hoch festgesetzt sein.
D	Vorrangiges Ziel ist die Sicherung des Einkommens arbeitssuchender Personen.

1. Entscheide, ob die folgenden Aussagen richtig oder falsch sind und schreibe die jeweils zutreffenden Buchstaben nacheinander auf. **4/6**

Aussage	richtig	falsch
Die Höhe der Lohnsteuer ist abhängig von Steuerklasse und Bruttoentgelt.	B	G
Alle Sozialversicherungsbeiträge werden ohne Ausnahme zu gleichen Teilen von Arbeitnehmern und Arbeitgebern getragen.	F	I
Die Sozialversicherung ist eine Pflichtversicherung für alle Arbeitnehmer.	S	D
Der Solidaritätszuschlag ist ein Bestandteil der vom Arbeitnehmer zu zahlenden Lohnsteuer und ist darin bereits mit 5,5 % eingerechnet.	Z	M
Der Solidaritätszuschlag ist ein Bestandteil der vom Arbeitnehmer zu zahlenden Lohnsteuer und ist darin bereits mit 5,5 % eingerechnet.	L	A
In der Sozialversicherung gilt das Grundprinzip der Solidarität.	R	N
Die Beitragssatzhöhe zur Sozialversicherung ist auf 10 Jahre festgesetzt.	H	C
Die Rentenversicherung dient der finanziellen Absicherung im Alter.	K	A

2. Recherchiere den Begriff, der sich aus den entsprechenden Antwortbuchstaben ergibt im Internet und beschreibe den Zusammenhang, der zum Thema Sozialversicherungen besteht.

4/7 Andrea Kästner liegen die Gehaltsabrechnungen der Mitarbeiter Graw und Prinz vor:

Andrea Kästner Mountainbikes e. Kfr.
Stamsrieder Weg 50
85049 Ingolstadt

LOHN-/GEHALTSABRECHNUNG

Abrechnungsmonat: Mai 20..

Name, Vorname	Straße	PLZ/Ort
Graw, Michael	Pestalozzistraße 28	85049 Ingolstadt

Personalnummer	Geburtsdatum	Eintrittsdatum	Steueridentifikationsnummer
32932-33	12.02.1978	01.08.20..	58011294930

Lohnsteuerklasse	Kinderfreibetrag	Religion	Bankverbindung
Vier	1	röm.-kath.	Sparbank Ingolstadt
			IBAN: DE71 7403 0000 0022 3412 98

Steuerpflichtiges Bruttogehalt			**4.250,00 €**
Lohnsteuer	767,08 €		
Solidaritätszuschlag	36,06 €		
Kirchensteuer	52,46 €		
Steuerabzüge gesamt		*??? €* ← A	
Krankenversicherung	331,50 €		
Pflegeversicherung	64,81 €		
Rentenversicherung	395,25 €		
Arbeitslosenversicherung	53,13 €		
Sozialversicherungsabzüge gesamt		*844,69 €*	
Summe der gesetzlichen Abzüge			**1.700,29 €**
Nettogehalt (Auszahlungsbetrag)			**2.549,71 €**

Andrea Kästner Mountainbikes e. Kfr.
Stamsrieder Weg 50
85049 Ingolstadt

LOHN-/GEHALTSABRECHNUNG

Abrechnungsmonat: Mai 20..

Name, Vorname	Straße	PLZ/Ort
Prinz, Gerhard	Thalachweg 2	91171 Greding

Personalnummer	Geburtsdatum	Eintrittsdatum	Steueridentifikationsnummer
87870-0	23.01.1982	01.02.20..	75846309823

Lohnsteuerklasse	Kinderfreibetrag	Religion	Bankverbindung
Drei	2	ev.	Handelskasse Greding
			IBAN: DE67 7654 0000 0023 2987 09

Steuerpflichtiges Bruttogehalt			**3.780,00 €**
Lohnsteuer	??? € ← B		
Solidaritätszuschlag	0,00 €		
Kirchensteuer	3,66 €		
Steuerabzüge gesamt		*342,32 €*	
Krankenversicherung	294,84 €		
Pflegeversicherung	57,65 €		
Rentenversicherung	??? € ← C		
Arbeitslosenversicherung	??? € ← D		
Sozialversicherungsabzüge gesamt		*751,28 €*	
Summe der gesetzlichen Abzüge			**1.093,60 €**
Nettogehalt (Auszahlungsbetrag)			**2.686,40 €**

1. Berechne die gesamten Steuerabzüge des Mitarbeiters Graw **A** sowie die Höhe der Lohnsteuer **B**, die Rentenversicherungsbeiträge **C** und die Beiträge zur Arbeitslosenversicherung **D** des Mitarbeiters Prinz.

2. Trotz eines höheren Bruttogehalts ist der Auszahlungsbetrag bei Herrn Graw geringer als bei Herrn Prinz. Erkläre diesen Zusammenhang.
3. Begründe, weshalb bei den Arbeitnehmern Graw und Prinz der Arbeitgeberanteil zur Sozialversicherung jeweils in gleicher Höhe anfällt wie der Arbeitnehmeranteil.
4. Berechne, wie viel Prozent der Bruttogehälter von Herrn Graw und Herrn Prinz jeweils als Abzüge einbehalten werden.

Die Arbeitskosten bei AK-Bikes liegen im Durchschnitt bei 34,90 € pro Stunde. Davon entfallen 76 % auf Löhne und Gehälter und 24 % auf die Personalzusatzkosten. Andrea Kästner stellt fest, dass die Arbeitskosten in ihrem Unternehmen sehr hoch sind. **4/8**

1. Prüfe mit Hilfe der Grafik auf Seite 189, ob Andrea Kästner recht hat.
2. Nenne drei Beispiele für Personalzusatzkosten, die bei AK-Bikes entstehen.
3. Die jeweilige Höhe der Arbeitskosten war in den einzelnen Mitgliedstaaten der EU sehr unterschiedlich. Berechne, um wieviel Prozent die Arbeitskosten in Bulgarien und in Tschechien niedriger sind als in Deutschland.
4. Dennoch sind deutsche Produkte auf dem Weltmarkt sehr gefragt. AK-Bikes will den Standort Deutschland deshalb trotz hoher Personalkosten nicht verlassen. Gib zwei entscheidende Gründe für diese Standortwahl an.
5. Andrea Kästner ist bemüht, die Personalzusatzkosten im eigenen Unternehmen gering zu halten. Gib dafür einen möglichen Grund an.
6. Um die Wettbewerbsfähigkeit in Deutschland nicht zu gefährden, muss neben den Arbeitskosten auch die Produktivität berücksichtigt werden. Erkläre, was man unter Produktivität versteht.

4/9 Gib an, ob die folgenden Aussagen zu den Personalzusatzkosten richtig oder falsch sind. Berichtige die falschen Aussagen.

A	Unter Personalzusatzkosten versteht man alle Kosten, die ein Unternehmen zusätzlich zum Bruttoentgelt aufwenden muss.
B	Je höher die Personalzusatzkosten sind, desto innovativer ist ein Unternehmen.
C	Personalzusatzkosten werden auch als Lohnnebenkosten bezeichnet.
D	Zu den gesetzlich vorgeschriebenen Personalzusatzkosten zählen z. B. bezahlte Feiertage und vermögenswirksame Leistungen.
E	Die Arbeitskosten in Deutschland sind im Vergleich zu anderen Ländern der EU überdurchschnittlich hoch.
F	Die Wettbewerbsfähigkeit eines Landes ist von der Höhe der Personalzusatzkosten abhängig.
G	Der größte Anteil an den Personalkosten sind die Löhne und Gehälter der Mitarbeiter.
H	Nimmt ein Mitarbeiter an einer einwöchigen Fortbildung teil, erhöhen die Kosten dafür die Personalzusatzkosten.

4/10 Die Gehälter der Mitarbeiter Graw und Prinz sowie die anderer Mitarbeiter von AK-Bikes werden auf das Gehaltsjournal übertragen:

Gehaltsjournal
Monat Mai 20..

Andrea Kästner Mountainbikes e. Kfr.

Arbeitnehmer	Bruttobezug	Steuern	Soz.-Vers.-AN	Nettobezug	Soz.-Vers.-AG
Lohnsteuer-abzugsmerkmale		Lohnsteuer Soli.zuschl. Ki-Steuer	RV KV AV PV		RV KV AV PV
Hubert III/1/rk	4.500,00 €	575,05 €	905,63 €	3.019,32 €	905,63 €
Staller II/1/–	2.800,00 €	384,81 €	542,50 €	1.872,69 €	542,50 €
Gruber III/0,5/ev	3.200,00 €	234,65 €	630,50 €	2.334,85 €	630,50 €
Graw IV/1/rk	4.250,00 €	855,60 €	844,69 €	2.585,71 €	844,69 €
Prinz III/2/ev	3.780,00 €	342,32 €	751,28 €	2.686,40 €	751,28 €
...	...	...	...	...	...
Summe	**97.340,00 €**	**14.410,50 €**	**11.980,30 €**	**70.949,20 €**	**11.980,30 €**

Bilde die Buchungssätze für die Erfassung des Personalaufwands im Monat Mai, wenn die Auszahlung der Gehälter per Banküberweisung erfolgt.

Zur Vorbereitung auf eine Prüfung in der Berufsschule bearbeitet Riccardo folgende Aufgaben. Hilf ihm dabei. **4/11**

Bilde jeweils die Buchungssätze für die Erfassung des Personalaufwands, wenn die Auszahlung der Löhne und Gehälter per Banküberweisung erfolgt.

1. Die Summenzeile eines Lohnjournals für den Monat April weist folgende Werte aus:

	Brutto	Steuern	Soz.-Vers.-AN	Soz.-Vers.-AG	Netto
Summe	76.950,00 €	12.927,60 €	15.328,44 €	15.328,44 €	48.693,96 €

2. Aus der Personalabteilung einer Druckerei liegt folgender Lohnjournal-Auszug vor:

	Brutto-entgelt	Lohn-steuer	Soli-daritäts-zuschlag	Kirchen-steuer	Soz.-Vers.-AN	Soz.-Vers.-AG	Netto-entgelt
Summe	75.000,00 €	9.395,80 €	516,77 €	751,66 €	14.932,50 €	14.906,25 €	49.403,27 €

3. Eine weitere Lohn- und Gehaltsliste liegt zur buchhalterischen Erfassung vor. Der Arbeitgeberanteil der Sozialversicherungen entspricht dem Arbeitnehmeranteil.

	Brutto	Lohnsteuer inkl. SolZ	Kirchen-steuer	Kranken-vers.	Renten-vers.	Pflege-vers.	Arbeitslosen-vers.	Netto
Gesamt	14.300,00 €	3.163,04 €	381,65 €	1.115,40 €	1.329,90 €	222,37 €	178,75 €	7.908,89 €

4. Aus der Summenzeile eines Gehaltsjournals sind dir folgende Beträge bekannt:

Summe der Nettogehälter	49.255,00 €
Arbeitnehmeranteil zur gesetzlichen Sozialversicherung	15.245,00 €
Arbeitgeberanteil zur gesetzlichen Sozialversicherung	15.245,00 €
Abzüge insgesamt	27.435,00 €

1. Andrea Kästner überweist am drittletzten Bankarbeitstag im Mai die Sozialversicherungsbeiträge per Sammelauftrag an die entsprechenden Krankenkassen (vgl. Aufgabe 4/10). Bilde den Buchungssatz. **4/12**
2. Bilde zu 1. bis 4. der Aufgabe 4/11 jeweils den Buchungssatz für die Banküberweisung der einbehaltenen Sozialversicherungsbeiträge an die Krankenkassen.

4/13 1. Am 10. Juni überweist Andrea Kästner die Lohn- und Kirchensteuer an das Finanzamt Ingolstadt (vgl. Aufgabe 4/10). Bilde den Buchungssatz.

2. Bilde zu 1. bis 4. der Aufgabe 4/11 jeweils den Buchungssatz für die Überweisung der einbehaltenen Steuern an das Finanzamt.

4/14 Aus der Personalabteilung des Unternehmens „Fix&Kette“ liegt dir folgendes Lohnjournal als Tabellenblatt vor:

	A	B	C	D	E	F
1	**Lohnjournal „Fix&Kette“**					
2	Abrechnungsmonat: 7/20..					
3	Name		Brutto	Steuern	Soz.-Vers.-AN	Netto
4	Gerkhan, Semir	I/2,0/rk	6.100,00 €	1.589,90 €	1.086,92 €	3.423,18 €
5	Renner, Paul	III/1,5/rk	4.850,00 €	648,20 €	951,92 €	3.249,88 €
6	König, Susanne	IV/0,0/ev	3.490,00 €	626,69 €	723,30 €	2.140,01 €
7	Summe		**14.440,00 €**	**2.864,79 €**	**2.762,14 €**	**8.813,07 €**

1. Gib die Formeldarstellung für die Berechnung des Nettoentgelts in Zelle F5 an.
2. Gib die Formeldarstellung für die Berechnung der gesamten Steuerabzüge in Zelle D7 an.
3. Berechne die Höhe der gesamten Arbeitskosten, die „Fix&Kette“ für seine drei Angestellten aufwenden muss, wenn im Unternehmen 27 % Personalzusatzkosten anfallen.
4. Bilde die Buchungssätze für die Erfassung des Personalaufwands laut vorliegendem Lohnjournal, wenn die Auszahlung per Banküberweisung erfolgt. Der Arbeitgeber- und der Arbeitnehmeranteil zur gesetzlichen Sozialversicherung sind gleich hoch.
5. Nenne den Zweig der Sozialversicherung, bei dem der Arbeitnehmeranteil höher sein kann als der Arbeitgeberanteil.
6. Bilde die Buchungssätze für die Banküberweisungen der einbehaltenen Lohn- und Kirchensteuer sowie der Beiträge zur Sozialversicherung.

Die Inhaber von Einzelunternehmen unterscheiden sich hinsichtlich der Einkunftsart von den 4/15
Geschäftsführern einer Kapitalgesellschaft. Erkläre den Unterschied.

Der Gewinnanteil eines Einzelunternehmers richtet sich nach dem marktüblichen Gehalt von 4/16
Führungskräften mit vergleichbarer Tätigkeit und Verantwortung in Kapitalgesellschaften.

1. Begründe die Problematik der oben genannten Aussage.
2. Recherchiere nach den durchschnittlichen Geschäftsführergehältern verschiedenster Branchen im Internet. Erstelle dazu eine Tabelle.

Die Höhe des Unternehmerlohns richtet sich unter anderem nach den Kosten für die private 4/17
Lebensführung.

1. Überlege dir weitere Einnahmen bzw. Ausgaben, die in der tabellarischen Übersicht (vgl. Seite 195) nicht erscheinen.
2. Erkläre den Grund, dass bei der Kalkulation des Unternehmerlohns großzügig vorgegangen werden sollte.

Der Inhaber eines Einzelunternehmens kann sich entscheiden, den erwirtschafteten Gewinn 4/18
zu einem großen Teil im Betrieb zu belassen. Dies kann sich positiv auf das Unternehmen auswirken.

1. Konkretisiere den Zusammenhang unter Verwendung folgender Bilder.

2. Erkläre den Begriff „Eigenkapitalzins“.

4/19 Einzelunternehmer haften auch mit ihrem Privatvermögen. Aus diesem Grund wird in der Regel eine Risikoprämie in die Verkaufspreise einkalkuliert. Tritt ein unvorhergesehenes Ereignis ein, kann auf diese Prämie zurückgegriffen werden.

1. Erkläre den Begriff „Risikoprämie".
2. Beschreibe ausgehend von den drei Bildern die Risiken, mit denen der Unternehmer beispielsweise unerwartet konfrontiert werden könnte:

3. Neben der Berücksichtigung einer Risikoprämie ist es auch ratsam, Versicherungen zur Schadensabdeckung abzuschließen.

   In der Liste sind Beispiele für Versicherungen aufgezählt, die als Pflichtversicherungen einem Einzelunternehmer anzuraten sind. Informiere dich im Internet über den Sinn und Zweck dieser Versicherungen.

- Betriebshaftpflicht
- Umwelthaftpflicht
- Produkthaftpflicht
- Betriebsunterbrechungsversicherung
- Sachversicherungen

4/20 Erläutere die Aussage, dass durch jedes verkaufte Mountainbike der Unternehmerlohn von Andrea Kästner Stück für Stück mitverdient wird.

Prüfe die folgenden Aussagen. Gib jeweils an, ob die entsprechende Formulierung richtig oder falsch ist und berichtige falls erforderlich. **4/21**

A	Inhaber eines Einzelunternehmens haften sowohl mit dem Betriebs-, als auch mit dem Privatvermögen.
B	Frau Kästner steht ein in der Höhe vorgeschriebener Gewinnanteil zu.
C	Einzelunternehmern ist es gestattet, Privatentnahmen und Privateinlagen vorzunehmen.
D	Die Entnahmen und Einlagen werden im Rahmen der Buchführung über das Eigenkapitalkonto abgewickelt.
E	Privatentnahmen mehren das Eigenkapital.
F	Der Einzelunternehmer handelt bei Privatentnahmen als Endverbraucher. Somit wird die Umsatzsteuer in solchen Fällen nicht berücksichtigt.

Das Privatkonto stellt ein Bindeglied zwischen dem Betriebs- und Privatvermögen dar. **4/22**

1. Erkläre diesen Zusammenhang.
2. Begründe, dass aufgrund der Klarheit und Übersichtlichkeit der Buchhaltung das Unterkonto 3001 P geführt wird.
3. Erläutere, warum das Privatkonto in den Kontenplänen von Kapitalgesellschaften (z. B. AG oder GmbH) nicht auftaucht.

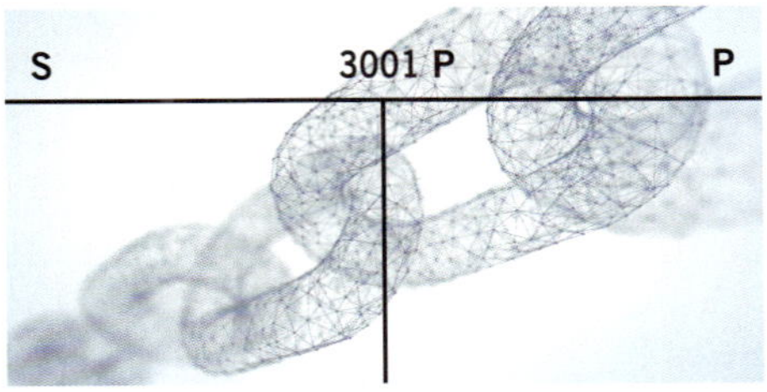

4. Recherchiere im Internet den Begriff „stiller Gesellschafter“.

Bilde zu folgenden Geschäftsfällen die Buchungssätze. **4/23**

1. Entnahme von 1.000,00 € aus der Geschäftskasse durch Frau Kästner für einen Kurztrip mit ihrer Familie nach Wien
2. Banküberweisung einer Spende an die Behinderteneinrichtung „Leuchtende Herzen“ in Höhe von 250,00 €
3. Barentnahme zur Bezahlung privater Tankkosten im Wert von 79,00 € brutto

Formuliere drei unterschiedliche Geschäftsfälle auf Grundlage von folgendem Buchungssatz. **4/24**

3001 P	1.184,00 €	an	2800 BK	1.184,00 €

4/25 Bilde die Buchungssätze zu den Belegen 1 bis 5.

Beleg 1:

SEPA-Überweisung

Donaubank Ingolstadt
Name und Sitz des überweisenden Kreditinstituts

DBNKDEFF
BIC

Für Überweisungen in Deutschland, in andere EU-/EWR-Staaten und in die Schweiz in Euro.

Angaben zum Zahlungsempfänger: Name, Vorname/Firma (max. 27 Stellen, bei maschineller Beschriftung max. 35 Stellen)
DR. STAMMLER

IBAN
DE44800300500092361002

BIC des Kreditinstituts/Zahlungsdienstleisters (8 oder 11 Stellen)
BERHKME3827

Betrag: Euro, Cent
252,72

Kunden-Referenznummer - Verwendungszweck, ggf. Name und Anschrift des Zahlers
Rechnungsnummer 1/3402/1

noch Verwendungszweck (insgesamt max. 2 Zeilen à 27 Stellen, bei maschineller Beschriftung max. 2 Zeilen à 35 Stellen)
ZAHNREINIGUNG

Angaben zum Kontoinhaber: Name, Vorname/Firma, Ort (max. 27 Stellen, keine Straßen- oder Postfachangaben)
ANDREA KAESTNER

IBAN
DE72751500080404080820

16

Datum
09.02.20..

Unterschrift(en)
A. Kästner

Beleg 2:

Quittung für Kassenentnahmen

Betrag: 250,00 €

Datum: 24.02.20..

Betrag € in Worten: zweihundertfünfzig

☒ entnommen und ausgehändigt an ~~Herrn~~/Frau
Andrea Kästner

Selma Demirci (Abt. Buchhaltung)
Unterschrift Kassenkraft

☒ erhalten
Andrea Kästner
Unterschrift Empfänger/in

Grund: Private Zwecke

Andrea Kästner Mountainbikes e. Kfr., Stamsrieder Weg 50, 85049 Ingolstadt

Beleg 3:

DONAUBANK INGOLSTADT				
IBAN DE72 7515 0080 4040 8080 20 BIC DBNKDEFF			Auszug / Jahr Blatt-Nr.	12 / 20.. 1
			Kontoauszug	Betrag in €
BuTag	**Wert**	**Vorgang**	**Alter Kontostand**	8.122,20 +
03.03.	03.03.	Gymnasium Neustadt an der Donau Skilager Neele Kästner		335,00 –
			Neuer Kontostand	7.787,20 +
Andrea Kästner Mountainbikes e. Kfr. 85049 Ingolstadt				
Ihre Servicebank Homebanking bequem und günstig			letzte Erstellung Erstellungstag	01.03.20.. 04.03.20.. / 11:39

Beleg 4:

DONAUBANK INGOLSTADT				
IBAN DE72 7515 0080 4040 8080 20 BIC DBNKDEFF			Auszug / Jahr Blatt-Nr.	67 / 20.. 1
			Kontoauszug	Betrag in €
BuTag	**Wert**	**Vorgang**	**Alter Kontostand**	4.643,56 +
18.10.	18.10.	Nachzahlung Kirchensteuer von Andrea Kästner 137/382/39204		194,00 –
			Neuer Kontostand	4.449,56 +
Andrea Kästner Mountainbikes e. Kfr. 85049 Ingolstadt				
Ihre Servicebank Homebanking bequem und günstig			letzte Erstellung Erstellungstag	16.10.20.. 19.10.20.. / 15:21

Beleg 5:

Spendenbescheinigung Verein zum Schutz bedrohter Tiere e. V. – 80802 München	
Zuwendender:	Andrea Kästner, Stamsrieder Weg 50, 85049 Ingolstadt
Betrag der Bar-Zuwendung:	**100,00 €** (in Worten: einhundert Euro)
Der Verein zum Schutz bedrohter Tiere e. V. ist durch Bescheinigung des Finanzamts München als gemeinnützig anerkannt.	
München, 05.11.20..	*Heinrich Köhler (Vorsitzender)*

4/26 

Einzelunternehmer können sowohl Geld- als auch Sacheinlagen aus ihrem Privatvermögen in das Geschäftsvermögen einbringen.

Nenne drei konkrete Beispiele für Anlagegüter, die sich als Sacheinlagen eignen.

4/27 Bilde die Buchungssätze zu den Belegen 1 und 2.

Beleg 1:

Quittung
Nr. 005449

Netto	€	3.000	Cent	00
+ % USt.	€		Cent	
Gesamt	€	3.000	Cent	00

Gesamtbetrag € in Worten
——— dreitausend ——— Cent wie oben

von Andrea Kästner
für Privateinlage
richtig erhalten zu haben, bestätigt

Ort Ingolstadt Datum 10.07.20..

Buchungsvermerke Stempel/Unterschrift des Empfängers
Selma Demirci (Abt. Buchhaltung)

Beleg 2:

DONAUBANK INGOLSTADT

IBAN DE72 7515 0080 4040 8080 20 Auszug/Jahr 56/20..
BIC DBNKDEFF Blatt-Nr. 1

Kontoauszug Betrag in €

BuTag	Wert	Vorgang		
			Alter Kontostand	1.345,34 +
25.07.	25.07.	Andrea Kästner Einzahlung aus privaten Mitteln		5.000,00 +
			Neuer Kontostand	6.345,34 +

Andrea Kästner Mountainbikes e. Kfr. 85049 Ingolstadt

Ihre Servicebank letzte Erstellung 23.02.20..
Homebanking bequem und günstig Erstellungstag 26.02.20.. / 16:14

Formuliere zu folgenden Geschäftsfällen die Buchungssätze. **4/28**

1. Nach der Annahme einer Erbschaft in Höhe von 15.000,00 € wird die Summe dem Geschäftsbankkonto gutgeschrieben.
2. Ein im privaten Bereich genutzter Zweitwagen, der einen Verkaufswert von 7.500,00 € hat, wird wegen eines Firmenwagenausfalls dauerhaft in das Betriebsvermögen übernommen.
3. Ein geerbtes Gebäude wird nach einer entsprechenden Umbaumaßnahme in das Betriebsvermögen als Betriebs- und Verwaltungsgebäude eingebracht. Das Gebäude hat laut einem Sachverständigen einen Wert von 350.000,00 €.
4. Von einem privaten Festgeldkonto werden 2.500,00 € in die Geschäftskasse eingezahlt.

Formuliere den Geschäftsfall auf Grundlage von folgendem Buchungssatz. **4/29**

0500 GR	200.000,00 €	an	3001 P	200.000,00 €

Erläutere die zwei Möglichkeiten, die sich beim Abschluss des Privatkontos ergeben können. **4/30**

Bilde jeweils zu den folgenden drei Sachverhalten den vorbereitenden Abschlussbuchungssatz für das Konto 3001 P. **4/31**

1. Es liegen lediglich private Einlagen in Höhe von 10.000,00 € vor.
2. Die privaten Entnahmen sind um 500,00 € größer als die privaten Einlagen.
3. Insgesamt betragen die privaten Entnahmen während des Geschäftsjahres 3.500,00 €. Es sind Privateinlagen in Höhe von 16.000,00 € angefallen.

Begründe, warum die Summe der Privatentnahmen den Gewinn nicht übersteigen soll. **4/32**

1.1 Vervollständige die Gehaltsabrechnung von Sabrina Laube, indem du die Angaben für die Kennbuchstaben (A) bis (G) ermittelst.

Kinderfreibetrag			0		0,5		1		1,5		2		2,5		3		3,5		4	
ab €	Stk	Steuer	SolZ	KiStr	SolZ	KiStr	SolZ	KiStr	SolZ	KiStr	SolZ	KiStr	SolZ	KiStr	SolZ	KiStr	SolZ	KiStr	SolZ	KiStr
3.198,00																				
	1	471,00	25,90	37,68	20,57	29,93	15,54	22,61	10,79	15,70	6,33	9,22	–	3,38	–	–	–	–	–	–
	2	421,83	–	–	18,02	26,21	13,13	19,10	8,52	12,40	–	6,13	–	1,08	–	–	–	–	–	–
	3	215,50	10,70	17,23	–	11,14	–	5,80	–	1,41	–	–	–	–	–	–	–	–	–	–
	4	471,00	25,90	37,68	23,20	33,75	20,57	29,93	18,02	26,22	15,54	22,61	13,13	19,10	10,79	15,70	8,53	12,41	6,33	9,22
	5	810,41	44,57	64,83	–	–	–	–	–	–	–	–	–	–	–	–	–	–	–	–
	6	846,66	46,56	67,73	–	–	–	–	–	–	–	–	–	–	–	–	–	–	–	–
3.201,00																				
	1	471,75	25,94	37,74	20,62	29,99	15,58	22,66	10,83	15,76	6,37	9,27	–	3,41	–	–	–	–	–	–
	2	422,58	–	–	18,06	26,27	13,17	19,16	8,56	12,46	–	6,18	–	1,12	–	–	–	–	–	–
	3	216,16	10,83	17,29	–	11,18	–	5,84	–	1,44	–	–	–	–	–	–	–	–	–	–
	4	471,75	25,94	37,74	23,24	33,81	20,62	29,99	18,06	26,28	15,58	22,66	13,17	19,16	10,83	15,76	8,57	12,46	6,37	9,27
	5	811,50	44,63	64,92	–	–	–	–	–	–	–	–	–	–	–	–	–	–	–	–
	6	847,75	46,62	67,81	–	–	–	–	–	–	–	–	–	–	–	–	–	–	–	–

Luxboat GmbH

Enno Peter
Am Hausbootsteg 1
91161 Hilpoltstein

LOHN-/GEHALTSABRECHNUNG

April 20..

Name, Vorname	Straße	PLZ/Ort
Laube, Sabrina	Sportweg 2	80331 München

Personalnummer	Geburtsdatum	Eintrittsdatum	Steueridentifikationsnummer
4545	12.12...	(A)	769472909172

Lohnsteuerklasse	Kinderfreibetrag	Religion	Bankverbindung
(B)	(C)	rk	Handelsbank München IBAN: DE91 7656 9032 2301 2612 15

Steuerpflichtiges Bruttogehalt	**3.200,00 €**
Lohnsteuer	(D)
Solidaritätszuschlag	23,20 €
Kirchensteuer	33,75 €
Steuerabzüge gesamt	*527,95 €*
Krankenversicherung	249,60 €
Pflegeversicherung	(E)
Rentenversicherung	297,60 €
Arbeitslosenversicherung	(F)
Sozialversicherungsabzüge gesamt	*636,00 €*
Summe der gesetzlichen Abzüge	**1.163,95 €**
Nettogehalt (Auszahlungsbetrag)	(G)

1.2 Für sein Unternehmen hat Enno Peter im letzten Jahr Personalzusatzkosten von 30 % errechnet. Stelle den Zusammenhang zwischen Direktentgelt, Bruttoentgelt, Arbeitskosten, Nettoentgelt und Personalzusatzkosten grafisch dar.

1.3 Zum Monatsende sind die beiden neuen Mitarbeiter das erste Mal im Lohnjournal von LUXBOAT aufgeführt, wie der folgende Auszug aus dem Tabellenblatt zeigt:

	A	B	C	D	E	F
1	**Lohnjournal LUXBOAT GmbH** Monat April 20..				**Enno Peter** Am Hausbootsteg 1 91161 Hilpoltstein	
2	Name	Brutto	Steuern	Soz.-Vers.-AN	Soz.-Vers.-AG	Netto
3	Lauber, Sabrina	3.200,00 €	527,95 €	636,00 €	636,00 €	2.036,05 €
4	Lutter, Kai	2.900,00 €	424,19 €	583,63 €	576,38 €	1.892,18 €
...	...	...	...	...	...	...
14	Summe	56.000,00 €	9.340,23 €	11.144,00 €	11.130,00 €	35.515,77 €

Stelle anhand der Eintragungen im Lohnjournal fest, ob der Mitarbeiter Kai Lutter kinderlos ist oder nicht. Begründe deine Feststellung.

1.4 Bilde die Buchungssätze zur Erfassung des gesamten Personalaufwands, wenn die Auszahlung per Banküberweisung erfolgt.

1.5 Gib in deinem Heft das letztmögliche Datum an, zu dem (A) die einbehaltenen Steuern und (B) die Sozialversicherungsbeiträge überwiesen sein müssen:

APRIL 04

MO	DI	MI	DO	FR	SA	SO
1	2	3	4	5	6	7
8	9	10	11	12	13	14
15	16	17	18	19	20	21
22	23	24	25	26	27	28
29	30					

MAI 05

MO	DI	MI	DO	FR	SA	SO
		1	2	3	4	5
6	7	8	9	10	11	12
13	14	15	16	17	18	19
20	21	22	23	24	25	26
27	28	29	30	31		

1.6 Bilde den Buchungssatz für die Überweisung der einbehaltenen Steuern an das Finanzamt.

1.7 Bilde den Buchungssatz für die Überweisung der Sozialversicherungsbeiträge.

2. Enno Peter und sein Mitgesellschafter der GmbH, Reinhard Zill, überlegen aufgrund unterschiedlicher Unternehmensvorstellungen getrennte Wege zu gehen.

Nach vielen Gesprächen und unter Beratung einer Steuer- und Rechtsanwaltskanzlei scheint die Lösung gefunden zu sein: Enno Peter führt den Betrieb alleine weiter und wandelt auf rechtlicher Grundlage nach dem Ausscheiden seines ehemaligen Gesellschafters Reinhard Zill die bestehende GmbH durch einen Rechtsformwechsel in ein Einzelunternehmen um.

2.1 Stelle in einer tabellarischen Übersicht je eine Chance und ein Risiko von Einzelunternehmen und GmbH dar.

2.2 Enno Peter ist vor allem wichtig, dass der Rechtsformwechsel keine Konsequenzen für seine Mitarbeiter hat, wie zum Beispiel mögliche Entlassungen. Deswegen überlegt er seinen Unternehmerlohn in der Anfangszeit gering zu halten.

2.2.1 Erkläre, welche Kosten aus Sicht von Herrn Peter mindestens mit dem Unternehmerlohn abgedeckt sein müssen.

2.2.2 Nicht nur der Unternehmerlohn wird vom Gewinn abgezogen. Der Eigenkapitalzins und eine Risikoprämie stellen weitere Elemente dar, die den Gewinn schmälern. Erläutere die beiden Begriffe.

2.2.3 Der Unternehmerlohn ist Bestandteil der Verkaufskalkulation. Konkretisiere diesen Zusammenhang.

2.2.4 Ordne die Begrifflichkeiten den Bildern zu und begründe deine Entscheidung.

Risikoprämie		**1**	
Eigenkapitalzins		**2**	
Unternehmerlohn		**3**	

3. Der Betrieb Enno Peter Luxboat e. K. hat sich in der Form des Einzelunternehmens etabliert. Enno Peter findet vor allem Gefallen an der Möglichkeit, private Einlagen und Entnahmen durchführen zu können.

3.1 Erkläre die Bedeutung des Kontos 3001 P in diesem Zusammenhang.

3.2 Frau Laube als Mitarbeiterin der kaufmännischen Abteilung ist unter anderem damit betraut, folgende drei Belege buchhalterisch zu erfassen.

Hilf Frau Laube beim Bilden der Buchungssätze!

Beleg 1:

Quittung
Nr. 000252

Netto	€	*7.000*	Cent	*00*
+ % USt.	€		Cent	
Gesamt	€	*7.000*	Cent	*00*

Gesamtbetrag € in Worten
——siebentausend—— Cent wie oben

von *Enno Peter*
für *Bareinlage in Geschäftskasse*
richtig erhalten zu haben, bestätigt

Ort *Hilpoltstein* Datum *02.02.20..*

Buchungsvermerke	Stempel/Unterschrift des Empfängers
	Sabrina Laube (Abt. Buchhaltung)

Beleg 2:

Rothseebank Hilpoltstein

IBAN DE18 7645 0000 4020 0257 68 Auszug/Jahr 12/20..
BIC BYLADEM1SHS Blatt-Nr. 1

Kontoauszug Betrag in €

BuTag	Wert	Vorgang		
		Alter Kontostand	13.423,45	+
17.03.	17.03.	Hausarzt Rechnung Nr. 21312	247,42	–
		Neuer Kontostand	13.176,03	+

Enno Peter Luxboat e. K. 91161 Hilpoltstein

Ihre Regionalbank
Mit Rat und Tat an Ihrer Seite!

letzte Erstellung 15.03.20..
Erstellungstag 18.03.20.. / 11:21

Beleg 3:

SEPA-Überweisung

Rothseebank Hilpoltstein

Name und Sitz des überweisenden Kreditinstituts

BIC: BYLADEM1SHS

Für Überweisungen in Deutschland, in andere EU-/EWR-Staaten und in die Schweiz in Euro.

Angaben zum Zahlungsempfänger: Name, Vorname/Firma (max. 27 Stellen, bei maschineller Beschriftung max. 35 Stellen)
REGENBOGENSTUNDEN e. V.

IBAN
DE76700400000000061000

BIC des Kreditinstituts/Zahlungsdienstleisters (8 oder 11 Stellen)
BYLADEMM

Betrag: Euro, Cent
150,00

Kunden-Referenznummer - Verwendungszweck, ggf. Name und Anschrift des Zahlers
ENNO PETER HILPOLTSTEIN

noch Verwendungszweck (insgesamt max. 2 Zeilen à 27 Stellen, bei maschineller Beschriftung max. 2 Zeilen à 35 Stellen)
SPENDE WUENSCHEWAGEN

Angaben zum Kontoinhaber: Name, Vorname/Firma, Ort (max. 27 Stellen, keine Straßen- oder Postfachangaben)
ENNO PETER

IBAN
DE18764500004020025768 16

Datum
14.04.20..

Unterschrift(en)
Enno Peter

3.3 Im Unternehmen Enno Peter Luxboat e. K. sind noch weitere Geschäftsfälle angefallen. Bilde die Buchungssätze.

3.3.1 Enno Peter überweist die Grundsteuer für die in Hilpoltstein stehende private Doppelhaushälfte in Höhe von 260,00 € vom Geschäftsbankkonto aus.

3.3.2 Vom Privatgirokonto werden 500,00 € auf das Geschäftsbankkonto überwiesen.

3.3.3 Ein Grundstück im Wert von 60.000,00 € wird in das Betriebsvermögen eingebracht.

3.3.4 Für den Kauf einer neuen Wohn- und Esslandschaft für die private Doppelhaushälfte werden der Geschäftskasse 8.500,00 € bar entnommen.

4. Trage unter Verwendung einer entsprechenden Nummerierung, beginnend mit 1. (vgl. nebenstehendes T-Konto), die Buchungssätze zu den Belegen eins bis drei sowie zu den Geschäftsfällen der Aufgaben 3.3.1 bis 3.3.4 in das T-Konto 3001 P ein und schließe es ordnungsgemäß ab.

S	3001 P		P
5. KA	324,00 €	1. BK	20.000,00 €
6. KA	250,00 €	2. KA	500,00 €
7. BK	6.251,50 €	3. FP	15.000,00 €
8. KA	300,00 €	4. [illegible]K	5.000,00 €
9. BK	6[illegible]0,50 €		
10. BK	[illegible]00,00 €		
EK	28.224,00 €		
	40.500,00 €		40.500,00 €

MUSTER

Bilde anschließend den vorbereitenden Abschlussbuchungssatz.

Lösungen Selbstcheck-Aufgaben

4/2 – Lösung

	Lohnsteuerklasse		Lohnsteuerklasse
A	III	F	I
B	I	G	IV
C	V	H	II
D	IV	I	V
E	VI	J	II

4/5 – Lösung

A: Rentenversicherung

B: Pflegeversicherung

C: Krankenversicherung

D: Arbeitslosenversicherung

4/15 – Lösung

Der Geschäftsführer einer Kapitalgesellschaft bekommt ein Gehalt. Der Inhaber eines Einzelunternehmens hingegen einen Anteil am Gewinn (Unternehmerlohn).

4/21 – Lösung

A: richtig

B: falsch, Frau Kästner **entscheidet** letztlich **selbst**, in welcher Höhe sie Gewinn entnimmt

C: richtig

D: falsch, buchhalterisch erfolgt die Abwicklung über das **Privatkonto**

E: falsch, Privatentnahmen führen zu einer **Minderung des Eigenkapitals**

F: richtig

4/25 – Lösung

1. 3001 P	252,72 €	an	2800 BK	252,72 €
2. 3001 P	250,00 €	an	2880 KA	250,00 €
3. 3001 P	335,00 €	an	2800 BK	335,00 €
4. 3001 P	194,00 €	an	2800 BK	194,00 €
5. 3001 P	100,00 €	an	2880 KA	100,00 €

4/29 – Lösung

Frau Kästner bringt ein Grundstück im Wert von 200.000,00 € in das Betriebsvermögen ein.

Glossar

A

Abschreibung = Betriebswirtschaftlicher Begriff aus dem Handelsrecht (HGB) für die Wertminderung von Sachanlagen.

Abschreibungskreislauf = Vorgang, der den Rückfluss der Abschreibungen aus den Verkaufspreisen in das Unternehmen beschreibt. Dabei werden in die Selbstkosten die Abschreibungen eingerechnet. Über die Umsatzerlöse fließen die einkalkulierten Abschreibungen in Form liquider Mittel in das Unternehmen zurück (Selbstfinanzierung). Diese Gelder stehen nun für Investitionen zur Verfügung.

Absetzung für Abnutzung (AfA) = Begriff aus dem Steuerrecht (EStG) für die Wertminderung von Sachanlagen.

Aktivierung = Buchhalterische Erfassung der Anschaffungskosten eines Anlagegutes (z. B. LKW) in einem aktiven Bestandskonto (z. B. 0840 FP).

Anlagegüter = Vermögensgegenstände, die einem Unternehmen dauerhaft zur Verfügung stehen und als Betriebsmittel die Produktionsgrundlage darstellen.

Anlagenkarte = Dokument, das alle wesentlichen Informationen (z. B. Anschaffungsdatum, Anschaffungskosten, Nutzungsdauer) zu einem Anlagengegenstand erfasst und diesen inventarisiert. Alle Anlagenkarten zusammen bilden die Anlagenkartei. Anlagenkarten werden in der Regel in digitaler Form geführt.

Anschaffungskosten = Gesamte Kosten, die beim Erwerb und der Inbetriebnahme einer Sachanlage entstehen.

B

Bezugskosten = Nebenkosten, die beim Einkauf von Werkstoffen zusätzlich zum eigentlichen Warenpreis entstehen. Beispiele sind Fracht- und Verpackungskosten, Transportversicherung und Zölle.

Bruttolohn/-gehalt = Entgelt für die Arbeitsleistung bevor Abzüge (Steuern, Sozialversicherungen) vorgenommen worden sind.

D

Direktentgelt = Lohn bzw. Gehalt, gezahlt vom Arbeitgeber für die geleistete Arbeit eines Mitarbeiters. Die genaue Höhe ist im Arbeitsvertrag festgelegt.

E

Effektiver Zinssatz = Zinssatz, der alle Kosten (Zinsen, Disagio ...) eines Kredits während der gesamten Laufzeit bezogen auf den Auszahlungsbetrag enthält. Als Vergleichsmaßstab für unterschiedliche Kreditangebote besitzt der effektive Zinssatz nur eine beschränkte Aussagekraft, da weitere Nebenkosten wie zum Beispiel Kontoführungsgebühren, verpflichtende Kreditversicherungen (Restschuldversicherungen) oder Bereitstellungszinsen nicht in die Berechnung miteinfließen.

Eigenkapitalzins = Bestandteil des Gewinns in der Angebotskalkulation. Das vom Unternehmer in den Betrieb eingebrachte Kapital hätte dieser auch in andere Geldanlageformen anlegen können. Dementsprechend entgehen dem Inhaber mögliche Habenzinsen. Als Ausgleich dafür wird der sogenannte Eigenkapitalzins angesetzt.

Einstandspreis = Maßgeblicher Nettopreis zum Vergleich von Angeboten verschiedener Lieferer. Dieser ergibt sich nach Abzug von Rabatt und Skonto und unter Berücksichtigung von Bezugskosten.

F

Fertigerzeugnis = Produkt, das den Herstellungsprozess in einem Betrieb bis zum Ende vollständig durchlaufen hat und das zur Benutzung bereitsteht.

Finanzierung = Maßnahmen zur Beschaffung und Bereitstellung von Finanzmitteln (Kapital), die zur Erfüllung der betrieblichen Aufgaben notwendig sind. Man unterscheidet dabei zwei Arten:

- **Fremdfinanzierung** über Kredite
- **Eigenfinanzierung**, z. B. Selbstfinanzierung durch die in den Umsatzerlösen enthaltenen Abschreibungsrückflüsse

Fremdfinanzierung = Finanzierungsform, bei der das benötigte Kapital von außen zugeführt wird, z. B. durch Kreditaufnahme bei einer Bank. Die Finanzierung durch Fremdkapital führt zu einer Schuldenbildung.

G

Gehalt = Verdienst der **Angestellten**. Es ist monatlich immer gleich hoch und damit unabhängig von den geleisteten Arbeitsstunden.

I

Investition = Zielgerichtete Umwandlung von Geldmitteln in Sachanlagevermögen, um mit den angeschafften Betriebsmitteln Gewinne zu erwirtschaften. Je nach Ziel unterscheidet man folgende Investitionsarten:

- **Ersatzinvestition:** Austausch einer defekten Maschine durch eine neue
- **Erweiterungsinvestition:** Kauf einer neuen Maschine, um die Produktionsmenge zu steigern
- **Rationalisierungsinvestition:** Kauf einer neuen Maschine, um Kosten zu senken

K

Kontenplan = Übersicht von Konten mit Abkürzungen, die ein Unternehmen für seine Buchhaltung tatsächlich benötigt. Für die Realschule gilt ein Schulkontenplan, der auf Grundlage des Industriekontenrahmens (IKR) erstellt wurde.

Kontenrahmen = Zusammenstellung aller Konten, die in einem Unternehmen vorkommen können. Ein bekanntes Beispiel ist der Industriekontenrahmen (IKR), der vom Bundesverband der Deutschen Industrie (BDI) herausgegeben wird.

Kredit = Vertragliche Vereinbarung, wonach ein Kreditgeber (Gläubiger) einem Kreditnehmer (Schuldner) für eine bestimmte Zeit einen festgelegten Geldbetrag gegen Zinsen (Sollzinsen) überlässt. Das Wort Kredit stammt aus dem Lateinischen („credere") und bedeutet so viel wie „Vertrauen auf Rückzahlung". Das **Darlehen** ist eine Unterform des Kredits. Es bezieht sich in der Regel auf Kredite mit höheren Beträgen und längeren Laufzeiten im Vergleich zu Krediten, die meist kurzfristig aufgenommen werden.

Kreditfähigkeit = Rechtliche Fähigkeit eines Schuldners einen Kreditvertrag zu schließen. Diese wird durch die Geschäftsfähigkeit mit Vollendung des 18. Lebensjahres erreicht.

Kreditwürdigkeit = Sachliche und persönliche Fähigkeit eines Schuldners, einen Kredit zurückzahlen zu können.

L

Lieferbedingungen = Vereinbarungen des Lieferers mit dem Kunden, wer die Kosten des Transports der Ware übernimmt:

- **Ab Werk** = Der **Käufer** muss die Kosten für den Transport bezahlen.
- **Frei Haus** = Der **Verkäufer** übernimmt die Transportkosten.

Lineare Abschreibung = Verfahren, das die Wertminderung von Anlagegütern gleichmäßig auf die geplante Nutzungsdauer der Sachanlage verteilt. Entsprechend hat die lineare Abschreibung folgende Merkmale:

- Abschreibung erfolgt von den Anschaffungskosten
- jährlich gleichbleibende Abschreibungsbeträge
- Buchwert sinkt gleichmäßig auf 0,00 €

Lohn = Verdienst der **Arbeiter**. Er wird nach geleisteten Arbeitsstunden (Stundenlohn) bezahlt. Dadurch kann die Höhe der monatlichen Auszahlungen unterschiedlich sein.

N

Nettolohn/-gehalt = Verbleibender Betrag nach den Abzügen (Steuern, Sozialversicherungen) vom Entgelt für die Arbeitsleistung.

P

Personalzusatzkosten (Lohnnebenkosten) = Aufwendungen, die der Arbeitgeber ergänzend zum regulären Leistungsentgelt (Lohn, Gehalt) freiwillig oder auf Grund gesetzlicher oder tariflicher Bestimmungen für seine Mitarbeiter zahlt.

- **Gesetzliche** Personalzusatzkosten sind z. B. Lohnfortzahlung bei Krankheit, bezahlter Urlaub und bezahlte Feiertage.
- **Tarifliche, freiwillige (betriebliche)** Personalzusatzkosten sind z. B. betriebliche Altersvorsorge oder das 13. Monatsgehalt (Urlaubs-/Weihnachtsgeld).

Preisdifferenzierung = Strategie, für das gleiche Produkt unterschiedliche Preise zu fordern. Die unterschiedliche Preisgestaltung kann personenbezogen, mengenbezogen, zeitbezogen oder raumbezogen vorgenommen werden.

Privatvorgänge = Geschäftsfälle in der Buchhaltung eines Einzelunternehmers, die gleichzeitig den privaten und betrieblichen Bereich betreffen. Als Bindeglied gilt das Konto 3001 P („Privatkonto“). Privatvorgänge sind erfolgsneutral. Man unterscheidet:

- **Privateinlagen:** Geld- oder Sachmittel werden in das Unternehmen eingebracht, z. B. Erbschaften oder Anlagegüter wie Autos, Grundstücke etc.
- **Privatentnahmen:** Geldmittel werden dem Unternehmen entzogen, z. B. für Spenden oder die Zahlung der Einkommen-/Kirchensteuer des Unternehmers

Produktionsfaktoren = Alle Mittel, die zur Herstellung von Fertigerzeugnissen benötigt werden. Unterteilt in vier Bereiche (4 Ms):

- **Werkstoffe** (**M**aterial)
- **Betriebsmittel** (**M**aschinen)
- **Arbeit** (**M**itarbeiter)
- **Wissen** (**M**ethoden)

R

Rabatt = Sofort gewährter **Preisnachlass**, der den Einkauf bei einem Lieferer verbilligt. Er wird eingesetzt, um die Kundenbindung zu stärken und neue Kunden zu gewinnen. Es gibt folgende Rabattarten:

- **Mengenrabatt**
- **Treuerabatt**
- **Sonderrabatt**
- **Wiederverkäuferrabatt**

Risikoprämie = Bestandteil des Gewinns in der Angebotskalkulation. Sie wird eingerechnet, um mögliche Wagnisse abzudecken, die jeder Unternehmer bei Gründung und Führung eines Betriebes eingehen muss (z. B. Betriebsausfall durch defekte Maschine).

S

Saldo = Differenz zwischen zwei Beträgen (= Unterschiedsbetrag).

Schuldendienst = Zahlungsverpflichtungen eines Schuldners aufgrund eines Kreditvertrages. Diese bestehen aus zwei Vorgängen:

- **Tilgung (= Rückzahlung)** des Kredites während oder am Ende der Laufzeit
- Zahlung der **Zinsen (Sollzinsen)**

Selbstfinanzierung = Finanzierung neuer Sachanlagen mit eigenen bzw. angesparten Mitteln, z. B. durch die in der Kalkulation berücksichtigten Abschreibungen.

Selbstkosten = Summe aller Aufwendungen, die bei der Herstellung eines Fertigerzeugnisses anfallen, z. B. Material- und Personalkosten.

Skonto = Nachträglich gewährter Preisnachlass, wenn der Kunde vor dem eigentlich vereinbarten Zahlungsziel die Rechnung begleicht. Somit verbilligt sich für den Kunden der Einkauf und der Lieferer erhält früher den geschuldeten Geldbetrag.

Sozialversicherungsbeiträge = Beteiligungen der Arbeitnehmer und Arbeitgeber an der Absicherung des Arbeitnehmers für verschiedene Risiken, z. B. Krankheit. Es besteht eine Beitragspflicht für folgende gesetzliche Sozialversicherungen:

- Krankenversicherung
- Pflegeversicherung
- Rentenversicherung
- Arbeitslosenversicherung
- Unfallversicherung (übernimmt alleine der Arbeitgeber)

Steuerklasse = Bemessungsgrundlage für die Lohnsteuer (von Familienstand und Anzahl der Kinder abhängig). Man unterscheidet:

- **I:** für kinderlose Ledige, Verwitwete
- **II:** für Alleinerziehende mit Kindern
- **III, IV, V:** für Verheiratete
- **VI:** ab dem zweiten Arbeitsverhältnis und jedem Weiteren

Substanzerhaltung = Aufrechterhaltung der betrieblichen Leistungsfähigkeit, indem abgenutzte Sachanlagen ersetzt werden.

U

Umsatzsteuer = Abgabe, die der Staat beim Handel (mit Waren/Dienstleistungen) erhebt:

- Beim Einkauf fällt **Vorsteuer** an, die der Unternehmer vom Finanzamt zurückfordern kann (Forderung).
- Beim Verkauf wird Umsatzsteuer einbehalten, die der Unternehmer ans Finanzamt weiterleiten muss (Verbindlichkeit).

Gewöhnlich beträgt der Umsatzsteuersatz 19 %, vereinzelt 7 % (z. B. bei Grundnahrungsmitteln) und bei einigen Ausnahmen (z. B. beim Briefporto) fällt keine Umsatzsteuer an.

Unterkonto = Konto, das aus Gründen der Übersichtlichkeit und Klarheit der Buchhaltung für ein Hauptkonto eingeführt wird. Z. B. besteht für das Hauptkonto 6000 AWR das Unterkonto 6001 BZKR, damit genau zwischen den eigentlichen Warenkosten und den Nebenkosten unterschieden werden kann.

Unternehmerlohn = Bestandteil des Gewinns in der Angebotskalkulation. Da Inhaber weder Lohn noch Gehalt erhalten, steht ihnen der kalkulierte Unternehmerlohn für ihre Arbeitsleistung zu. Die Höhe richtet sich nach privaten Lebenshaltungskosten und dem marktüblichen Gehalt eines Geschäftsführers einer Kapitalgesellschaft.

W

Werkstoffe = Güter, die bei der Herstellung von Fertigerzeugnissen verbraucht werden:

- **Rohstoffe**
- **Hilfsstoffe**
- **Fremdbauteile**
- **Betriebsstoffe**

Z

Zahlungsbedingungen = Vereinbarungen des Lieferers mit dem Kunden, zu welchem Termin und in welcher Höhe der Rechnungsbetrag zu zahlen ist (z. B. Abzug von Skonto).

Zinsen = Preis bei einem Kredit für die zeitliche Überlassung eines Geldbetrags, den der Schuldner an den Gläubiger zu zahlen hat.

Stichwortverzeichnis

TIPP!
Die blau gekennzeichneten Stichwörter werden auch ausführlich im Glossar ab Seite 232 erklärt.

Abgeld 146
Abnutzbare Anlagegüter 131
Abschluss
- Bestandskonten 28 f.
- Erfolgskonten 25
- GUV-Konto 26 f.
- Privatkonto 205
- T-Konten 24
- Unterkonten 205

Abschlussgliederungsprinzip 15
Abschöpfungsstrategie 89
Abschreibung 132 ff.
Abschreibungsbetrag 133
Abschreibungskreislauf 136
Absetzung für Abnutzung (AfA) 132
Ab Werk 75
Aktivierung 129
Anfangsbestand 20
Angebotskalkulation 90 ff.
Anlagenkarte 130
Anlagenkartei 130
Anschaffungskosten 128 ff.
Arbeitgeberanteil 188 f., 190 ff.
Arbeitnehmeranteil 191 f.
Arbeitslosenversicherung 183, 186 f.
Aufwandskonto 25
Ausgangsrechnung 96
Auszahlungskurs 146

Bankerkundung 151
Bareinkaufspreis 77
Barverkaufspreis 92
Bereitstellungszinsen 148
Betriebliche Produktionsfaktoren 126 f.
Betriebsmittel 126 f.
Bezugskosten 75, 80 ff.
Bilanzidentität 29
Bruttogehalt 182
Buchung Abschreibung 134 f.
Buchungskreislauf 18 ff.
Bürgschaft 141

Damnum 146
Darlehen 140
Deutsche Zinsmethode 143
Differenzkalkulation 95
Direktentgelt 188
Disagio 146 ff.
Dumpingpreisstrategie 89

Effektiver Zinssatz 146 ff.
Eigenfinanzierung 139
Eigenkapital 26 f.
Eigenkapitalkonto 26 f.
Eigenkapitalmehrung 26
Eigenkapitalminderung 27
Eigenkapitalvergleich 32
Eigenkapitalzins 196
Eingangsrechnung 78
Einkaufsbuchung 78 f.
Einkaufskalkulation 76 f.
Einkommensteuer 137, 200
Einkommensteuergesetz 132
Einstandspreis 77
ELStAM 184
Entgeltabrechnung 182 ff.
Erfolgsermittlung 32 f.
Erfolgskonto 25, 30 f.
Eröffnung Bestandskonten 20
Eröffnungsbilanz 20, 32 f.
Ersatzinvestition 127
Ertragskonto 25
Erweiterungsinvestition 127

Finanzbuchhaltungsprogramm 34 ff.
Finanzierung 138 ff.
Finanzmittel 138
Frachtkosten 75
Frei Haus 75
Fremdfinanzierung 138 ff.

Gehalt 190 f.
Geldeinlagen 203 f.
Geschäftsführergehalt 196
Gewinn 26 f., 33, 95, 137, 194 ff.
Gewinn- und Verlustkonto 25 ff.
Grundbuch 21
Grundschuld 141
Grundstücke 131

Habenzinsen 140
Handelsgesetzbuch 132
Hauptabschlussbuchung 135
Hauptbuch 21
Hochpreisstrategie 89

Industriekontenrahmen 14
Investition 127, 138 f.
Investitionsarten 127

Jahresfehlbetrag 27, 33
Jahresüberschuss 27, 33

Kapital 142 ff.
Kapitalbeschaffung 139
Kinderfreibetrag 183
Kirchensteuer 183, 185
Kirchensteuer Unternehmer 200
Kontenarten 15
Kontennummer 16 f.
Kontenplan 14 f.
Kontenrahmen 14 f.
Kontoführungsgebühren 148
Krankenversicherung 183, 186 f.
Kredit 140 ff.
Kreditaufnahme 140 ff., 149
Kreditfähigkeit 141
Kreditgeber 140 f.
Kreditlaufzeit 140 f.
Kreditnehmer 140 f.
Kreditrückzahlung 141, 150
Kreditvergleich 146 ff.
Kreditversicherung 148
Kreditvertrag 140 f.
Kreditwürdigkeit 141

Laufende Buchungen 21 ff.
Lebenshaltungskosten Unternehmer 195 f.
Leihverpackung 82, 86 f.
Lieferbedingungen 75
Lineare Abschreibung 132 f.
Liquidität 139
Listeneinkaufspreis 76
Listenverkaufspreis 92 f.
Lohn 190 f.
Lohn-/Gehaltsjournal 190
Lohnnebenkosten 188 f.
Lohnsteuer 183, 185
Lohnsteuerklassen 184
Lohnsteuertabelle 183, 185

Mengenrabatt 76, 91
Mittelherkunft 138 f.
Mittelverwendung 138 f.

Nettogehalt 182
Nicht abnutzbare Anlagegüter 131
Niedrigpreisstrategie 89
Nominalzinssatz 146
Nutzungsdauer 130, 132 ff.

Per anno (p. a.) 142 ff.
Personalzusatzkosten 188 f.
Pflegeversicherung 183, 186 f.
Portokosten 75
Preisdifferenzierung 88
Preispolitik 88 f.
Preisstrategien 89
Privateinlagen 198, 202 ff.
Privatentnahmen 198 ff.
Privatkonto 198 ff.
Produktivität 189

Rationalisierungsinvestition 127
Rentenversicherung 183, 186 f.
Restbuchwert 135
Risikoprämie 196
Rücksendung 84 ff., 98 f.
Rückwärtskalkulation 94

Sacheinlagen 204
Schlussbestand 28
Schlussbilanz 29, 32 f.
Schlussbilanzkonto 29
Schuldendienst 140 f.
Schutzgemeinschaft für allgemeine Kreditsicherung (Schufa) 141
Schwellenpreisstrategie 89
Selbstfinanzierung 136
Selbstkosten(preis) 92 ff., 136
Sicherheiten 141
Sicherungsübereignung 141
Skimming 89
Skonto 75
Sofortrabatt 79, 97
Solidaritätszuschlag 183, 185
Sollzinsen 140 f., 150
Sonderrabatt 76, 91
Sozialversicherungsbeiträge 183, 186 f.
Spendenzahlungen 200
Steuerabzüge 185
Steuerersparnis 137
Steuer-Identifikationsnummer 184
Steuerklasse 184 f.
Stornobuchung 84 ff., 98 f.
Substanzerhaltung 136

Tageszinsformel 144 ff.
Tilgung 141, 150
Transportkosten 75
Transportversicherung 75
Treuerabatt 76, 91

Unfallversicherung 189
Unterkonto 80 f., 198 ff.
Unternehmerlohn 194 ff.

Verkaufsbuchung 96 f.
Verkaufskalkulation 90 ff.
Verlust 27, 33
Verpackung 75
Vorausbezahlter Zins 146
Vorbereitende Abschlussbuchung 135, 205
Vorkontierungsliste 36
Vorwärtskalkulation 92 ff.

Werkstoffe 126 f.
Wertminderung 131
Wiederverkäuferrabatt 91
Wirtschaftsauskunfteien 141

Zahlungsbedingungen 75
Zahlungsziel 75
Zession 141
Zieleinkauf 78 f.
Zieleinkaufspreis 77
Zielverkauf 96 f.
Zielverkaufspreis 93
Zinsen 140 ff.
Zinsjahr 143
Zinsmonat 143
Zinsrechnung 142 ff.
Zinssatz 142 ff.
Zinstage 142 ff.
Zoll 75

Abkürzungsverzeichnis

AfA	**A**bsetzung **f**ür **A**bnutzung
AG	**A**ktien**g**esellschaft
BDI	**B**undesverband der **D**eutschen **I**ndustrie
BIC	**B**ank **I**dentifier **C**ode (Internationale Bankleitzahl)
e. K.	**e**ingetragener **K**aufmann, **e**ingetragene **K**auffrau
e. Kfm.	**e**ingetragener **K**au**fm**ann
e. Kfr.	**e**ingetragene **K**auf**fr**au
ELStAM	**E**lektronische **L**ohn**St**euer-**A**bzugs**M**erkmale
EStG	**E**inkommen**st**euer**g**esetz
FIBU	**Fi**nanz**bu**chhaltung
GbR	**G**esellschaft **b**ürgerlichen **R**echts
GmbH	**G**esellschaft **m**it **b**eschränkter **H**aftung
GoB	**G**rundsätze **o**rdnungsmäßiger **B**uchführung
HGB	**H**andels**g**esetz**b**uch
HRA	**H**andels**r**egister Abteilung **A** (Einzelunternehmen, Personengesellschaften)
HRB	**H**andels**r**egister Abteilung **B** (Kapitalgesellschaft)
HWK	**H**and**w**erks**k**ammer
IBAN	**I**nternational **B**ank **A**ccount **N**umber (Internationale Bankkontonummer)
IHK	**I**ndustrie- und **H**andels**k**ammer
IKR	**I**ndustrie**k**onten**r**ahmen
KG	**K**ommandit**g**esellschaft
MwSt	**M**ehr**w**ert**st**euer
OHG	**O**ffene **H**andels**g**esellschaft
p. a.	**p**er **a**nnum (jährlich) bzw. **p**er **a**nno (für das Jahr)
PIN	**P**ersönliche **I**ndentifikations**n**ummer (Geheimzahl für Kontozugang)
Schufa	**Schu**tzgemeinschaft **f**ür **a**llgemeine Kreditsicherung
SEPA	**S**ingle **E**uro **P**ayments **A**rea (Einheitlicher Euro-Zahlungsverkehrsraum)
TAN	**T**rans**a**ktions**n**ummer (Einmalkennwort, z. B. für Überweisung)
USt	**U**msatz**st**euer
USt-IDNr.	**U**msatz**st**euer-**Id**entifikations**n**umme**r**

Kontenplan (nach dem IKR) und Abkürzungsverzeichnis zur Verwendung an Bayerischen Realschulen

Aktive Bestandskonten

Kontenklasse 0 Sachanlagen

05 Grundstücke und Bauten

0500 GR	Grundstücke
0530 BVG	Betriebs- und Verwaltungsgebäude

07 Technische Anlagen und Maschinen

0700 MA	Maschinen und Anlagen

08 Betriebs- und Geschäftsausstattung

0840 FP	Fuhrpark
0860 BM	Büromaschinen
0870 BGA	Büromöbel und Geschäftsausstattung
0890 GWG	Geringwertige Wirtschaftsgüter

Kontenklasse 1 Finanzanlagen

15 Wertpapiere des Anlagevermögens

1500 WP	Wertpapiere des Anlagevermögens

Kontenklasse 2 Umlaufvermögen und ARA

20 Roh-, Hilfs-, Betriebsstoffe, Fremdbauteile

2000 R	Rohstoffe (Fertigungsmaterial)
2010 F	Fremdbauteile
2020 H	Hilfsstoffe
2030 B	Betriebsstoffe

24 Forderungen aus Lieferungen und Leistungen

2400 FO	Forderungen aus Lieferungen und Leistungen
2470 ZWFO	Zweifelhafte Forderungen

26 Sonstige Vermögensgegenstände

2600 VORST	Vorsteuer

28 Flüssige Mittel

2800 BK	Bank (Kontokorrentkonto)
2880 KA	Kasse

29 Aktive Rechnungsabgrenzung

2900 ARA	Aktive Rechnungsabgrenzung

Passive Bestandskonten

Kontenklasse 3 Eigenkapital und Rückstellungen

30 Eigenkapital

3000 EK	Eigenkapital
3001 P	Privatkonto

36 Wertberichtigungen

3670 EWB	Einzelwertberichtigung
3680 PWB	Pauschalwertberichtigung

39 Sonstige Rückstellungen

3900 RST	Rückstellungen

Kontenklasse 4 Verbindlichkeiten und PRA

42 Verbindlichkeiten bei Kreditinstituten

4200 KBKV	Kurzfristige Bankverbindlichkeiten (bis zu einem Jahr)
4250 LBKV	Langfristige Bankverbindlichkeiten

44 Verbindlichkeiten aus Lieferungen und Leistungen

4400 VE	Verbindlichkeiten aus Lieferungen und Leistungen

48 Sonstige Verbindlichkeiten

4800 UST	Umsatzsteuer
4830 VFA	Sonst. Steuerverbindlichkeiten
4840 VSV	Verbindlichkeiten gegenüber Sozialversicherungsträgern

49 Passive Rechnungsabgrenzung

4900 PRA	Passive Rechnungsabgrenzung

Ertragskonten

Kontenklasse 5 Erträge

50 Umsatzerlöse für eigene Erzeugnisse

***5000 UEFE**	Umsatzerlöse für eigene Erzeugnisse
5001 EBFE	Erlösberichtigungen

54 Sonstige betriebliche Erträge

5400 EMP	Erlöse aus Vermietung und Verpachtung

	***5430 ASBE**	Andere sonst. betriebliche Erträge
	5490 PFE	Periodenfremde Erträge
	5495 EFO	Erträge aus abgeschriebenen Forderungen
56	Erträge aus anderen Wertpapieren	
	5650 EAWP	Erträge aus dem Abgang von Wertpapieren des Anlagevermögens
57	Zinsen und ähnliche Erträge	
	5710 ZE	Zinserträge
	5780 DDE	Dividendenerträge

Aufwandskonten

Kontenklasse 6 Betriebliche Aufwendungen

60	Aufwendungen für Roh-, Hilfs-, Betriebsstoffe und Fremdbauteile	
	***6000 AWR**	Aufwendungen für Rohstoffe
	6001 BZKR	Bezugskosten für Rohstoffe
	6002 NR	Nachlässe für Rohstoffe
	***6010 AWF**	Aufwendungen für Fremdbauteile
	6011 BZKF	Bezugskosten für Fremdbauteile
	6012 NF	Nachlässe für Fremdbauteile
	***6020 AWH**	Aufwendungen für Hilfsstoffe
	6021 BZKH	Bezugskosten für Hilfsstoffe
	6022 NH	Nachlässe für Hilfsstoffe
	***6030 AWB**	Aufwendungen für Betriebsstoffe
	6031 BZKB	Bezugskosten für Betriebsstoffe
	6032 NB	Nachlässe für Betriebsstoffe
	***6040 AWVM**	Aufwendungen für Verpackungsmaterial
61	Aufwendungen für bezogene Leistungen	
	***6140 AFR**	Ausgangsfrachten
	***6160 FRI**	Fremdinstandhaltung (Reparaturen)
62	Löhne und Gehälter	
	***6200 LG**	Löhne und Gehälter
64	Soziale Abgaben	
	***6400 AGASV**	Arbeitgeberanteil zur Sozialversicherung
65	Abschreibung	
	***6520 ABSA**	Abschr. auf Sachanlagen
	***6540 ABGWG**	Abschreibungen auf GWG
67	Aufwendungen für die Inanspruchnahme von Rechten und Diensten	
	***6700 AWMP**	Mieten, Pachten
	***6730 GEB**	Gebühren
	***6750 KGV**	Kosten des Geldverkehrs
	***6760 PROV**	Provisionen
	***6770 RBK**	Rechts- und Beratungskosten
68	Aufwendungen für Kommunikation	
	***6800 BMK**	Büromaterial und Kleingüter
	***6820 KOM**	Kommunikationsgebühren
	***6850 REK**	Reisekosten
	***6870 WER**	Werbung
69	Sonstige Aufwendungen	
	***6900 VBEI**	Versicherungsbeiträge
	6950 ABFO	Abschreibungen auf Forderungen
	6990 PFAW	Periodenfremde Aufwendungen

Kontenklasse 7 Weitere Aufwendungen

70	Betriebliche Steuern	
	***7000 GWST**	Gewerbesteuer
	***7020 GRST**	Grundsteuer
	***7030 KFZST**	Kraftfahrzeugsteuer
74	Verluste aus Finanzanlagen	
	7460 VAWP	Verluste aus Wertpapieren des Anlagevermögens
75	Zinsen	
	***7510 ZAW**	Zinsaufwendungen

Konten für die Ergebnisrechnung

Kontenklasse 8 Ergebnisrechnungen

8010 SBK	Schlussbilanzkonto
8020 GUV	Gewinn- und Verlustkonto

Kontenklasse 9 Kosten- und Leistungsrechnung

***geht in die Kosten- und Leistungsrechnung ein**

Bildquellen

dpa Picture-Alliance GmbH
(Seiten 8, 189)

Druck+Verlag Ernst Vögel GmbH
(Umschlag, Seiten 1, 2, 91, 180–181, 199, 203–204)

mesonic software gmbh
(Seite 37)

SCHUFA Holding AG
(Seite 141)

Shutterstock, Inc.
(Umschlag, Inhaltsverzeichnis, Seiten 1–3, 7, 9–10, 12–13, 16, 18–19, 21–24, 26–27, 30, 34–35, 37, 40–41, 43–48, 50–52, 54–55, 58–60, 63, 65–68, 70, 72–74, 78–79, 81–82, 84–85, 87–88, 90–92, 95–99, 101–103, 106, 108, 111, 113, 116, 118–120, 122, 124–148, 151, 155–158, 160–161, 163, 166, 168, 172–177, 182–184, 186–188, 190, 193–194, 196–198, 200, 202–205, 210–219, 222–228, 230, 232, 236)